深度教学视域下高校外语混合式教学路径及评价机制

刘娟　著

吉林出版集团股份有限公司

图书在版编目（CIP）数据

深度教学视域下高校外语混合式教学路径及评价机制/
刘娟著.--长春:吉林出版集团股份有限公司,2025.

6.--1SBN 978-7-5731-6486-5

Ⅰ.HO9

中国国家版本馆CIP数据核字第202558J0S7号

深度教学视域下高校外语混合式教学路径及评价机制

SHENDU JIAOXUE SHIYUXIA GAOXIAO WAIYU HUNHESHI JIAOXUE LUJING JI PINGJIA JIZHI

著　者　刘　娟

责任编辑　颜　明

装帧设计　郭　婷

开　本　710 mm× 1000 mm　1/16

印　张　17

字　数　407 千字

版　次　2025 年 6 月第 1 版

印　次　2025 年 6 月第 1 次印刷

出　版　吉林出版集团股份有限公司

发　行　吉林音像出版社有限责任公司

（吉林省长春市南关区福祉大路 5788 号）

电　话　0431-81629679

印　刷　北京四海锦诚印刷技术有限公司

ISBN　978-7-5731-6486-5　定　价　78.00 元

如发现印装质量问题,影响阅读,请与出版社联系调换。

前　言

在深度教学的视域下，高校外语混合式教学的路径设计和评价机制的构建，直接关系到学生外语学习的质量与效果。深度教学强调知识的深入理解与应用，这一理念要求教学路径不仅仅停留在知识的传递上，更要通过线上与线下相结合的方式，培养学生的语言运用能力与跨文化沟通能力。而合理的评价机制则是这一教学过程的有力保障，能够为教学调整和学生进步提供精准的反馈和指导。在线部分可以充分利用丰富的多媒体资源、互动学习工具和语言模拟情景，帮助学生打破传统课堂时间和空间的限制，进行灵活的自主学习。通过在线平台，学生可以接触到更多的学习资源，如视频课程、在线练习、虚拟现实语言模拟等，以此加深对外语知识的理解。而线下教学则注重师生互动和语言实践，教师可以通过讨论、辩论、角色扮演等方式，强化学生在课堂中的参与感，帮助他们更好地将线上学习的内容应用到实际的语言表达中。这种线上、线下互为补充的模式，不仅提高了教学的灵活性和多样性，还为学生提供了更多实际运用外语的机会。

本书旨在探讨深度教学理念与混合式教学实践的融合，揭示其在高校外语教学中的价值与重要性。在全球化背景下，外语能力的培养已成为高等教育的关键任务，而深度教学强调深入理解和批判性思维，能够有效提升学生的语言能力和文化素养。本书的主要目的是为教育工作者提供一套系统的理论框架与实践策略，以促进外语教学的创新与优化。本书适用于高校外语教师、教育管理者以及课程设计者，旨在帮助他们在教学过程中更好地应用深度教学理念，提升教学效果和改善学生的学习体验。同时，本书也为教育研究者提供了参考和启示，促进相关领域的深入研究。此外，本书参考了国内外最新的教育研究成果和实践案例，结合理论与实际，力求为读者提供实用的指导和建议。希望阅读本书能够激发教师进行更多的教学探索与实践，推动高校外语教学的进一步发展。

作者在写作本书的过程中，借鉴了许多前辈的研究成果，在此表示衷心的感谢。由于本书需要探究的层面比较深，作者对一些相关问题的研究不透彻，加之写作时间仓促，书中难免存在一些不妥和疏漏之处，恳请前辈、同行以及广大读者斧正。

目　录

第一章 深度教学视域下高校外语混合式教学的理论框架与核心理念

第一节 深度教学的基本概念与发展历程

一、深度教学的基本概念

(一) 深度教学的含义

深度教学是一种注重学生理解和应用知识的教学模式。它不仅关注知识的传授,更强调学生在实际情景中运用所学知识解决问题的能力。通过深度教学,学生能够更好地理解概念的内涵与外延,培养逻辑思维和创新能力。同时,这种教学方法提倡师生互动,鼓励学生积极参与,深入思考问题。教师通过引导与启发,使学生在学习中不断探索和反思,从而实现真正的知识内化和能力提升。深度教学强调知识与能力的融合,为学生的全面发展奠定基础。

(二) 深度教学的特点

1. 关注理解与应用

深度教学是一种以学生为中心的教学模式,其核心在于帮助学生实现对知识的深入理解。它不仅仅局限于知识的表面传授,更注重学生对概念的深刻把握。教师在教学过程中,会通过多种教学策略,引导学生从不同角度思考问题,打破单一的知识传授方式,促使学生在多样化的情景中运用所学知识。这种教学方式不仅要求学生记住知识点，更强调学生对知识的内在逻辑进行透彻理解，使其能够灵活应对复杂的问题情景。学生在课堂上所学的知识，往往通过各种模拟或真实情景的设置，促使其在实际任务中应用所学内容。这种情景化的教学设计，不仅提升了学生的学习兴趣，还能帮助学生真正掌握知识的应用价值。例如，教师可以通过案例分析、项目设计等方式，将抽象的理论知识转化为具体的实际任务，帮助学生在动手实践中理解知识的意义。这一过程能够有效提升学生的自主学习能力和创新思维。

传统教学模式下，学生往往只是在考试或特定场景中应用知识，而深度教学则不同。它要求学生在不同的环境中运用相同的知识点，从而形成知识的迁移。例如，学生在学习了某一数学公式后，能够在物理、工程等其他学科领域进行应用，从而实现跨学科的知识融合。这种迁移能力的培养，是深度教学的重要目标之一，也是学生在未来职业生涯中应具备的关键能力。深度教学还通过鼓励高阶思维的运用，帮助学生加深对知识的理解。高阶思维包括分析、评价、创造等过程，它要求学生不仅能够理解表面信息，还能进行深入的思考和批判性分析。在课堂中，教师通过提出具有挑战性的问题，引导学生深入探讨，从而培养他们的逻辑思维和批判性思维能力。这一过程不仅让学生学会如何思考问题，更让他们学会如何灵活运用知识去解决复杂的现实问题。不同的学生有不同的学习节奏和理解方式，深度教学通过差异化的教学设计，满足不同学生的学习需求。教师通过对学生的观察与评估，能够根据学生的个性化需求调整教学策略，帮助每个学生找到适合自己的学习方法。这种个性化的教学设计，不仅让学生获得更好的学习体验，还能帮助他们更好地理解和掌握知识。

2. 注重高阶思维能力

高阶思维能力的培养是深度教学的核心目标。在这种教学模式下，学生不再只是被动接受知识，而是通过积极参与、深入思考和分析，培养批判性思维、逻辑推理能力与创造性解决问题的能力。深度教学通过设置复杂的情景和任务，要求学生对所学知识进行超越表面的理解，促使他们深入探索背后的逻辑和原理。学生在解决这些问题时，不仅需要运用已有知识，还需要整合新信息，灵活应对不同情景下的挑战。学生在课堂上不仅要学会接受知识，还需要对知识进行质疑和反思。这种批判性思考的训练，使得学生在面对复杂问题时，能够从多个角度进行分析和评估，发现潜在的矛盾和问题。教师在这一过程中起到了关键作用，他们通过开放性的问题和引导性讨论，帮助学生形成自己的观点，并通过辩论和论证，进一步完善他们的思维方式。这种批判性思维不仅有助于学生深入理解知识，也使他们具备在实际生活和工作中独立思考的能力。

在解决复杂问题的过程中，学生需要运用逻辑推理来评估不同选项的可行性，并选择最佳方案。教师通过引导学生进行系统化的思维训练，帮助他们掌握推理的基本步骤和方法。例如，学生在面对一个开放性问题时，首先需要明确问题的核心，再通过分解问题、搜集证据、分析数据等步骤，逐步形成合理的结论。这种逻辑思维的培养，不仅帮助学生在学术领域获得成功，也为他们今后在职业领域中应对复杂挑战奠定了基础。学生在解决问题的过程中，往往需要超越传统的思维方式，探索新的解决方案。深度教学通过开放性任务和问题情景，鼓励学生打破常规，提出创新性想法。教师在这一过程中起到引导和支持的作用，他们为学生提供一个自由发挥创意的空间，同时也通过讨论和反馈帮助学生不断完善其创新思维能力。例如，在项目学习或问题导向学习中，学生可以自由设计和实验，通过失败和反馈不断调整策略，最终提出独特而有效的解决方案。这种创新思维的培养，不仅有助于学生在学术上取得突破，也为他们在未来的职业生涯中应对快速变化的社会环境做好了准备。

深度教学的高阶思维训练并非局限于特定学科，它具有跨学科的适应性。学生在不同学科中培养的批判性思维、逻辑分析能力和创新能力，可以在多个领域中得到运用。这种能力的迁移，使得学生能够在不同情景下灵活运用高阶思维解决问题，真正做到学以致用。例如，学生在科学课程中学到的实验设计思维，能够帮助他们在社会科学中进行数据分析；而他们在文学课程中培养的批判性阅读能力，也能够应用于历史或哲学学科的深度思考。这种跨学科的思维能力，是学生应对复杂问题的重要工具。

3. 强调自主学习

自主学习是深度教学中的一个关键理念，它倡导学生在学习过程中承担更多的责任。学生不再是被动的知识接收者，而是通过自主探索、思考和反思来获取知识。教师的角色也从传统的知识传授者转变为引导者和支持者，提供资源和指导，帮助学生在自主学习的过程中找到适合自己的学习方法和路径。这样的转变使得学生在学习中能够更加主动地参与，不仅提升了学习效果，也培养了他们的自主学习能力。深度教学强调通过自主学习培养学生的独立思考能力和解决问题的能力。学生在面对复杂的学习任务时，必须依靠自己的判断和思考，寻求有效的学习策略和资源。这种学习方式促使学生从知识的接受者转变为知识的创造者，他们不仅要理解所学内容，还要能够应用这些知识解决实际问题。例如，在项目式学习或问题导向学习的过程中，学生需要通过自主研究、资料搜集和团队合作，最终完成任务。这种学习方式既提高了他们的自主性，也帮助他们更深入地理解和掌握所学知识。

每个学生都有不同的学习风格、兴趣和需求，深度教学通过自主学习的方式，帮助学生找到最适合自己的学习方法。教师在这一过程中为学生提供多样化的学习资源和指导，但不会强制规定统一的学习路径。学生可以根据自己的节奏和兴趣，自主选择学习内容和方式，从而最大限度地发挥自身潜力。这种个性化的学习体验，不仅能有效提升学习效果，还能增强学生对学习的兴趣和动力，使其更加积极主动地参与到学习过程中。在自主学习的过程中，学生不仅需要掌握书本知识，还要通过各种途径进行探究和研究。这种探究性学习方式促使学生通过问题导向的方式，主动寻找解决方案。例如，在科学课程中，学生可能会面临一个开放性的问题，他们需要设计实验、收集数据、进行分析，最终得出结论。在这一过程中，学生不仅学会了如何进行科学探索，还培养了他们的批判性思维和逻辑推理能力。这种基于自主探究的学习方式，使学生在学习过程中不断发展创新能力和实际操作能力。

深度教学通过鼓励学生在学习过程中积极主动地探索和思考，使他们具备独立学习和解决问题的能力。这种能力不仅对学术学习有帮助，更是他们在未来职业生涯中持续发展的重要基础。在信息快速更新的时代，学生在学校学到的知识很可能在几年后过时，因此学生具备自主学习的能力尤为重要。深度教学通过自主学习的模式，帮助学生建立起终身学习的意识和能力，使他们能够在未来面对新的知识和挑战时，依然具备应对和解决问题的能力。

4. 学习与实践相结合

理论与实践相结合是深度教学的核心理念。它主张学生不仅要掌握理论知识，还需要通过实践操作来验证和应用这些知识。这种结合有助于学生在实际情景中加深对概念的理解，进而提升解决问题的能力。在深度教学中，教师会通过设计实际任务或项目，让学生将课堂所学应用于现实问题，促使他们在动手实践中不断反思和巩固理论知识。这种教学方式不仅提升了学生的学习效果，也帮助他们将知识转化为技能。在深度教学的框架下，实践活动被视为一种重要的学习工具。学生通过参与情景化的任务，能够将理论知识与现实生活相联系。例如，在工程学、医学等应用型学科中，学生常常通过实验室操作、临床实践等形式将书本知识付诸实践。这种经验学习的方式，能够帮助学生更直观地理解抽象的理论概念，并通过实际操作验证其正确性。同时，实践活动也为学生提供了一个在真实情景中应用知识的机会，促使他们发展出更强的适应能力和创新能力。

深度教学中的理论与实践结合，不仅仅是为了加深理解，更在于培养学生的综合能力。通过实践，学生可以提升他们的团队合作能力、沟通技巧和领导力。在许多项目式学习或任务导向学习中，学生需要与同伴共同合作，分配任务、协调资源，并在实践中达成共同目标。这种合作学习模式不仅培养了他们的社交和协作技能，还能使他们在面对复杂问题时，学会通过团队力量来解决困难。这种多维度的能力培养是传统课堂所无法提供的，而深度教学则通过实践任务为学生提供了这一宝贵的机会。此外，理论与实践结合还能够促进学生的创造性思维和批判性思考。实践活动往往会带来意想不到的挑战或问题，促使学生重新审视自己对理论的理解。例如，学生在实验过程中遇到问题时，必须运用批判性思维分析问题的根源，并通过修改实验设计或调整操作步骤来解决问题。这一过程不仅强化了学生的理论基础，还激发了他们的创新思维，促使他们提出独特的解决方案。深度教学通过这种方式，培养了学生灵活运用知识解决实际问题的能力。

理论与实践结合不仅局限于学科知识，还涵盖了学生的社会实践能力。在深度教学的设计中，教师会通过设置与实际生活相关的情景任务，帮助学生在学习过程中提升解决实际问题的能力。例如，学生可以通过参与社区服务、企业实习等活动，将课堂知识应用于社会实践，帮助他们更好地理解和掌握所学内容。这种社会化的实践学习，增强了学生的社会责任感和适应能力，为他们未来的职业发展提供了重要的实践经验。

5. 重视互动与反馈

通过频繁的师生互动，学生能够更主动地参与到学习过程中，而教师则能够及时发现学生的问题并提供有针对性的反馈。这种互动不仅促进了知识的传授，也帮助学生不断纠正学习中的错误，进一步深化对概念的理解。深度教学通过这种双向沟通机制，确保学习不再是单向的灌输，而是一种基于反馈和调整的持续改进过程。反馈不仅仅是对学生作业或考试成绩的评价，它更多的是帮助学生在学习过程中发现问题、调整思路和策略的指导工具。例如，教师在课堂讨论中发现学生对某一概念的理解存在偏差时，可以立即通过提问、提示或讨论的方式引导学生思考并纠正错误。通过这种及时的反馈，学生能够在最短的时间内意识到自己的问题，并采取有效措施进行改进，从而避免将错误观念固化。小组讨论、项目合作等形式为学生提供了更多交流的机会。通过与同学的互动，学生可以分享自己的见解，听取不同的意见，从而获得更为多元化的思维方式。在这种互动中，学生能够互相启发，弥补各自知识和技能上的不足。这种同伴间的反馈，往往能够促使学生在反思自己学习过程的同时，更加主动地修正自己的思维和做法，从而提高整体的学习效果。

教师不仅向学生提供反馈，学生也能够向教师提供他们的学习体验和反馈。这种双向互动有助于教师及时调整教学方法，以更好地适应学生的需求。例如，当教师在课堂上引入新的教学策略时，学生的反馈能够帮助教师判断这一策略是否有效。如果学生感到困惑或产生其他问题，教师可以根据这些反馈对教学内容进行调整，确保每个学生都能跟上教学进度。这种基于反馈的灵活教学模式，使得教学过程更加个性化和有效。互动与反馈的另一个重要功能在于，它能够激发学生的自我反思能力。教师通过不断提问和引导，促使学生反思自己的学习过程。学生不仅要回答教师的问题，还要对自己的答案进行评价，从而培养他们的批判性思维。例如，教师在提出一个开放性问题后，学生需要思考如何从不同角度进行分析，并在讨论中接受来自教师和同学的反馈。这一过程促使学生不断反思和调整自己的观点，从而形成更加成熟的思维方式和学习策略。深度教学中的互动与反馈还可以帮助学生建立积极的学习心态。通过频繁的互动，学生能够感受到自己在学习过程中的进步，这种正向反馈有助于增强他们的学习自信心和动力。教师在提供反馈时，尤其要注重正面激励和建设性意见，以帮助学生更好地面对学习中的挑战和困难。同时，学生在互动中逐渐体会到学习的乐趣，这种积极的体验会进一步提升他们的学习效果。

6. 长时记忆与知识迁移

在深度学习的理论框架下，长时记忆与知识迁移是教学的核心目标。深度学习不仅强调学生对知识的表面理解，还要求学生能够在不同情景下灵活应用所学知识，真正实现从记忆到迁移的转化。通过深度学习，学生不再局限于机械记忆与单一情景下的知识应用，而是能够形成更加广泛的理解，进而在新的领域或不同情景中灵活运用已掌握的知识。这种学习方式有助于学生在知识网络中建立更紧密的关联，从而在未来的学习和实践中受益。相较于短时记忆，长时记忆要求学生能够在较长时间内保持对知识的掌握，并能够随时提取和应用这些知识。这不仅仅依赖于反复记忆，更需要通过深度理解和有意义的学习体验来巩固。学生能够将新知识与已有的认知结构相结合，在头脑中形成稳固的知识网络。具体来说，深度学习的过程通常伴随着较多的探索、问题解决、讨论和反思，这些活动促使学生对所学内容进行更深入的思考，帮助他们将知识转化为长时记忆，并在未来的学习和应用中保持其稳定性。

迁移指的是学生能够在新的情景或不同学科中应用所学的知识和技能，这种能力是深度学习的核心目标之一。在传统的教学模式中，学生往往只能在特定的情景中应用知识，导致学习效果有限。然而，学生能够超越具体的知识点，将其理解为更加广泛的原理和概念。这种广义上的理解为知识的迁移创造了条件，使学生能够在不同的学科或情景中灵活地应用所学的知识。例如，在数学学习中，学生掌握了某种解题思路后，不仅可以解决相似的问题，还可以迁移这种思维方式去解决物理、经济等其他领域的复杂问题。在深度学习环境中，教师不应仅仅传授知识，而应引导学生将其运用于真实的情景中。这可以通过问题导向学习、项目式学习等教学策略来实现。通过在复杂、开放的任务中应用所学内容，学生能够更好地理解知识的内涵，并学会在新的领域中灵活应用。这种通过实践来强化知识迁移的方式，不仅能够加深学生的理解，还能提高他们在未来实际工作中的综合运用能力。

学生如果能够将新知识与已有的经验和知识体系联系起来，就更容易实现迁移。因此，教师在设计教学内容时，应鼓励学生不断寻找知识之间的关联，并通过类比与联想来加深对知识的理解。例如，在外语教学中，教师可以通过将语言结构与学生熟悉的母语结构进行对比，使学生能够更加深刻地理解并应用所学的语法规则。通过自我反思，学生可以巩固所学知识，发现自己的不足之处，并加以改进。深度学习的过程强调学生在学习后进行反思，这种反思有助于学生将短期记忆转化为长期记忆。例如，教师可以通过定期的学习总结、思维导图和知识框架构建，帮助学生将分散的知识点整理成系统的知识结构。这种组织化的学习方式不仅能够促进知识的迁移，还能增强长时记忆的效果。

从教学设计的角度看，要实现长时记忆与知识迁移，必须注重学生的主动性与参与感。深度学习强调学习者作为知识构建的主体，鼓励学生积极参与到学习过程中，而不是被动接受知识。当学生通过讨论、实践、合作等方式主动参与学习时，他们能够更好地将知识与自身的经验相结合，进而加深理解和记忆。这种主动学习的过程，也为知识迁移创造了有利条件，使学生能够在未来遇到新的问题时灵活运用已有的知识与技能。

二、深度教学的发展历程

（一）深度教学的起源

深度教学与深度学习密切相关。深度学习来源于计算机科学、人工智能及脑科学等领域的研究，后来有学者创新性地将深度学习的概念及其思想运用于教育领域。随着研究的深化，学者们逐渐意识到，深度学习与深度教学具有关联性和一致性，深度学习离不开教师有深度的"教"，因此研究方向从学生的深度学习转向了教师的深度教学。

对于深度教学的定义，学术界尚未达成共识。有学者认为，深度教学是教师通过构建一定的活动场景，带领学生突破表层符号学习，深入学习知识的内核，理解知识的内在逻辑和意义，挖掘知识内涵的丰富价值，并实现知识教学对学生的发展价值。有学者认为深度教学是反思性教学、对话式教学、阶梯式教学和理解性教学的综合，深度教学能够深入学科本质、触及学生心灵深处、帮助学生构建深层意义。也有学者从其特征入手来阐述深度教学，认为深度教学一方面是学习内容要深刻，即学习内容要与学生的知识和经验相融合；另一方面是学生参与深入，即实现学生与学习内容的充分互动。还有学者认为深度教学是真正触及思维与灵魂的教学，是能在单位时间内，对世界表象进行无限地挖掘与延展，无尽地延伸学生的思想天梯，是从现象到本质永远向前的递进式教学过程。

以上学者虽然对深度教学内涵与落脚点的看法未达成一致，但其共性是都认为深度教学并不要求知识量的无限扩大和知识难度的不断加深，而是要求突破表层知识符号的传授，引导学生掌握知识的内核，即知识背后蕴含的思想内涵、思维方式和价值观念，从而促进学生情感、思维的提升以及精神的发育，最终使学生成为一个全面发展的生命个体。总体来说，深度教学可以改变教学的外在性和强加性，加强教学世界与学生的生活世界的联系，使知识学习成为学生日常生活经验的凝练和延伸，促进学生生活经验、情感与教学的相融共生。

（二）教学方法改革期

进入 21 世纪，全球教育界迎来了深刻的改革浪潮，这一阶段的教育改革更加重视培养学生的批判性思维、创造力以及解决复杂问题的能力。传统的以教师为中心、学生被动接受知识的教学方式逐渐失去了吸引力，深度教学作为一种更具动态性和互动性的教学模式，开始在全球范围内获得关注和推广。教育者意识到，仅靠灌输式教学无法有效应对当今快速变化的知识经济时代，因此他们积极寻求能够激发学生内在动力、提高思维能力的教学方法，而深度教学恰恰满足了这一需求。随着教学改革的推进，许多国家和地区的教育政策开始引入以深度学习为核心的教学模式，促使学校在课程设计中加入更多的实践元素。深度教学强调学生主动参与，要求他们在学习过程中不仅要掌握理论知识，还要通过实践和探究将这些知识转化为解决现实问题的能力。项目式学习（Project-Based Learning，PBL）和问题导向学习（Problem-Based Learning）等教学方法成为这一时期的代表性实践形式。这些方法通过为学生提供真实世界的任务和问题，促进了学生高阶思维能力的发展，并且打破了学科之间的界限，使学习更加综合和实用化。

借助现代教育技术，教师能够更加灵活地设计任务和情景，让学生通过数字化工具和资源展开自主学习和合作探究。这不仅增强了学生在课堂上的参与感，还帮助他们更好地掌握跨学科的综合能力。技术的引入使得个性化学习和反馈变得更加便捷，深度教学的理念也因此得以更广泛地应用在不同的教育环境中。例如，在线平台和学习管理系统可以为学生提供丰富的学习资源和即时反馈，帮助他们在学习过程中不断调整和改进自己的策略。在过去，教育的主要目标是知识的传授与测试，然而在 21 世纪的教育改革中，学生的能力培养成为核心目标。批判性思维、创造力、团队合作、沟通技巧等被视为与学科知识同样重要的素养。深度教学通过提供开放性的问题和项目，鼓励学生探索多种解决方案，这种多元化的思维方式不仅提升了学生的学术能力，还为他们在未来的职业和社会生活中应对复杂挑战打下了坚实基础。

教师在课堂中不再占据主导地位，而是通过设计富有挑战性的学习任务，鼓励学生进行批判性思考、自主学习和创新性地解决问题。教师更多地为学生提供个性化的指导和反馈，帮助学生在自主探究中不断进步。这种教学模式的变化，使得教师与学生之间的互动更加频繁，学习氛围更加开放和积极。不同国家和地区在推动深度教学时，结合各自的文化和教育背景，形成了丰富多样的实践形式。例如，芬兰的基础教育在全球享有盛誉，其教育改革将深度学习与多学科融合紧密结合，推动学生在实践中构建知识体系。美国的许多高校则采用研究型学习和项目式学习相结合的方法，鼓励学生在真实情景中运用所学知识。这些改革实践表明，深度教学不仅是一种教学策略的创新，更是教育理念和目标的转型。

（三）数字化和技术支持阶段

随着信息技术的飞速发展，深度教学进入了数字化和技术支持的阶段。现代技术为深度教学的实施提供了全新的工具和手段，使得教学更加灵活、互动性更强，学习体验也得到了极大的提升。数字工具的引入改变了传统的课堂模式，教师可以借助技术设计更加复杂和丰富的情景任务，让学生在虚拟环境中进行探索和实践。这些技术手段不仅丰富了教学的内容和形式，也为个性化学习提供了更多可能，使学生能够根据自己的节奏和需求进行学习。互联网的广泛普及使得学生能够随时随地获取丰富的学习资源。通过视频课程、在线图书馆、互动学习平台等数字资源，学生可以更加自主地安排自己的学习进度，教师也可以为学生提供更加多样化的学习材料。这种灵活的学习方式有助于促进学生的自主学习能力，尤其是在项目式学习或问题导向学习中，学生可以根据任务需求，自行查阅相关资料、进行独立探究，并在实践中应用所学知识。在线资源的便捷性和丰富性，极大地拓展了深度教学的实施空间。

虚拟现实（VR）和增强现实（AR）等技术的出现，为教学带来了革命性的变化。这些技术能够为学生提供更加沉浸式的学习体验，让他们在虚拟环境中进行实践操作。例如，在医学、工程等领域，学生可以通过虚拟实验室进行操作模拟，体验真实环境中无法获得的复杂实验过程。这种技术不仅能够提高学习的趣味性，还可以帮助学生在实际操作前掌握基本技能和知识，减少错误风险。同时，虚拟技术也能够打破时间和空间的限制，使得学生可以体验到真实世界中难以实现的情景，如历史场景再现、天文探索等。借助学习管理系统和大数据分析工具，教师可以实时追踪学生的学习进度和表现，并根据每个学生的需求提供定制化的反馈。这种精准的学习分析和反馈机制，使得教师能够更好地发现学生的学习瓶颈，及时进行指导和调整。这种个性化的反馈方式，不仅能够帮助学生更好地理解和应用知识，还可以有效提升他们的学习积极性和动力。在线平台为学生之间的互动和合作提供了便捷的渠道，学生可以通过在线讨论区、合作项目工具等方式，进行跨区域、跨学科的团队协作。这种协作不仅促进了学生之间的知识分享和交流，还增强了他们的团队合作能力和沟通技巧。协作学习能够让学生在讨论和实践中深入理解所学内容，提升他们的批判性思维和解决问题的能力。

（四）全球推广与实践

当前，深度教学已经在全球范围内得到了广泛的推广与实践。各个国家和地区根据自身的教育需求和背景，逐步将深度教学的理念融入日常教学中，形成了多种具有本地特色的教学模式。例如，芬兰的基础教育体系一直以来以其高质量的教育水平著称，该国在教育改革中大力推行跨学科的项目式学习，鼓励学生通过真实的情景任务来探究和应用知识。这种跨学科的项目式学习，不仅促进了学生的深层次理解，还帮助他们培养了批判性思维和解决复杂问题的能力。与此同时，美国的一些高校也在积极引入深度教学理念，特别是在研究性学习领域取得了显著的成效。许多美国高校将深度教学与研究项目相结合，鼓励学生通过自主研究和创新项目来推动知识的深入理解。这种学习方式不仅培养了学生的独立思考能力，还增强了他们在真实情景中应用知识的能力。在这些项目中，学生不仅仅是学习现有的知识，更是通过研究、实验和实践，为知识体系的扩展作出贡献。这种深度学习的方式，使得学生的学术能力和实践能力得到同步提升，为未来的职业发展奠定了坚实的基础。

在亚洲地区，深度教学也得到了逐步推广。以中国为例，随着国家对教育质量的日益重视，深度教学逐渐成为教学改革的重点内容。中国的一些学校和教育机构开始采用项目导向和问题导向的学习模式，鼓励学生在实践中掌握知识，打破过去以应试为中心的教学模式。这一变化促使学生更加注重知识的实际应用，而不是仅仅依靠记忆和复习来应对考试。此外，教师的角色也发生了变化，他们更多地成为学习的引导者和促进者，帮助学生在自主学习和探究中获得知识。欧洲其他国家如荷兰和英国，也在积极推动深度教学的实践。荷兰的一些学校通过探究性学习的方式，引导学生从问题出发，通过自主探索和合作解决问题的方式来加深对知识的理解。英国则在高中阶段的大量学科中引入了项目式学习和跨学科合作，鼓励学生通过多维度的思考方式，培养学生的批判性思维和创新能力。这些实践形式不仅提升了学生的学术表现，还提高了他们的团队合作能力和沟通技巧。在全球推广与实践中，深度教学逐渐成为教育改革的核心，影响了不同教育体系中的课程设计和教学方法。各国根据自身的文化和教育特点，调整并优化深度教学的应用，使其更加符合本地学生的需求。这种多样化的实践方式不仅丰富了深度教学的内涵，也为全球教育创新提供了新的方向和灵感。

第二节　外语混合式教学的理论基础与实践背景

一、高校外语混合式教学的理论基础

（一）建构主义学习理论

建构主义学习理论强调学生在学习中的主动性，认为知识并不是通过教师的单向传授获得的，而是通过学生在具体情景中的探索和互动逐渐建构的。学生在学习过程中，积极参与和探索是理解和内化知识的关键因素。在建构主义的视角下，学习是一种个人的认知建构活动，这种建构需要通过真实的情景、社会互动和自我反思来实现。外语混合式教学正是借助了这种理念，将线上与线下的学习情景相结合，创造更多互动和反思的机会，帮助学生更有效地掌握和内化外语知识。在外语学习中，语言并不是孤立存在的，而是与文化、社会情景密切相关的交流工具。因此，外语学习者需要在真实的语言情景中进行实践和探索，才能更好地掌握语言的实际运用。混合式教学通过在线平台、虚拟情景和线下互动课程相结合，为学生提供了多样化的学习情景，使他们能够在仿真的场景中使用语言进行沟通。例如，通过在线对话模拟、跨文化交流项目或虚拟语言实践，学生能够在丰富的语言环境中进行探究式学习。这种实践机会有助于学生在真实语境中反复应用语言，进而深化对语言的理解和内化。

在传统的外语课堂中，学生往往是被动的接受者，而在混合式教学中，学生成为主动学习者，积极参与到知识的构建过程中。通过与同伴互动、合作完成任务和集体讨论，学生能够分享各自的学习经验、观点和理解，从而促进彼此的认知发展。混合式教学通过线上互动平台、讨论组和协作任务等形式，增加了学生之间的合作学习机会。例如，学生可以通过在线小组讨论、合作翻译任务或语言项目等方式，锻炼他们的语言实践能力，并在合作中互相学习和纠正错误。这样，合作学习不仅提高了学生的语言应用能力，还培养了他们的团队合作和跨文化沟通技能。在学习过程中，学生需要不断反思自己的理解和学习过程，识别自己的知识盲点，并通过修正错误和调整策略来进一步建构知识。在外语混合式教学中，线上平台为学生提供了丰富的自我反思工具，如在线测验、语言练习记录和即时反馈系统，帮助学生监控和评估自己的学习进度。例如，学生可以通过在线语法测验或听力练习来检测自己的薄弱环节，并根据反馈结果进行有针对性的复习和训练。自我反思和反馈机制使得学生能够不断修正和优化自己的学习方法，提升语言学习的效率和效果。

建构主义理论下，教师不再是传统意义上的知识传递者，而是学生学习的引导者和促进者。教师通过设计学习情景、提供学习资源和引导学生反思，帮助学生更好地进行语言建构。例如，教师可以利用线上平台为学生提供多样化的语言练习资源，并在课堂中设置真实情景下的口语表达任务，帮助学生在真实的语言环境中应用所学知识。同时，教师还可以通过线上即时反馈、讨论引导等方式，帮助学生进行反思和自我调整，从而提高学习效果。每个学生都有自己独特的认知结构和学习风格，外语混合式教学为学生提供了更多个性化学习的机会。在线学习平台允许学生根据自己的学习需求和节奏，自主选择学习内容、练习形式和学习进度，最大限度地发挥个体的学习潜力。通过这种个性化的学习体验，学生能够更好地掌握外语知识，并根据自己的实际需求进行语言实践和应用。

（二）自主学习理论

自主学习理论是外语混合式教学的重要理论基础，它强调学生在学习过程中应具备主动性、自律性和自我管理能力。外语学习的效果很大程度上依赖于学生的自主性，因为语言的掌握不仅仅是课堂内的学习任务，更需要学生在课外时间进行积累和实践。自主学习理论认为，学生在学习过程中应承担更大的责任，主动选择适合自己的学习策略和资源，进行有计划的学习管理。混合式教学为这种自主性学习提供了极大的支持，通过灵活的线上资源和平台，学生能够更好地自我安排学习进度和选择学习内容，从而显著提升外语学习的效果。在混合式教学模式中，自主学习得到了更大的发挥空间。传统的课堂教学时间和资源往往有限，学生只能依赖教师的指导和课堂上的内容进行学习，而混合式教学则通过线上学习平台和多样化的资源，打破了时间与空间的限制，极大地拓展了学生的学习机会。学生可以根据自己的兴趣和需求，自主选择适合的学习材料和内容，灵活地安排学习时间。这种学习模式让学生能够根据个人的节奏进行学习，避免了传统课堂教学中"一刀切"的学习节奏，使得学习过程更加个性化和灵活化。

自我调控包括学生对学习目标的设定、学习进度的管理、学习效果的评估和调整等过程。混合式教学为学生提供了丰富的自我评估和反馈工具，帮助他们更好地掌握学习进度。例如，学生可以通过在线测验、任务提交和即时反馈系统来了解自己在哪些方面表现出色，哪些地方还需要进一步加强。这种即时反馈机制帮助学生及时调整学习策略，增强学习的针对性和有效性，从而大大提高了外语学习的效率。此外，自主学习理论还强调学生的学习动机和兴趣。学生如果在学习中具备较高的内在动机，他们就会更加主动地投入学习中去。混合式教学通过提供多样化的学习资源和互动平台，激发学生的学习兴趣。例如，学生可以通过观看与语言相关的视频、参与在线讨论、完成语言游戏等方式来提升学习体验。这种丰富的学习形式增强了学生的参与感和兴趣，使得学习不再是枯燥的任务，而是充满了趣味和挑战的过程，从而激发了学生的自主学习动机。

混合式教学中的线上平台为学生提供了大量的自主学习资源。这些资源不仅限于传统的语言学习材料，还包括多媒体资源、跨文化交流平台和虚拟语言实践等多种形式。通过这些资源，学生可以在课后继续进行语言练习，巩固课堂上所学的知识。例如，学生可以在课后通过在线语言练习平台进行听力、口语或写作练习，或者参加跨国在线语言交流项目，与外国学生进行语言互动和文化交流。这种多元化的学习形式增强了学生的语言应用能力，使他们能够在更多的实际场景中运用语言，提升语言学习效果。在混合式教学中，教师的角色也有所变化，更多地转向引导和支持学生自主学习。教师通过设计个性化的学习计划和提供适当的学习资源，帮助学生更好地进行自主学习管理。例如，教师可以通过在线学习平台为学生提供个性化的学习建议，推荐适合其水平和需求的学习材料，并通过定期的反馈和指导，帮助学生调整学习方向。教师的支持不仅能够增强学生的学习信心，还可以帮助他们更有效地进行自我管理和反思。自主学习理论还强调学生的反思能力，即学生在学习过程中不断反思自己的学习进展和策略，并通过反思调整学习方法。混合式教学为学生提供了丰富的反思工具，学生可以通过记录学习日志、完成在线学习反馈表等方式，回顾自己的学习过程，识别学习中的问题和不足之处。这种反思不仅有助于学生提高自我意识，还能促使他们不断改进学习策略，优化学习效果。

（三）多元智能理论

加德纳的多元智能理论为理解学习者的差异性提供了重要的框架，认为每个个体都具有不同类型的智能，这些智能在不同的人身上表现出不同的优势。根据这一理论，学习不应局限于传统的单一模式，而应考虑到个体多样化的学习风格和能力。外语混合式教学正是基于这种理念，通过多样化的教学形式，为学生提供适合其智能优势的学习方式，从而提升外语学习的效果。多元智能理论指出，智能不仅仅限于语言智能和逻辑－数学智能，还包括空间智能、身体－运动智能、音乐智能、人际智能、内省智能等多种形式。教师可以利用这一理论设计丰富的教学内容，使学生根据自己的智能类型和学习偏好选择最适合自己的学习方式。例如，对于擅长语言智能的学生，传统的文本阅读和写作任务可能非常有效；而对于具有强大空间智能的学生，视觉化的学习材料，如图片、图表、视频等，则可能更能帮助他们理解和记忆语言。

混合式教学中的多样化资源也为那些具有音乐智能的学生提供了更多的机会。这类学生通常对声音和节奏敏感，因此，教师可以通过设计与音乐相关的外语学习任务，如通过歌曲学习发音或语法，帮助这类学生利用音乐智能来掌握语言。同样，具有身体—运动智能优势的学生可以通过角色扮演、情景模拟等方式，在肢体动作中强化对外语的理解与运用。混合式教学中，线上与线下的灵活结合，为这些不同类型的学习活动提供了更多可能性。具有强大人际智能的学生往往通过与他人互动来学习得更快，他们能够通过小组讨论、对话练习等互动形式提高语言表达和理解能力。混合式教学的在线讨论平台、语言交流伙伴系统为这些学生提供了大量的互动机会，帮助他们在与他人的沟通中不断提升语言能力。而内省智能强的学生则善于通过自我反思来加深对知识的理解。混合式教学中的自我测评工具、学习日志以及个性化学习计划，帮助这类学生自主规划学习进程，并通过反思不断优化学习策略，从而取得更好的学习成果。

通过多元智能理论的指导，混合式教学也能够根据不同类型的智能优势来设计教学评估方式。例如，传统的外语评估往往侧重于语言和逻辑智能，依赖于笔试和书面作业。然而，混合式教学提供了更为灵活的评估手段，例如通过口语展示、项目报告、视频创作等多种形式，让学生能够以最能体现自己智能优势的方式展示学习成果。这种多样化的评估方式，不仅更加公平地反映学生的学习水平，也增强了他们的学习动力和参与感。与此同时，多元智能理论还强调个体在不同智能领域的潜力是可以通过适当的教育和训练来激发的。教师不仅要识别学生的优势智能，还应通过提供多样化的学习活动，帮助学生发展其他领域的智能。例如，通过结合图像、音频、肢体动作等多元感官的学习活动，教师可以帮助学生在语言学习中拓展他们的空间智能和身体智能。而在合作项目或小组任务中，学生的人际智能和领导能力也能够得到锻炼。这种多维度的学习体验，不仅提升了外语学习效果，也促进了学生在其他智能领域的发展。

根据多元智能理论，每个学生都有不同的学习需求和偏好，混合式教学提供了丰富的在线资源和灵活的学习平台，学生可以根据自己的智能类型选择最适合的学习材料和活动。通过自主调控学习进度，学生能够更加有效地利用时间，增强对语言的掌握。此外，教师可以根据学生的学习反馈和表现，提供有针对性的支持和指导，进一步优化学生的学习体验。

（四）情景学习理论

情景学习理论强调，学习应该在真实或仿真的情景中进行，只有当学习者能够在真实的情景中应用所学知识时，才能真正内化并掌握这些知识。外语学习尤其如此，语言不仅是词汇和语法的集合，更是一种交流工具，必须在具体的语境中才能发挥作用。混合式教学正是基于这一理论，通过线上互动平台和虚拟学习环境，创造真实或仿真的语言情景，让学生在实践中掌握语言，同时加深对文化背景的理解。情景学习理论认为，学习者在真实情景中能够更好地将知识转化为能力。单纯依靠传统的课堂教学，学生往往只能通过背诵和记忆来掌握语言知识，但这种学习方式无法帮助学生真正理解和应用语言。混合式教学通过线上与线下相结合的方式，为学生提供了更加多样化和真实的学习情景。例如，教师可以利用线上平台，设计与日常生活相关的语言任务，让学生在虚拟环境中进行角色扮演或模拟对话。这些仿真的语言情景让学生能够身临其境地使用语言，在真实的语言互动中学习和实践。

通过虚拟现实（VR）技术或增强现实（AR）技术，学生可以进入一个模拟的语言文化环境中，体验真实的语言交流场景。这种技术不仅能够提供沉浸式的语言学习体验，还能让学生感受到不同文化背景下的语言使用习惯和文化差异。例如，学生可以通过虚拟旅游的方式，参观不同国家的文化景点，学习与当地人沟通的技巧和文化习俗。这种沉浸式的学习情景，有助于学生将语言学习与文化理解结合起来，提高他们在跨文化交流中的语言运用能力。在混合式教学的框架下，线上互动平台为学生提供了大量语言交流和互动的机会。学生可以通过参与在线讨论、语言交换或跨文化项目，进行语言实践和合作学习。这种互动不仅能让学生通过沟通和协作加深对语言的理解，还能帮助他们培养团队合作和跨文化交际的能力。例如，学生可以与来自不同国家的学习者一起完成项目，分享各自的文化背景和语言经验，在合作中提升语言应用能力。同时，教师也可以通过线上平台进行实时反馈，帮助学生在互动中及时纠正语言错误，优化语言表达。

情景学习理论不仅适用于语言实践，还能够帮助学生更好地理解外语背后的文化。语言和文化是紧密相连的，外语学习不仅仅是掌握语言技能，还要理解语言所承载的文化内涵。通过混合式教学，教师可以为学生设计带有文化背景的学习任务，如文化节日的介绍、跨文化礼仪的讨论等。这种将语言学习与文化背景相结合的教学方式，有助于学生在学习语言的同时，更加深入地理解不同文化的思维方式和价值观，从而提升他们的跨文化理解力和沟通能力。混合式教学的另一个优势在于，它为情景学习提供了更多灵活性。学生可以根据自己的学习需求和兴趣，选择不同的情景任务和学习内容。例如，一些学生可能对商务英语感兴趣，教师可以为他们设计与商务场景相关的学习任务，如模拟商务会议、商务信函写作等。而其他学生可能对旅游英语感兴趣，教师则可以设计与旅游相关的情景任务，如酒店预订、景点介绍等。这种灵活性不仅增加了学习的个性化和针对性，也让学生能够在自己感兴趣的情景中更加投入地学习。

情景学习理论还强调通过情景化的学习体验来增强学生的记忆和理

解能力。与抽象的词汇记忆和语法规则学习相比，学生在真实或仿真的情景中进行语言学习，能够更好地记住和理解所学内容。这是因为情景化的学习体验能够让学生将语言知识与实际情景和感知相联系，使得知识的内化过程更加自然和深刻。教师通过设计丰富的情景任务，帮助学生将语言学习从课本扩展到实际生活，使得学生能够更好地理解和记忆语言，并在现实中灵活运用。

（五）协作学习理论

协作学习理论强调，通过集体活动和团队合作能够有效促进学习，尤其在外语学习中，这一理论具有特别的意义。外语学习不仅仅是掌握语法和词汇，更是要在互动中提升语言运用的能力。协作学习为学生提供了一个互相学习、互相支持的环境。在这个过程中，学生通过与他人合作完成任务，能够提高语言表达能力，并在互动中发现自己的不足和改进的方向。混合式教学模式很好地融合了协作学习的理念，通过线上平台提供多种形式的合作任务，帮助学生在实践中不断提升协作能力和语言交流技巧。线上平台为协作学习创造了更多的机会和灵活性。学生可以通过在线讨论区、视频会议等方式进行小组讨论和交流，即使在地理位置不同的情况下，也能够方便地进行合作任务。这种线上协作打破了时间和空间的限制，让学生可以跨班级甚至跨学校、跨国界进行语言互动。例如，教师可以为学生设计跨文化语言项目，让来自不同文化背景的学生组成小组，进行语言交换和合作。这不仅提升了学生的语言能力，还让他们在与他人的互动中加深了对不同文化的理解。

协作学习理论还强调，学习是一个社会化的过程，通过与他人的合作，学生能够在群体中分享彼此的学习经验、知识和见解，取长补短，从而实现更好的学习效果。小组任务和合作项目是常见的学习活动形式。学生可以通过共同完成翻译任务、角色扮演、模拟对话等活动锻炼语言实践能力。同时，在这些合作任务中，每个学生都会扮演不同的角色，大家各司其职，通过分工协作来解决问题。这种方式不仅有助于提高学生的责任感和团队精神，还能让他们通过协作中的对话和交流，不断提升语言表达和沟通的技巧。通过协作学习，学生在互动中能够获得即时反馈，这对语言学习尤为重要。在合作过程中，学生往往能够从同伴那里得到及时的建议和纠正，发现自己的语言问题并加以改进。混合式教学通过线上平台为学生提供了丰富的反馈机制，不仅有来自教师的反馈，还有通过同伴的互评机制获得的反馈。例如，在小组合作的写作任务中，学生可以互相批改和评价，指出对方的语言错误和不足之处，并提供改进建议。这种基于协作的反馈机制，既帮助学生发现问题，也让他们在批改他人作业的过程中进一步巩固自己所学的知识。

协作学习的另一个优势在于它能够培养学生的社交技能和跨文化沟通能力。语言不仅是交流工具，还是文化的载体。学生在团队中能够接触到不同文化背景的同伴，这为他们提供了宝贵的跨文化交流机会。混合式教学可以通过线上交流平台，将来自不同国家或地区的学生连接起来，进行语言交换和合作项目。例如，学生可以通过视频通话与以目标语言为母语的伙伴进行对话练习，了解不同国家的文化差异和语言习惯。这种跨文化互动，不仅提高了学生的语言运用能力，还让他们具备了更加广阔的文化视野。混合式教学通过线上平台为学生提供了多样化的合作任务，确保每个学生都能在合作中发挥自己的作用。例如，教师可以设置小组讨论、项目报告或语言角色扮演等任务，确保每个学生都要承担一定的责任。这样的设计不仅激励学生更加积极地参与到学习中，还能够帮助他们在合作中培养团队协作精神、领导能力和解决问题的技巧。通过不断的合作练习，学生的团队合作能力和语言交流技巧都会得到显著提升。学生不仅可以通过线上平台进行同步协作，还可以通过异步讨论和任务分配来完成合作项目。例如，学生可以通过共享文档平台进行协作写作，在线讨论任务进度，并通过留言和评论的方式进行交流。这种灵活的协作方式允许学生在各自方便的时间进行学习和合作，提高了学习效率和学生的时间管理能力。

二、高校外语混合式教学的实践背景

（一）信息技术的普及

信息技术的飞速发展，为高校教学方式的创新带来了前所未有的可能性。随着网络学习平台的普及，教师和学生可以随时随地进行学习和交流，打破了传统课堂的时间和空间限制。在外语教学中，信息技术的应用尤为重要。它不仅提供了丰富的在线资源，还使教师能够设计更加多元化、互动性更强的教学内容，从而有效提高学生的学习兴趣和参与度。此外，移动设备的广泛使用也为外语教学带来了新的活力。学生可以通过手机、平板等设备随时获取学习资料，进行词汇记忆、语法练习和语音跟读等练习活动。这种碎片化的学习方式，符合现代学生的学习习惯，能够帮助他们充分利用零散的时间进行自主学习，从而进一步提高学习效率。与此同时，在线资源的丰富性为教师的课程设计提供了更多的选择。教师可以通过互联网访问世界各地的教学资源，例如外国新闻网站、文学作品、文化视频等，使学生在学习语言的同时也能深入了解相关的文化背景。这种方式不仅拓宽了学生的知识面，也提升了他们的跨文化交际能力，有助于培养全面发展的外语人才。

随着线上和线下教学模式的相互融合，混合式教学在外语教学中展现出巨大潜力。线上学习平台可以为学生提供大量的课后练习和拓展资源，学生可以根据自身的学习进度灵活安排学习计划，而线下课堂则为师生互动、答疑解惑提供了不可替代的机会。两者相辅相成，使得外语教学更加具有针对性和实效性。通过大数据分析，教师可以清晰地了解学生的学习进度、困难点和个性化需求，从而为每个学生量身定制学习计划。这样的精细化管理，不仅提高了教学质量，也为未来的教育改革提供了宝贵的参考数据。

（二）学生学习需求的多样化

随着教育个性化需求的不断提升，学生对学习方式的期望也逐渐变得更加多样化。在当今教育环境中，学生渴望根据个人兴趣和学习风格来选择适合自己的学习内容和节奏。尤其是在高等教育和职业教育中，这种需求更为显著。学生不仅希望获取知识，还期待拥有灵活的学习选择，以此增强对学习的兴趣和投入。此外，不同学生的学习需求与目标各不相同，传统的教学模式难以完全满足这些差异化的需求。混合式教学正因其灵活的特点，成为满足个性化需求的有效手段之一。通过将线上与线下学习相结合，混合式教学让学生能够随时随地获取学习资源，同时还能结合线下课堂中的互动和实践，全面提升学习体验。这样的模式不仅尊重了学生的个体差异，还让他们有更多空间按照自己的节奏进行学习。

学生不再受限于固定的课堂时间，而是可以根据自己的学习需求合理安排学习进度。这种自我主导的学习方式，激发了学生的学习积极性，让他们能够在探索与实践中成长。尤其是在高度信息化的时代，学生更愿意选择一种灵活、便捷的学习模式，以适应他们丰富的学习需求和快速变化的学习内容。通过多种学习方式的融合，学生可以根据自身的学习水平和偏好，选择适合的内容和路径。这种个性化的学习体验不仅提高了学生的学习效果，还帮助他们在不断尝试中找到适合自己的最佳学习策略。因此，混合式教学的多样化方式在激发学生潜能、提升学习质量方面发挥了不可替代的作用。

（三）全球化与国际化教育的需求

随着全球化进程的加速，国际化教育已成为高校外语教学的重要目标。现代社会对跨文化沟通的需求日益增长，使得学生的语言能力不仅要停留在语法和词汇层面，更需要深刻理解不同文化的差异和共同点。全球化背景下，高校在外语教学中愈加注重培养学生的跨文化沟通能力，帮助他们在全球范围内拓展视野，提升对不同文化的适应性和理解力。通过在线交流、国际合作项目和跨国互动平台，学生能够与来自不同国家的同龄人建立联系，体验真实的跨文化沟通情境。在线跨国交流的形式不仅拓宽了学生的语言运用场景，还让他们在互动中加深了对目标语言文化的理解。通过这种方式，学生能够在语言学习的同时，逐步培养跨文化的敏感性和包容性，为未来的国际化发展奠定基础。

混合式教学还可以通过丰富的多媒体资源，比如文化视频和纪录片，帮助学生深入了解世界各地的风俗习惯、历史背景和社会现象。这种多样化的学习资源为学生提供了更为全面的文化知识，使他们能够更好地理解不同的文化视角，进而提升跨文化沟通能力。在这种学习过程中，学生不仅学会了用外语交流，更在潜移默化中开阔了国际视野和全球意识。通过模拟国际环境、设计真实情境，让学生在虚拟的场景中练习语言和沟通技巧，他们能够在无压力的环境下大胆尝试，逐步克服语言障碍。这种实践活动能够帮助学生更好地掌握语言的实际应用，增强在多元文化情境下的沟通自信，进而为他们提供真实世界中跨文化沟通的有效训练。

在国际化教育需求不断提升的背景下，混合式教学为外语教育注入了新的活力。学生不仅通过在线和虚拟实践拓展了语言能力，更在跨文化交流中培养了开放、包容的心态，为未来的全球化发展做好了充分准备。可以说，混合式教学不仅仅是语言教学的一种手段，更是培养学生跨文化能力、拓宽国际视野的有力途径。全球化时代的到来，使得跨文化沟通能力成为外语教育的核心目标，而混合式教学正是实现这一目标的有效方式之一。

（四）教育改革的驱动

当前，为了提升教学质量和效率，教育改革在高校中不断深化，推动了教学模式的创新。高校外语教学作为大学教育中的核心领域，成为改革的重点。在教育政策的支持下，混合式教学模式逐渐在外语课堂中得到广泛应用。这一模式不仅顺应了教育改革的需求，还成为提高外语教学质量的重要手段，为外语课程的创新带来了新的活力。在教育改革的驱动下，混合式教学模式以其灵活性和多样性吸引了越来越多的关注。通过将传统课堂与数字化教学资源结合，学生能够在课前、课中和课后有更多机会进行语言练习。这种教学模式通过在线学习平台、互动软件和虚拟课堂等形式，让学生能够随时随地接触学习资源，满足了多样化的学习需求。对于外语学习来说，这样的模式大大丰富了教学内容，也提高了学生的学习主动性。

传统外语课堂由于受时间和空间的限制，难以满足所有学生的个性化需求。而混合式教学可以通过灵活的课程安排和线上资源，提供更加个性化的教学支持。无论是语言基础较好的学生，还是需要更多辅导的学生，都能够找到适合自己的学习路径。这样一来，教师能够将更多的精力放在教学设计和互动反馈上，从而进一步提升课堂教学效果。不仅如此，混合式教学模式还为外语教育提供了创新发展的新方向。通过多媒体资源的融入，学生可以接触到更为丰富的语言素材，例如国际新闻、电影片段、文化纪录片等。这些内容不仅增强了学习的趣味性，还帮助学生拓宽了语言运用的视角和文化理解能力。在政策的推动下，外语课程融入更多真实世界的应用场景，使学生更好地适应未来的国际化需求，为他们在全球化背景下的职业发展奠定基础。

在未来的发展中，混合式教学模式将继续成为教育改革的重要推动力。它不仅是教学手段的革新，更是教育理念的转变，强调以学生为中心，鼓励个性化发展。通过这一模式，学生的语言运用能力和跨文化沟通能力得到了显著提升。而对于教师而言，这一模式为他们提供了更为广阔的教学空间，使他们能够灵活调整教学方法，提高教学质量。在不断深化的教育改革浪潮中，混合式教学将继续发挥其独特的作用，引领高校外语教育走向更加高效和创新的方向。

（五）大规模开放在线课程（MOOCs）的影响

随着大规模开放在线课程（MOOCs）的普及，外语混合式教学迎来了前所未有的资源支持和平台扩展。MOOCs不仅提供了丰富的课程资源，还为高校的外语教学带来了全新的教学模式。许多高校在课程设计中开始引入MOOCs，将线上课程与线下教学活动相结合，为学生提供了更广泛的学习选择。这种资源的丰富性为课堂带来了新的内容，不仅拓展了教学的深度，还显著增强了学生的学习体验。在高校外语教学中，MOOCs平台上汇集了来自世界各地的优质外语课程，学生能够在传统课堂之外接触到更多样的语言资源和文化背景。通过结合MOOCs资源，高校可以将国际化的内容引入课堂，使学生获得多元化的学习体验。不同国家、不同文化的课程内容为学生提供了广泛的视角，提升了他们的跨文化意识，同时也增强了语言运用的真实感和实用性。

MOOCs的引入不仅丰富了外语课程的内容，还极大地扩展了学生的学习方式。通过线上学习平台，学生能够在课余时间进行自主学习，选择自己感兴趣的专题课程，深度探索语言的细节和应用场景。此外，MOOCs中的互动功能，如讨论区和课后测验，能够让学生在学习过程中得到及时反馈，帮助他们更好地掌握学习内容。这种方式既增强了学习的灵活性，又提升了学生的参与度，使他们能够根据自己的节奏进行语言学习。此外，MOOCs 的出现也为教师提供了丰富的教学资源和设计灵感。教师可以借鉴 MOOCs 课程中的优质内容，结合自身的教学目标，设计出更具吸引力的课堂活动。在实际操作中，教师可以将 MOOCs 中的视频、案例和习题融入线下教学中，使课堂内容更加多样化。这不仅有助于激发学生的学习兴趣，还提升了课程的互动性和参与感，让学生在更为开放的学习环境中提高语言能力。

（六）线上教学经验

近年来，全球各地的高校逐步开展线上教学模式，为学生提供远程学习的支持。在线教学的广泛应用不仅帮助高校打破了时间和空间上的限制，也使教育工作者积累了大量的线上教学经验。经过一段时间的探索与实践，混合式教学逐渐被视为后疫情时代外语教学质量提升的可持续模式。线上教学的成果和经验为混合式教学的发展奠定了坚实的基础，为教育的创新和多样化开辟了新的路径。在线上教学中，许多高校外语课程的形式与内容都得到了深度调整。教师通过虚拟课堂、实时互动、在线测试等方式保持学生的学习状态，同时利用多媒体资源使课堂内容更具吸引力。这种线上教学的全面实践为混合式教学模式的构建提供了宝贵的经验。当下，混合式教学可以结合线上教学的优势和线下课堂的互动性，进一步优化外语教学，形成更具适应性的教学模式。

通过线上平台，教师能够为学生提供个性化的学习指导，利用论坛和即时通信工具及时解答问题，提高了教学的便捷性。学生则能够随时复习课程资源，灵活安排学习时间。这些线上教学的优势在混合式教学中得以保留和深化，尤其是在外语学习中，学生可以通过线上资源反复练习和自我测试，从而增强语言掌握的效果。线上教学也培养了学生的自我管理能力。没有传统课堂的约束，学生在家中学习需要更高的自律性和时间管理能力。这些素质在混合式教学中尤为重要，因为学生不仅需要跟随课堂进度，还需合理安排自己的线上学习时间。混合式教学的推广，使学生能够在获得知识的同时，提高自主学习的能力，为其未来的学习和生活打下坚实的基础。

第三节　深度教学与混合式教学的整合思维

一、强调高阶思维能力的培养

（一）设计复杂的语言任务，激发批判性思维

在高校外语混合式教学中，通过设计复杂的语言任务，能够有效激发学生的批判性思维。例如，教师可以为学生提供有挑战性的语言问题或辩论主题，要求他们在分析不同观点的过程中进行深度思考。这类任务不仅考验学生对语言的理解和表达能力，还要求他们具备批判性思维能力，去评估、比较不同的观点并提出合理的论据。通过这样的设计，学生能够更加深入地理解语言背后的逻辑结构，并通过批判性思考提升他们的语言使用水平。

（二）结合项目式学习，培养创造性表达能力

项目式学习（PBL）是一种有效培养创造性思维的教学方法。高校外语混合式教学可以将项目式学习与外语课程相结合，通过让学生参与实际项目，激发他们的创造性表达。例如，学生可以完成一个关于某一国际话题的项目报告，利用多种外语表达形式，如视频、演讲、文字报告等，展示他们的研究成果。这种任务不仅提升了学生的语言应用能

力，还促进了他们在语言使用中的创新表达，增强了语言与实际问题解决的联系。

（三）在情景任务中引导分析与决策能力

情景任务是培养学生分析能力和决策能力的重要工具。教师可以利用线上平台设置真实或仿真的情景任务，如模拟商务会议、文化交流活动等，要求学生在这些情景中进行决策和问题解决。学生需要分析任务中的问题，评估不同解决方案的优劣，并在此基础上做出合理的决策。这类情景任务不仅提高了学生的外语应用能力，还促使他们在解决实际问题时运用高阶思维，如分析、评估和创造性地解决问题等能力。

二、自主学习与个性化学习的融合

（一）提供灵活的在线平台，促进自主学习

混合式教学为学生提供了丰富的在线学习平台，学生可以随时随地访问资源，安排学习进度。这种灵活性赋予学生更多的自主权，能够根据自己的时间安排和学习需求选择合适的学习材料和任务。在线平台通常包括多样化的资源，如语法练习、听力训练、视频课程等，学生可以自主决定哪些资源最能帮助他们巩固外语知识，从而加强个性化学习的体验。

（二）个性化学习内容，满足不同需求

每个学生的学习需求和能力水平都不同，混合式教学通过提供多样化的学习内容，帮助学生实现个性化学习。学生可以根据自己的语言水平、兴趣领域和学习目标选择相应的学习材料。例如，有些学生可能需要加强听力训练，而另一些学生则可能更关注写作技巧。学生能够根据这些个性化需求选择相应的课程和练习内容，充分利用在线资源，从而提升外语学习的效率和效果。

（三）增强自主学习驱动力，深化外语知识理解

自主学习的一个关键是学生保持对学习的主动性和内在驱动力。混合式教学通过在线评估、即时反馈和自主任务设置等功能，帮助学生在自主学习中保持积极性。学生能够通过自我评估了解自己在学习中的进展和不足之处，及时调整学习策略。同时，在线平台的即时反馈机制帮助学生快速纠正错误，从而加深对外语知识的理解。这样的个性化学习过程，让学生在自主学习中持续保持内在驱动力，并更加深入地掌握外语知识。

三、实践导向的学习任务设计

（一）虚拟情景设计，增强真实语言应用体验

混合式教学通过设计虚拟情景，为学生提供逼真的语言实践机会。教师可以创建模拟的生活或工作场景，例如虚拟购物、餐厅点餐、求职面试等，让学生在这些情景中运用所学的外语知识进行沟通。这种实践导向的任务设计，不仅帮助学生在仿真环境中体验真实语言应用，还增强了他们的语言运用能力和自信心。此外，虚拟情景可以让学生反复练习，并在安全的环境中逐步提高语言表达技巧。

（二）线上交流平台，促进语言互动与合作

混合式教学中的线上交流平台为学生提供了丰富的语言互动机会，学生可以通过讨论区、视频会议等形式进行语言练习和跨文化交流。教师可以设计跨国合作项目，鼓励学生与不同文化背景的同伴进行沟通和合作，讨论国际问题或文化差异。这种互动性强的实践任务，不仅提高了学生的语言表达能力，还让他们在合作过程中学会如何应对语言和文化差异，增强了跨文化沟通技巧和适应能力。

（三）跨文化沟通任务，深化语言与文化理解

在实践导向的任务设计中，跨文化沟通任务是帮助学生结合语言与文化的有效方式。教师可以组织线上跨文化讨论、虚拟文化节或文化研究项目，学生需要通过这些任务了解目标语言的文化背景，并用外语进行表达。这类任务设计不仅帮助学生在实际情景中运用语言，还加深了他们对文化的理解，增强了学生在多元文化环境中进行有效沟通的能力。这种语言与文化结合的实践任务，帮助学生从语言学习中获得更加全面的素养。

四、合作学习与互动反馈的整合

（一）虚拟团队合作，增强语言技能

混合式教学中的虚拟团队合作为学生提供了丰富的协作学习机会。通过在线任务分配平台，教师可以让学生组成小组，完成如项目报告、模拟对话或角色扮演等语言任务。这些合作任务不仅促使学生在语言实践中交流和分享见解，还通过团队合作提升语言技能。小组成员可以通过在线讨论和分工协作，运用所学语言完成复杂的任务，增强语言应用能力，并培养团队合作意识和协同解决问题的能力。

（二）线上讨论区，促进互动交流

线上讨论区为学生提供了一个便捷的互动平台，学生可以在讨论区分享语言学习中的见解和问题，进行持续的语言交流与讨论。通过这种形式，学生可以与同伴互相启发，理解不同的观点并提高语言表达能力。教师可以在讨论中引导学生进行深层次的分析和反思，使他们在合作学习的过程中不断深化对语言知识的理解，并通过互动提升语言应用的准确性和流畅度。

（三）即时反馈机制，强化语言学习效果

教师可以利用即时反馈机制帮助学生在合作学习过程中及时纠正语言错误。无论是通过在线平台的自动化反馈系统，还是教师对学生任务的手动评估，这种即时反馈都能让学生迅速了解自己的语言问题并加以改正。例如，学生在完成小组合作的写作或口语任务后，可以立即收到关于语法、词汇或表达方面的反馈。这样，学生不仅能在互动中获得语言学习的自信，还能通过及时修正提升语言技能，使学习效果更加显著。

五、反思性学习与自我调控能力的提升

（一）在线测试与自我评估，提升学习反馈机制

混合式教学中的在线测试为学生提供了便捷的自我评估工具，帮助他们实时了解自己的语言学习进展。通过在线测试，学生可以检测自己的语言掌握情况，如词汇、语法、听力等方面的能力。这种即时评估不仅帮助学生识别自己的强项与不足，还促使他们对学习过程进行深刻反思。借助这些测试，学生能够及时调整学习策略，专注于薄弱环节，不断优化学习方法，从而有效提升语言学习效果。

（二）学习日志，增强反思性学习

学习日志是混合式教学中促进反思性学习的有效工具，学生可以通过记录学习过程中的经验、问题和感悟，深入反思自己的学习路径。通过定期记录和回顾，学生能够发现哪些学习方法对自己最有效，并识别学习中的挑战与解决方案。学习日志不仅帮助学生养成反思的习惯，还鼓励他们持续监控自己的学习进展，使他们更具自我调控能力，有效提升外语学习的自觉性与深度。

（三）个性化学习反馈，形成自我调控能力

教师通过在线平台提供个性化的学习反馈，帮助学生进行自我调控。例如，学生在完成任务或测试后，可以收到教师或系统的详细反馈，包括对语言运用、表达准确性和学习方法的建议。通过这些反馈，学生能够反思自己的学习表现，并根据反馈调整学习策略，提升自我调控能力。这种个性化反馈机制不仅帮助学生不断改进，还为他们提供了有针对性的学习建议，促使他们在外语学习过程中实现持续提升。

六、多元智能与多样化教学形式的结合

（一）视频与音频资源，满足不同智能类型的学习需求

混合式教学通过丰富的视频和音频资源，适应了不同智能类型学生的需求。对于具有较强视觉智能和听觉智能的学生，视频和音频材料能提供更具吸引力的学习体验。教师可以在混合式教学平台上提供多样化的内容，如外语电影片段、新闻广播或播客等，帮助学生通过观看或聆听进行语言学习。这些资源不仅增强了学生对语言的感知，还能通过多感官的刺激使语言学习过程更加有效，促进知识的深度理解和内化。

（二）互动式语言练习，提升身体－运动智能与语言运用能力

互动式语言练习是混合式教学中促进不同智能发展的关键形式，尤其对具有身体－运动智能优势的学生特别有效。通过情景模拟、角色扮演和虚拟交互等方式，学生可以在互动中运用语言。例如，教师可以设计在线情景对话练习，让学生通过实际的语言互动场景进行表达和沟通。这种动手参与的互动练习不仅提高了学生的语言实践能力，还激发了他们在真实情景中灵活运用语言的信心，增强了语言学习的趣味性与效果。

（三）个性化学习路径，促进学生全面发展

混合式教学通过个性化学习路径的设计，结合多元智能理论，使每位学生能够根据自身的智能优势选择适合的学习方式。例如，语言逻辑智能较强的学生可以选择结构化的语法练习，而人际智能较强的学生可以更多地参与小组讨论和跨文化交流任务。这种个性化的教学形式不仅帮助学生根据自己的优势进行学习，还促进了他们在其他智能领域的全面发展，如在语言学习中培养协作能力、批判性思维和创造力，推动学生语言技能和综合素质的同步提升。

第二章　深度教学视域下高校外语混合式教学的设计原则与实施策略

第一节　以学习者为中心的教学设计原则

一、自主学习引导原则

自主学习引导原则是以学习者为中心的教学设计中的重要理念，它强调学生在学习过程中的主动性和自我调控能力。在混合式教学环境下，这一原则尤为关键，因为它能够为学生提供更多的学习自由，帮助他们根据个人的需求和兴趣进行自我导向的学习。自主学习引导要求教学设计提供多样化的在线资源和灵活的学习路径，使学生能够在规划和执行学习计划时更加独立，并激发他们的内在学习动机，最终推动深度学习的实现。在传统的课堂教学中，学生的学习路径往往由教师预先设定，内容也相对固定，学生缺乏灵活性。教学设计应当通过在线平台提供丰富多样的资源，涵盖不同层次和类型的学习材料，如视频、音频、交互式练习和文本资料。这些资源的多样性能够满足不同学生的个性化需求，尤其是在外语学习中，不同的学生可能有不同的学习目标和偏好，如加强听力、提升口语表达能力或专注于写作技巧等。通过自主选择学习内容，学生不仅能够增强学习的相关性，还能更加积极地参与到学习过程中。

学生需要具备规划和管理自己学习进程的能力，这就要求教学设计能够帮助学生养成良好的学习习惯。教师可以通过在线平台提供学习计划模板、时间管理工具和学习任务清单，帮助学生合理分配时间和资源。此外，在线评估和即时反馈机制也为学生提供了自我评估的机会，让他们能够随时了解自己的学习进展，并在遇到困难时及时调整学习策略。通过这种自我调控，学生能够在学习过程中不断优化自己的方法和策略，逐步提高学习效率。在传统的外语学习中，学生常常因被动接受知识而缺乏主动性，学习动机也容易受到外界因素的影响。而混合式教学的自主性设计让学生能够根据自身的兴趣和需求进行学习，这种自主权的赋予有助于增强学生对学习的掌控感，从而激发他们的内在动机。学生在选择学习内容、安排学习进度和制定个人学习目标的过程中，会感受到学习的自主性和成就感，这种积极体验将促使他们更加主动地投入学习并坚持不懈。

混合式教学通过在线学习平台为学生提供了随时随地学习的机会，打破了时间和空间的限制。学生可以根据个人的学习节奏安排学习时间，不再受到固定课时的限制。这种灵活性特别适合外语学习，因为语言学习需要长期的积累和反复的练习，学生可以根据自己的学习需求，合理安排复习和练习时间。灵活的学习路径设计，不仅让学生能够在需要时获得学习资源，还促使他们通过自主学习不断积累知识、提高语言能力。自主学习引导原则的另一个重要方面是为学生提供个性化学习路径的支持。教师可以利用数据分析工具追踪学生的学习行为和进展，了解他们的学习需求和薄弱环节。根据这些数据，教师可以为每位学生提供个性化的学习建议，推荐适合其水平和需求的学习资源。这种个性化的学习指导不仅增强了学生的自主学习能力，还帮助他们更好地规划学习进程，实现更高效的外语学习。

自主学习引导原则的有效性还体现在它能够培养学生的终身学习能

力。在混合式教学环境中，学生通过自主选择学习内容和自我管理学习进度，逐步掌握了自主学习的技巧，这种能力不仅对当前的外语学习有帮助，对未来的学习和职业发展也具有重要意义。随着全球化的发展，外语学习已经成为一项必备技能，而自主学习能力则是学生在不断变化的学习环境中持续提升自己的关键因素。通过自主学习引导，学生不仅能实现短期的学习目标，还能培养长期的学习意识和能力，为未来的学习和发展奠定坚实基础。

二、个性化与多样化的学习体验原则

个性化与多样化的学习体验原则是高校外语混合式教学设计中的重要理念，强调教学设计应根据不同学生的能力、兴趣和学习风格提供多样化的学习活动，以满足学生的个体需求。每个学生在外语学习过程中都有不同的背景、学习目标和智能优势，因此，教学必须考虑这些差异，设计多元化的学习资源和体验，确保学生能够以最适合自己的方式进行学习，进而提高学习效果。教师可以利用线上平台对学生进行分层教学，提供难度不同的练习和资源。对于语言能力较强的学生，教师可以提供更具挑战性的阅读材料或写作任务，而对于需要更多帮助的学生，则可以提供基础的语法练习或听力练习。这种基于能力的个性化教学能够确保学生不会因为学习材料过难而丧失兴趣，或因为过于简单而感到无聊。通过个性化的材料和任务设计，学生能够在适合自己的难度水平上进行深度学习，进而更有效地提升语言能力。

每个学生的学习风格和智能优势不同，例如，有些学生可能更偏好通过视觉学习，而另一些学生则可能擅长通过听觉或动手实践来学习。根据加德纳的多元智能理论，教学设计应通过多样化的方式满足这些差异。教师可以提供视频、音频、文本和互动式练习等多种形式的学习材料，确保不同类型的学习者都能够找到适合自己的学习方式。例如，视觉智能较强的学生可以通过观看视频和图像理解语言结构，而听觉智能较强的学生则可以通过音频练习来提高听力和口语能力。这种多样化的教学形式确保每个学生都能够在最适合自己的学习模式中获得最大化的学习效果。此外，个性化的学习体验还可以通过互动练习和情景任务来增强学生的参与感和提高学习的实用性。教师可以设计互动式任务，例如虚拟角色扮演、在线对话练习或小组讨论，让学生在实际情景中运用语言进行沟通。这不仅有助于提高学生的语言应用能力，还能够根据学生的个体特点进行量身定制。例如，性格较为内向的学生可能在真实课堂上不太愿意开口，但通过在线互动的方式，能够在相对轻松的环境中进行语言练习，逐渐建立自信。而对于那些更擅长表达的学生，教师可以设计更复杂的情景任务，鼓励他们进行更具创造性的语言表达。

个性化与多样化学习体验原则还强调教学设计应充分考虑学生的兴趣和学习目标。外语学习的动机很大程度上取决于学生对学习材料的兴趣。教师可以通过设计贴近学生兴趣的任务和内容来激发学生的学习动力。例如，对于对国际商务感兴趣的学生，教师可以提供与商务英语相关的材料和模拟商务情景；而对于对旅游或文化感兴趣的学生，则可以设计有关旅游语言或文化交流的情景任务。这种基于兴趣的个性化设计不仅增强了学生的学习动机，还能够使他们在学习过程中更加专注，从而提升学习效果。通过线上平台，学生可以根据个人时间安排学习进度，选择最适合自己的学习节奏。这种学习路径的灵活性特别适用于外语学习，因为语言的掌握需要持续的练习和复习，而每个学生的学习节奏不同。有些学生可能喜欢集中时间进行强化练习，而另一些学生则更愿意每天分配一定的时间进行逐步学习。混合式教学允许学生根据自己的生活节奏和学习习惯，选择最适合自己的学习方式，从而确保他们在自主学习的过程中获得最佳的学习效果。

教师可以通过在线平台追踪每个学生的学习进展，了解其在不同类型任务中的表现，进而为学生提供个性化的学习建议和反馈。例如，系统可以根据学生的表现自动推荐相关的学习材料，帮助他们加强薄弱环节或进一步拓展某一领域的知识。这种个性化的反馈机制不仅帮助学生了解自己的学习进展，还能够引导他们在学习过程中进行自我调整，提升学习的有效性和自觉性。

三、互动与协作学习的促进原则

互动与协作不仅能激发学生的积极性，还能帮助他们通过团队合作和项目式任务来深化对外语知识的理解与应用。线上讨论、虚拟团队合作以及跨文化交流活动，都是推动学生共同学习的重要方式，能够为学生提供真实的语言实践环境，使他们在互动中提升语言交流技巧和跨文化沟通能力。互动与协作学习的设计需要借助线上讨论平台来促进学生之间的交流。在线讨论可以打破时间和空间的限制，让学生能够随时随地参与到课堂互动中。教师可以提出开放性的问题，鼓励学生就某个话题进行深入探讨和分析。学生通过分享自己的观点和经验，不仅能加深对外语知识的理解，还能从其他同学的见解中得到启发。通过这种线上互动，学生能够相互借鉴学习方法，并从不同角度理解问题，这对于外语学习中批判性思维的培养和语言表达能力的提升具有重要作用。

混合式教学中的团队合作任务能够有效推动学生在实际应用中运用语言，特别是在解决复杂任务时，团队合作可以发挥集体智慧的优势。教师可以设计小组项目，要求学生在虚拟团队中分工合作，共同完成一个语言任务，例如准备并呈现一个跨文化的研究报告或进行模拟商业谈判。通过这样的任务，学生不仅能够在团队中运用外语进行讨论和交流，还能够培养他们的团队合作意识和协作能力。这种真实或模拟的合作情景为学生提供了运用语言的实践机会，使他们在完成任务的过程中不断提高语言运用能力。教师可以通过设计项目式学习任务，让学生围绕一个真实的问题或主题进行深入研究。例如，学生可以围绕某一国际问题进行语言调研，最终形成一份调研报告或演讲。学生需要与团队成员一起设计研究计划、收集资料、讨论观点并进行成果展示。这不仅需要学生运用语言进行高水平的讨论和表达，还需要他们通过语言来解决问题，进行批判性分析。项目式学习的最大优势在于它能够将语言学习与实际应用紧密结合，使学生在真实语境中运用外语，不仅提高了语言能力，还帮助他们发展了多种跨学科的技能。

混合式教学可以利用在线平台，组织学生参与跨国界的交流项目，与来自不同国家的同龄人进行语言和文化的互动。例如，教师可以安排学生与以目标语言为母语的学生进行对话练习，讨论文化差异，分享各自的生活方式和价值观。在这种跨文化交流活动中，学生不仅能够在实际情景中运用所学语言，还能加深对目标语言文化背景的理解。这种跨文化交流能够有效培养学生的跨文化沟通能力，帮助他们在国际化的环境中更加灵活地运用外语进行交流。在协作学习中，教师的作用不仅是设计任务和活动，还应提供引导性支持和即时反馈。教师可以通过在线平台跟踪学生讨论进度，适时介入并提供意见，确保学生合作过程有序且富有成效。对于学生的任务成果，教师应及时给予反馈，帮助他们发现问题并加以改进。这样的反馈机制有助于学生在互动中不断调整和优化自己的学习方法，深化对语言知识的理解。协作学习不仅能够增强学生的语言运用能力，还能够培养他们的团队合作精神和解决问题的能力。在互动过程中，学生通过合作解决实际问题，分享各自的知识和经验，从而提升了对语言知识的理解和应用。此外，互动与协作学习还能帮助学生在学习过程中树立更积极的学习态度，通过与同伴的交流和互助，增强学习动机，进一步推动深度学习的实现。

四、即时反馈与反思性学习支持原则

即时反馈与反思性学习支持原则是深度教学中的关键要素，它在混合式教学环境中起着至关重要的作用。即时反馈能够帮助学生在学习过程中及时了解自己的表现，发现并纠正错误，从而避免将知识盲点固化。教师可以对学生的作业和表现进行快速评估，确保学生能够及时获得反馈，调整学习策略，进而有效促进外语知识的掌握与内化。此外，反思性学习任务如学习日志、自我评估和反思性问题，能够引导学生回顾并反思自己的学习进展，进一步提升学习效果。在传统课堂教学中，反馈往往具有滞后性，学生可能在错误固化后才能得到纠正，这不仅影响了学习进度，还可能导致对知识的误解。教师通过在线平台能够为学生提供更加及时的反馈。无论是自动化的在线测试，还是教师对作业的批改与评估，都能使学生快速了解到自己在哪些方面存在不足，并立即做出调整。例如，在在线写作或语法练习中，系统可以即时指出学生的错误并给予解释性反馈，学生能够立刻纠正错误。这种即时性不仅提高了学习效率，还增强了学生对语言学习的掌控感，帮助他们更快、更深入地掌握外语知识。

通过设计反思性任务，学生可以定期回顾自己的学习进展，识别自己在学习过程中的成功与挑战。这种反思过程有助于学生更加主动地调整自己的学习方法，增强自我调控能力。例如，学习日志是一种常见的反思工具，学生可以通过记录每天的学习活动、感悟和遇到的困难，来回顾和分析自己的学习过程。这样的反思不仅让学生对自己的学习有更全面的认知，还能帮助他们发现问题并寻找新的解决方案。这种自我反思的能力是自主学习的关键，也有助于学生在未来的学习和生活中形成持续改进的意识。学生可以通过自我评估来检测自己对所学知识的掌握程度，了解自己的强项和弱点，并提出分析评估结果。混合式教学中的在线平台可以提供自我评估工具，帮助学生自行测试词汇、语法、听力等方面的技能，确保他们对外语知识的掌握更加全面。例如，学生可以在完成某个学习单元后，通过在线测验来评估自己是否已达到该单元的学习目标，系统会根据测试结果提供具体的建议，学生可以据此制订下一步的学习计划。这种基于数据的自我评估机制，不仅提高了学习的针对性，还能帮助学生在整个学习过程中始终保持主动性。

教师可以通过提出开放性问题，鼓励学生对所学内容进行深入思考。例如，教师可以设计一些让学生探讨语言文化差异、表达风格多样性或个人学习策略的问题，通过这些问题引导学生超越语言的表面知识，思考语言的实际应用及其背后的文化内涵。这类反思性问题不仅能加深学生对外语知识的理解，还能提升他们的批判性思维能力，培养他们在学习中保持独立思考的习惯。学习平台的记录功能可以自动跟踪学生的学习行为，例如完成的任务、错误的类型和学习时长等。这些数据为教师提供了个性化反馈的依据，教师可以据此提出具体的改进建议，帮助学生进行有针对性的调整。同时，学生也能够通过数据分析了解自己的学习习惯和表现，增强学习的透明度和自我意识。例如，通过查看自己在某一段时间内的学习记录，学生可以清楚地看到哪些学习策略效果最佳、哪些领域需要更多练习，从而有效优化自己的学习路径。

通过即时反馈和反思性学习的结合，学生不仅能够在学习过程中得到及时的指导，还能在反思中不断提升自我调控能力。这种不断调整和改进的学习方式是深度学习的关键之一。外语学习尤其需要通过反复的实践和反馈来巩固知识，混合式教学提供的即时反馈机制确保学生在每一次练习中都能得到有用的建议和支持，而反思性任务则帮助他们在长期的学习过程中不断修正自己的方法，实现知识的内化与深度理解。

五、情景化与实践导向的教学设计原则

情景化与实践导向的教学设计原则是混合式教学中不可或缺的部分，特别是在外语学习中，它有助于将课堂知识转化为实际应用能力。以学习者为中心的教学设计应该重视语言的实际使用，特别是通过创建真实或仿真的情景任务，让学生能够在实践中进行语言学习和应用。这不仅能够让学生掌握书本知识，还能够帮助他们在真实语境中灵活运用外语，从而提升语言运用能力和应对真实语言场景的自信心。情景化任务的设计能够让学生更好地融入语言学习中，增强对外语的理解与掌握。例如，教师可以设计各种模拟对话场景，让学生在虚拟环境中模拟真实的生活或工作情景。通过这些情景，学生可以进行实际的语言沟通，体验如何在不同场合运用语言进行交谈和表达。这种模拟对话任务不仅让学生了解语言的实际应用，还使他们能够通过反复练习，逐步掌握不同语境中的语言使用技巧，从而加深对语言的理解和运用。

跨文化交流项目是情景化教学设计中的一大亮点，尤其在外语教学中具有独特优势。教师可以组织跨国、跨文化的交流活动，帮助学生与以目标语言为母语的学生进行沟通与互动。这种跨文化交流不仅能让学生在实际语言情景中锻炼口语和听力技能，还能让他们在文化碰撞中理解语言背后的文化差异。这种设计不仅提升了学生的语言表达能力，还使他们在跨文化沟通中学会如何灵活调整语言使用策略，进一步提升其跨文化交际能力。此外，实践导向的教学设计也可以通过职场语言任务来增强学生的语言应用能力。外语学习的最终目的是在实际生活和工作场合中运用语言，因此，教师可以设计与学生未来职业发展相

关的语言任务。例如，模拟工作面试、商务谈判、会议报告等场景任务，让学生在这些仿真场景中使用外语进行表达与交流。这不仅能够让学生了解在职场中如何使用语言进行沟通，还能帮助他们掌握专业术语和表达技巧，提升外语的应用水平。通过这种真实情景的任务设计，学生能够更好地准备应对未来的职业语言需求，增强他们在职场中的语言自信。

情景化任务的设计不仅有助于提高语言运用能力，还能够通过实践增强学生的语言自信心。传统的课堂学习常常局限于理论和规则的学习，学生缺乏在真实情景中实践的机会，容易导致实际语言运用中的紧张和不自信。而通过情景化任务，学生可以反复练习如何在不同情景中使用外语，这种实践不仅让他们更加熟悉语言的实际使用方式，还能让他们通过真实的反馈调整自己的表达策略。这种实践体验使得学生在面对真实语言场景时能够更加从容，逐步增强语言自信心。教师在设计这些情景化任务时，还应当注重多样性和灵活性。不同的情景任务可以涵盖日常生活、职场、学术等多个领域，确保学生能够在多样化的情景中全面提高外语能力。例如，教师可以设计涵盖购物、问路、预约、电话沟通、邮件撰写等日常活动的任务，或者安排与学术交流相关的讨论、演讲和论文写作等任务。通过不同情景的任务设计，学生可以在多个维度中运用语言，全面提升语言能力，增强面对多种语言场景的应对能力。

情景化与实践导向的教学设计原则还应当结合技术手段进行更有效的实施。混合式教学中的线上平台为情景化任务的设计提供了丰富的资源和工具。例如，教师可以通过虚拟现实（VR）技术让学生在仿真的现实环境中完成语言任务，或利用视频会议平台进行跨文化交流和语言练习。借助这些技术手段，学生可以身临其境地体验语言的实际应用场景，进一步提升他们的语言运用能力和学习效果。

六、多元评估与持续改进的原则

多元评估与持续改进的原则在深度教学背景下尤为重要，它要求教学设计采用多样化的评估方式，确保对学生的外语能力和综合素质进行全面、准确的评估。传统的笔试虽然能够考查学生对部分知识的掌握情况，但往往难以评估他们在语言应用、表达和解决问题等方面的能力。因此，深度教学下的评估不仅局限于笔试，还应当结合口语表达、项目展示、小组讨论等多种形式，帮助学生从不同角度了解自身的学习进展，并通过反馈不断调整和改进自己的学习策略，从而在外语学习中不断取得进步。传统的笔试往往侧重于测试学生的语法、词汇和阅读理解能力，而这些只是语言学习的一部分。为了全面评估学生的外语水平，教学设计应引入口语表达、听力理解、写作等多种评估方式。通过口语考试或演讲，教师可以直接观察学生在语言表达中的发音、语调、流利度等能力，而听力评估可以帮助教师检测学生对语音信息的理解能力。写作任务能够评估学生的逻辑思维、语言组织能力以及对语法和词汇的实际应用能力。这样的多维度评估可以确保学生的各项语言能力都得到考查，从而为其全面发展提供有效反馈。

项目展示可以让学生通过完成一个语言任务，展示其在特定领域的语言运用能力。例如，学生可以准备并展示一项与目标语言文化相关的研究项目，或者模拟某个真实场景中的外语应用。项目展示的过程不仅考查了学生的语言表达，还通过对项目的设计、研究、组织等方面的评估，帮助学生提升综合能力。而小组讨论则是评估学生语言交流能力、团队合作能力和批判性思维的重要方式。在讨论中，学生需要与同伴沟通合作，阐述自己的观点，回应他人的意见。这种互动式的评估能够反映他们在实际沟通中的语言应用情况，以及合作解决问题的能力。多元评估还有助于学生从不同角度了解自己的学习进展，进而根据反馈进行持续改进。在每一种评估形式中，学生都会获得不同层次的反馈。例如，在口语表达中，教师可以指出学生的发音问题、词汇选择和语法错误，并提出改进建议；在小组讨论中，学生可以得到关于团队合作、逻辑表达等方面的反馈。这些具体的反馈有助于学生了解自己在哪些方面表现较好，哪些方面还需要进一步提升。通过定期评估和反馈，学生能够在不断改进的过程中，提升对外语的掌握程度，并逐步完善自己的语言应用能力。

在传统的考试模式下，学生通常是被动接受评估的，考试成绩只是对过去学习结果的一个总结，而无法为未来的学习提供指导。而多元评估通过提供更加动态的反馈，帮助学生在学习过程中不断反思和调整学习策略。例如，学生可以根据口语评估中的反馈，发现自己在语音或流利度上的不足，进而通过更多的听说练习加以改进。同样，在项目展示或写作任务中，学生可以根据教师的评估，改进其语言结构、内容组织或词汇使用。这样，通过不断的反馈和调整，学生能够在学习的过程中逐步优化自己的方法，确保他们在外语学习中持续取得进步。外语学习不仅仅是掌握语言规则，还需要在实际应用中灵活运用语言进行沟通和解决问题。通过多元评估，学生能够在不同情景下展示其外语能力，例如，在项目展示中表达观点、在小组讨论中参与决策、在口语练习中锻炼表达流利度等。这些评估形式不仅能提升学生的语言运用能力，还能帮助他们培养批判性思维、团队合作、跨文化沟通等综合素质，从而为其未来的职业和学术发展奠定坚实基础。

第二节 课程内容与教学形式的有效结合

一、以实际应用为导向的课程内容设计

(一) 基于实际需求的主题选择

外语课程内容设计应紧密围绕学生未来可能遇到的语言应用场景进行规划，涵盖社会生活、职场交流、学术研究等不同领域的主题。例如，课程可以包括日常生活中的购物、旅行等情景，以及商务会议、项目谈判等职场场景，或学术论文写作、国际会议演讲等学术活动。通过这些主题的设计，学生能够更好地将所学语言应用于真实的日常生活和职业需求中，确保语言学习的实用性和应用性。

(二) 注重语言知识与实践结合

课程内容不仅要包含词汇、语法等基础知识，还应着重培养学生将这些语言知识与实践相结合的能力。教师应通过具体的任务设计，如角色扮演、对话模拟、口头报告等，帮助学生将理论知识应用于实际情景中。这种实践导向的设计能够让学生在完成任务的过程中，熟练运用语言进行沟通和表达，从而提升语言的实际运用能力，并增强应对不同情景的自信心。

(三) 跨文化交流能力的培养

语言学习不仅限于语言技能的掌握，还包括跨文化交流能力的培养。课程内容应结合不同文化背景下的语言应用，帮助学生理解文化差异，并在跨文化交流中灵活运用外语。例如，教师可以通过对比不同国家的文化习俗、礼仪、社会规范等，引导学生在特定文化背景下使用语

言进行交流与合作。这种设计不仅提升了学生的语言水平，还增强了他们在国际环境中的跨文化沟通能力。

（四）实地语言任务与真实场景模拟

实地语言任务和真实场景模拟是帮助学生将语言知识转化为实际应用的重要环节。教师可以设计模拟出国、实地调研、职场实习等情景任务，让学生在接近真实的环境中使用语言进行沟通与解决问题。例如，模拟工作面试、客户服务场景、国际文化节等任务能够让学生在真实情景中体验外语的运用，从而进一步加深对语言知识的理解和掌握，提升他们的语言实践能力和应对能力。

二、多样化教学形式促进语言运用能力

（一）项目式学习提升综合语言运用能力

项目式学习是一种将语言学习与实际任务结合的有效教学形式。通过设定现实生活中的问题或任务，教师可以让学生运用外语进行项目策划、研究和展示。例如，学生可以以某一文化主题为项目，进行跨文化研究、准备报告并进行演示。这种形式不仅让学生在解决问题的过程中练习语言表达，还通过综合性的任务增强了他们的阅读、写作、口语和听力能力，提高了学生在真实情景中使用语言的综合能力。

（二）任务导向型活动促进语言实践

任务导向型活动是一种将语言应用与具体任务相结合的教学形式，教师可以设计实际任务，如模拟旅行计划、工作汇报、客户服务等，要求学生使用目标语言完成任务。这类活动通过情景化任务让学生在动手实践中使用外语，在解决问题的过程中提升语言沟通能力。学生不仅要掌握语言知识，还需要学会如何在任务中灵活运用语言，实现理论与实际应用的无缝衔接。

（三）小组讨论促进合作交流与思维碰撞

小组讨论是一种通过互动和协作提升语言能力的形式。教师可以根据特定主题将学生分组，讨论与课程内容相关的议题，如社会热点、文化差异等。这种互动性强的学习方式鼓励学生表达自己的观点，从而在讨论中不断提升语言表达和沟通技巧。同时，小组讨论还培养了学生的团队合作意识和批判性思维能力，让他们在集体协作中提高语言水平，并增强在实际交流中的应对能力。

（四）角色扮演强化语言应用场景的模拟

角色扮演是一种动态互动的教学方式，能够让学生通过扮演不同的角色，在模拟情景中使用外语进行沟通。教师可以设计多种情景，如模拟面试、医疗场景、商务谈判等，让学生分别扮演不同角色进行对话与互动。这种形式不仅有助于学生将语言知识应用于特定情景，还能通过真实情景的模拟，增强他们在实际语言使用中的流畅性和自信心，进一步提高他们在不同语言场景中的应对能力。

三、跨文化理解与语言学习的结合

（一）文化对比促进语言与文化的双重理解

文化对比是一种有效的教学形式，通过比较学生母语文化与目标语言文化，帮助他们更好地理解语言背后的文化背景。例如，教师可以引导学生比较不同文化中的礼貌用语、饮食习惯、节日庆典等。这种对比不仅让学生在学习语言的同时加深对文化差异的认识，还能帮助他们理解文化对语言表达的影响，从而提高他们在跨文化交流中的敏感性和适应能力。

（二）跨文化交流项目提升实际沟通能力

跨文化交流项目通过实际的国际交流活动，帮助学生在真实语境中运用语言，提升他们的跨文化交际能力。例如，教师可以组织学生与以目标语言为母语的学生进行线上互动，通过视频会议或邮件交流，讨论文化差异，分享各自的生活方式。通过这种真实的跨文化互动，学生能够直接体验语言在不同文化背景下的实际运用，增强他们在国际环境中进行语言沟通的信心和能力。

（三）虚拟出国项目提供沉浸式文化体验

虚拟出国项目是一种创新的教学方式，能够让学生在虚拟的出国环境中进行语言和文化学习。教师可以借助虚拟现实（VR）技术，模拟出国场景，如国外的日常生活、校园学习或商务交流，让学生在这些仿真的文化背景下运用外语进行沟通。虚拟出国项目不仅让学生能够沉浸在目标语言的文化环境中，还可以帮助他们更深入地理解文化习俗和社会规范，从而提升他们的语言应用能力和文化适应能力。

（四）案例讨论与文化活动模拟深化文化理解

案例讨论和文化活动模拟是一种让学生通过分析和参与文化活动，深入理解目标语言文化的有效方式。教师可以通过引入真实的跨文化交流案例，如跨文化误解或国际合作中的文化冲突，鼓励学生讨论并提出解决方案。这种讨论帮助学生理解文化差异带来的沟通挑战，并学会如何在跨文化环境中灵活调整语言使用。此外，通过模拟文化活动，如节日庆典、传统仪式等，学生可以亲身体验不同文化的实践，从而将语言学习与文化理解相结合。

四、线上与线下教学的有机结合

（一）线上资源拓展自主学习机会

线上学习资源，如互动学习平台、虚拟语言交流和听力训练应用等，为学生提供了更加灵活的学习方式。学生可以根据自己的节奏和需求安排学习进度，自主选择语法、词汇、听力等方面的练习。例如，学生可以利用语言学习应用进行发音或通过虚拟对话平台练习口语。这种自主学习机会不仅丰富了学生的学习内容，还增强了他们的学习主动性和自律性。

（二）线下教学强化面对面语言实践

线下教学则为学生提供了面对面的互动机会，通过讨论、角色扮演、团队合作等方式，帮助学生在真实的沟通情景中运用所学语言。教师可以组织小组讨论、文化演示、模拟面试等活动，促进学生之间的语言互动与合作。这种面对面的交流能够增强学生的语言表达能力，并在互动中培养他们的自信心与流利度。线下课堂中的及时反馈能够帮助学生迅速纠正语言使用中的错误。

（三）线上与线下学习的互补性

线上与线下教学形式的有机结合能够充分发挥二者的优势，形成互补效果。线上教学提供了自主、灵活的学习机会，学生可以随时随地复习和强化某些语言技能，而线下教学则提供了更具互动性和社交性的语言实践环境。通过这样的整合，学生既可以通过线上的丰富资源进行自主学习，又可以在课堂中通过合作和讨论来检验和深化学习成果，确保他们在语言学习的各个方面都能得到提升。

（四）提升学习效果的全方位支持

线上线下相结合的教学形式不仅能够帮助学生更好地掌握语言技能，还能为学生提供全方位的学习支持。例如，教师可以利用线上平台跟踪学生的学习进度，提供个性化的反馈和建议；而在课堂上，教师可以通过互动活动观察学生的表现，及时调整教学方法。这种双重支持体系确保学生在每个学习阶段都能得到适当的指导和帮助，从而达到更加全面的外语学习目标。

五、情景化任务设计与真实语言情景的结合

（一）职场模拟增强专业语言应用能力

情景化任务设计的一个重要方面是职场模拟，这种任务帮助学生在真实的工作环境中运用外语。教师可以设计多种职场情景，如模拟面试、团队会议或客户服务场景，让学生在这些仿真的情景中进行角色扮演。这类模拟活动能够让学生体验到在职业环境中使用外语的实际需求，提升他们在专业背景下的语言应用能力。通过这种实践，学生不仅能够熟悉职场术语和表达方式，还能够增强自信心，更好地应对未来的职场挑战。

（二）实地采访提供真实的语言实践机会

实地采访任务是另一种有效的情景化活动，它让学生在真实环境中与他人进行语言交流。教师可以组织学生到校园内或社区进行实地采访，探讨特定主题，如文化、社会问题或职业选择。在此过程中，学生需要准备采访问题，与受访者交流并记录反馈。这种任务能够让学生在真实的语言环境中运用所学语言，增强他们的沟通能力和应变能力。同时，实地采访也帮助学生理解不同文化和观点。

（三）语言演讲任务提升表达能力与自信心

语言演讲是情景化活动的重要形式，它为学生提供了展示语言能力的机会。教师可以要求学生围绕特定主题进行演讲，分享个人观点或研究成果。这种活动不仅可以锻炼学生的语言组织能力、逻辑思维能力和演讲技巧，还能提高他们在公众场合自信表达的能力。在演讲过程中，学生需要有效地运用语言进行沟通，处理听众的提问和反馈，这种实践能够帮助他们更好地掌握在真实情景中如何流利自如地表达思想。

（四）解决问题的情景任务促进深度学习

情景化任务的设计应侧重于解决实际问题的能力，鼓励学生在完成任务的过程中练习语言运用。例如，教师可以设计跨学科的项目，要求学生在小组中讨论并解决某个实际问题，如环境保护、社会服务等。在这种任务中，学生需要合作进行信息收集、分析讨论并提出解决方案，这不仅能让他们在真实情景中运用语言，还能促进深度学习。通过解决实际问题，学生能够提高批判性思维和创新能力，同时在协作中加强语言交流，最终提升他们的语言实践能力。

六、项目式学习与学科融合的结合

（一）促进跨学科知识整合

项目式学习通过将外语学习与其他学科内容结合，促进学生在实际应用中整合多领域知识。例如，教师可以设计与科学、社会学或艺术等学科相关的项目，要求学生在外语学习的同时，深入研究相关领域的主题。学生不仅能够运用外语进行研究和表达，还能学习到其他学科的知识，形成跨学科的理解。这种知识的整合使学生在语言学习中不仅关注语言本身，更关注语言在不同学科中的实际应用。

（二）增强语言表达与沟通能力

在跨学科项目中，学生需要通过外语进行交流、讨论和展示研究成果，这有助于提高他们的语言表达和沟通能力。例如，在进行环境科学项目时，学生可以通过外语撰写报告、制作演示文稿并进行口头汇报。这些活动要求学生使用专业术语和准确的语言表达自己的观点，从而提高他们的语言运用能力。学生在真实的交流场合中锻炼自己的沟通技巧，增强自信心，并为将来实际应用打下基础。

（三）培养创新思维与问题解决能力

项目式学习强调实践和解决实际问题，这使得学生在学习过程中必须运用创新思维。在跨学科的项目中，学生面对的是复杂的现实问题，如社会问题、环境挑战等，他们需要结合外语能力和学科知识进行探讨和解决。例如，学生可以在小组内就如何改善校园环境进行头脑风暴，通过外语沟通分享各自的观点，提出创新的解决方案。这种学习方式激励学生在实际应用中发挥创造力，培养他们的批判性思维和解决问题的能力。

（四）提升跨文化理解能力与国际视野

通过项目式学习，学生在参与跨学科项目的同时，也能够加深对不同文化的理解。例如，在涉及国际事务或全球性问题的项目中，学生需要研究不同国家的文化背景和观点，进行多元视角的分析。外语成为他们获取信息和进行交流的重要工具，增强了他们的跨文化沟通能力。这种跨文化理解不仅丰富了学生的语言学习体验，也拓宽了他们的国际视野，使他们在未来的学习和职业生涯中能够更加自如地应对全球化的挑战。

第三节　明确教学目标的必要性与实现路径

一、明确高校外语混合式教学目标的必要性

（一）提高教学针对性

明确的教学目标能够确保外语混合式教学具有明确的方向和目的，从而提高教学的针对性。通过设定具体的学习目标，教师可以设计与目标相一致的课程内容和教学活动，确保学生在学习过程中所获得的知识

和技能符合预期的学习成果。这种目标导向的教学方式使得教学活动更加有序，有助于提高学生的学习效率和语言能力。

（二）促进学生自主学习

明确的教学目标能够激励学生自主学习和自我管理能力。当学生清楚地了解学习目标时，他们能够更有效地规划自己的学习过程，选择适合的学习材料和方法。这种自主学习的动力使得学生在外语学习中更加主动，能够根据自身需求和兴趣进行深度探索，从而提高他们的语言应用能力并增强自信心。

（三）提升教学评估效果

在明确教学目标的情况下，教师可以更有效地评估学生的学习效果。通过设定具体的评估标准，教师能够对学生的表现进行全面分析，及时发现学生学习中的问题并提供有针对性的反馈。这种评估方式有助于学生了解自身的优劣势，进而调整学习策略，实现持续进步。

（四）增强跨学科整合能力

明确的外语教学目标有助于促进跨学科整合。通过设定与其他学科相关的学习目标，教师可以设计多样化的跨学科项目，鼓励学生在语言学习的同时，将外语应用于其他学科领域。这种跨学科的整合不仅丰富了外语学习的内涵，还提高了学生综合运用知识的能力，为他们的未来发展奠定了基础。

二、明确高校外语混合式教学目标的实现路径

（一）制定 SMART 目标

制定明确的目标是确保教学有效性的关键环节。采用 SMART 原则，即目标应当是具体（Specific）、可测量（Measurable）、可实现（Achievable）、相关性（Relevance）和时限性（Time-bound），能够为

教师和学生提供清晰的方向和评价标准。这一方法不仅帮助教师设计课程内容，还使学生在学习过程中保持明确的目标导向。目标应明确指向具体的语言技能或知识点。例如，与其设定"提高英语口语能力"这样的模糊目标，不如设定"学生能够在课堂上流利地进行 5 分钟的英语演讲"，这样的具体目标更易于理解和实施。具体的目标使教师能够集中精力设计与之相应的教学活动，并确保每位学生都能明确了解期望达成的具体技能。

通过设定可量化的评估标准，教师能够在教学过程中跟踪学生的进展。例如，教师可以设定"学生在本学期内能进行至少三次小组讨论，每次讨论中至少能使用 10 个新词汇"这一标准不仅便于学生自我评估，也为教师提供了清晰衡量学生表现的依据。通过这样的测量，教师可以及时调整教学方法，确保每位学生都能在目标达成的过程中获得支持。在设定目标时，教师需要考虑到学生的基础水平、学习时间和资源等因素。例如，如果学生的语言水平相对较低，设定"在本学期末能够进行一场全英文的专业演讲"可能过于理想化，而不如设定"在本学期末能够进行 5 分钟的英语演讲，流利度达到 85％"这样的目标更为合理。通过设定切合实际的目标，教师可以有效激励学生，并提升他们的学习信心。

目标应当与学生的学习动机、职业发展或学术要求相关联。例如，在设定外语学习目标时，教师可以考虑到学生未来在职场中需要运用的语言技能，以制定更加具有实际意义的目标。相关的目标能够使学生更有动力去学习，因为他们能够清晰地理解所学内容与个人成长、职业规划之间的联系。通过设定明确的时间框架，学生能够在特定的时间内集中精力达成目标。例如，教师可以设定"在本学期末，学生能够进行 5 分钟的英语演讲，流利度达到 85％"。这种时限性促使学生合理安排学习计划，保持学习的节奏和进度。同时，设定时间框架能够帮助教师在教学过程中进行及时评估，以便根据学生的进展情况进行适当调整。

（二）进行需求分析与反馈收集

在明确教学目标的过程中，进行需求分析是确保目标切合学生实际需求的关键环节。通过深入了解学生的语言学习需求和兴趣，教师能够制定出更符合实际的教学目标，从而提升教学的针对性和有效性。需求分析不仅能帮助教师明确学生的期望和学习动机，还能够为后续的教学设计提供宝贵的依据。需求分析可以通过多种方式进行，包括问卷调查、访谈和小组讨论等。问卷调查是一种有效的工具，教师可以设计针对性的问题，了解学生在语言学习中的具体需求，如他们希望提高的技能（听、说、读、写），以及在学习过程中面临的挑战和困难。通过对问卷结果的分析，教师可以获得关于学生需求的量化数据，从而为教学目标的制定提供参考。此外，访谈和小组讨论可以让教师与学生进行面对面的交流，深入探讨学生的个性化需求和学习背景。这种互动式的方法能够收集到更为细致的信息，帮助教师更全面地理解学生的期望。

教师在进行需求分析时，应关注学生的兴趣和未来发展需求。学生在学习过程中对某些主题或技能的兴趣可以显著提高他们的学习动机和参与度。例如，学生可能对商务英语、旅游英语或文化交流等特定领域感兴趣。教师可以根据这些兴趣来设计相关的教学目标，使学生在学习中更有动力。此外，考虑到学生的职业规划和未来的语言应用场景，将相关的技能和知识融入教学目标中，能够帮助学生更好地将外语学习与自身发展相结合，增强学习的实用性。教师还应定期收集学生的反馈，以评估教学目标的有效性和可达成性。在教学过程中，反馈机制至关重要，它能够为教师提供关于学生学习状态的及时信息。教师可以通过课堂观察、定期测验、学生自评等方式收集反馈，了解学生对当前教学目标的适应程度和达成情况。例如，教师可以询问学生对某一主题的理解情况、任务完成的难易程度以及对课堂活动的反馈。通过这种反馈收集，教师能够及时发现教学中存在的问题，并根据学生的实际情况调整教学策略，确保教学目标的有效实现。教师在明确目标后，应根据收集到的反馈数据，评估是否需要调整教学内容、教学方法或评估标准。例如，如果学生在某一语言技能上表现不佳，教师可以重新设计相应的练习，或者提供额外的支持材料，帮助学生克服学习中的困难。此外，教师还可以在教学过程中引入更多与学生兴趣相关的内容，以提升学生的参与感和积极性。通过这种动态的调整，教师能够确保教学始终围绕学生的需求和反馈展开，使得外语学习更加有效。

（三）设计丰富的课程内容与活动

在设定明确的教学目标后，教师需要根据这些目标设计丰富的课程内容与活动，以确保学生在外语学习中能够有效达成预定的学习成果。丰富的课程设计不仅能够提高学生的学习兴趣，还能促进他们在实际运用中提升语言能力。通过结合多样化的教学形式，如项目式学习、任务导向型活动和案例讨论，教师能够有效地使课程内容与目标相一致，增强学习的针对性和实效性。项目式学习是一种非常有效的教学形式，它能够将理论知识与实际应用结合起来。在设计项目式学习时，教师可以围绕特定的主题或问题设置任务，要求学生在小组中合作完成。例如，学生可以围绕某个社会问题进行研究，准备一份报告并进行展示。这样的项目不仅要求学生运用外语进行研究和表达，还能够提升他们的团队合作能力和解决问题的能力。学生能够在实践中体验语言的实际应用，加深对知识的理解，同时培养跨学科整合能力。

任务导向型活动形式强调学生在完成具体任务的过程中运用所学语言，教师可以设计与生活实际密切相关的任务，如角色扮演、语言游戏或实地调研。通过这些任务，学生需要在动态的语言环境中积极参与，并运用语言进行有效的沟通。例如，在模拟购物的任务中，学生可以扮演顾客和店员，通过实际对话练习提高口语能力。任务导向型活动能够让学生在实践中不断增强语言运用的流利度和自信心，确保他们在真实情景中灵活运用语言。案例讨论也是一种值得重视的教学活动，它能通过分析具体案例来深化学生对语言和文化的理解。教师可以选择与目标语言相关的实际案例，组织学生进行小组讨论，分析案例中的语言使用和文化背景。学生不仅能够练习语言表达，还能够通过讨论提升批判性思维能力。案例讨论有助于学生将理论知识与实际情况相结合，理解语言的应用场景和文化含义，从而提高他们在跨文化交际中的能力。

在课程中，教师还可以利用在线平台进行互动学习，增强学生的参与感和积极性。通过学习管理系统、在线讨论区和虚拟课堂，学生可以随时随地参与学习活动。教师可以设计在线测验、互动讨论、语言交流等多种形式的活动，使学生在不同的学习环境中保持活跃。例如，在在线课堂中，教师可以利用实时投票、问答和小组讨论等工具，让学生在参与中学习。这种灵活的在线互动能够提高学生的学习动力，让他们在实践中实现学习目标。为了确保课程内容与目标的一致性，教师在设计课程时还应定期反思和调整教学活动。根据学生的反馈和学习进展，教师可以灵活调整课程内容和活动设计，确保它们始终围绕明确的学习目标进行。例如，如果发现学生在某一方面的表现不理想，教师可以及时调整教学策略，引入更多相关的练习和活动，以帮助学生更好地理解和掌握知识。这种动态的课程设计和调整过程，能够保证教学始终以学生的需求为中心，提高课程的有效性和针对性。

第四节 评估反馈机制在设计中的重要作用

一、评估反馈机制的作用

（一）促进深度学习与知识内化

评估反馈机制能够有效促进学生深度学习和知识内化。及时的反馈能够帮助学生识别自己在学习过程中的优势和不足，促使他们反思学习策略。例如，当学生在完成语言任务后获得教师的反馈时，他们能够了解到自己哪些方面表现良好，哪些方面需要改进。这种及时的反馈使学生能够在实践中纠正错误，并在下一次学习中更好地运用所学知识，从而实现对外语知识的深层理解与内化。

（二）激发学生的学习动机

评估反馈机制在提升学生学习动机方面也起着至关重要的作用。通过积极的反馈，教师可以鼓励学生，增强他们的自信心。例如，当学生在口语表达或写作任务中取得进步时，及时的正面反馈能够激励他们继续努力学习。同时，具体的改进建议可以引导学生关注自己的学习过程，提升他们对语言学习的兴趣与参与感，进而提升学习成效。

（三）提供个性化学习支持

通过评估反馈机制，教师可以为学生提供个性化的学习支持。教师可以根据学生的评估结果，为其量身定制学习计划和资源。例如，教师可以针对学生在语法、词汇或口语方面的具体问题，推荐相关的学习材料和练习。这种个性化的反馈与支持有助于学生在各自的学习路径上取得更好的进展，使他们的外语能力得以全面提升。

（四）促进教学改进与课程优化

评估反馈机制不仅对学生的学习有重要影响，对教学设计和课程内容的改进同样关键。教师通过分析学生的评估结果，可以识别出课程设计中的不足之处或教学方法的局限性，从而进行必要的调整和优化。例如，如果大多数学生在某一语言知识点上表现不佳，教师可以重新审视该知识点的教学方式或内容设计，并根据学生的反馈进行改进。通过这种反馈循环，教师能够不断提高教学质量，确保课程内容与学生的学习需求相匹配。

二、评估反馈机制在教学设计中的应用分析

（一）形成性评估与反馈机制的建立

在高校外语混合式教学设计中，形成性评估应成为评估反馈机制的重要组成部分。教师可以设计定期的在线测验、口语练习和小组讨论等活动，及时对学生的表现进行评估，并提供反馈。这种形式的评估不仅有助于学生了解自身的学习进度，还能够在学习过程中不断调整学习策略。形成性评估强调过程，而非单一结果，使学生在不断地实践与反馈中实现语言能力的逐步提升。

（二）使用技术工具增强反馈的即时性

利用现代技术工具可以显著提升评估反馈机制的效率和即时性。教师可以使用学习管理系统（LMS）、在线评测工具和实时互动平台，及时收集和分析学生的学习数据。这些工具可以为教师提供学生表现的实时反馈，帮助他们快速做出反应并给予指导。同时，学生也能够通过在线平台获取即时反馈，增强学习的主动性和自主性。

（三）反馈内容的多样化与具体性

在评估反馈中，教师应关注反馈内容的多样化与具体性。有效的反

馈不仅包括对学生表现的评价，还应提供具体的改进建议。例如，在口语练习后，教师可以指出学生的发音问题、语法错误以及表达不清晰的地方，同时建议他们如何改进。这种多样化和具体性的反馈能够帮助学生更全面地理解自己的表现，明确改进方向，从而在后续学习中不断进步。

（四）建立反馈与反思的互动机制

教师应鼓励学生在获得反馈后进行自我反思，形成反馈与反思的互动机制。教师可以引导学生定期记录学习日志，反思在完成任务后获得的反馈内容，并制定相应的改进计划。学生不仅能够更好地理解反馈的意义，还能够在反思中深化对语言知识的掌握。这种反馈与反思的互动机制有助于培养学生的自主学习能力，使他们在外语学习中保持持续的改进动力。

第三章 深度教学视域下高校外语混合式教学的课程体系构建与优化

第一节 课程目标设定与课程结构设计

一、深度教学视域下高校外语混合式教学课程目标的设定

（一）提升学生语言综合运用能力

在深度教学的背景下，外语课程的设计不应仅局限于听、说、读、写等基础技能的培养，而是要更为全面地提升学生的语言综合运用能力。这意味着，课程需要帮助学生在多样化的情景中灵活使用外语，使其能够在不同文化和社交场合中有效地进行沟通。混合式教学模式为这一目标的实现提供了理想的环境，因为它将线上与线下教学相结合，最大限度地丰富了学生的学习体验。混合式教学通过线上资源为学生提供了广泛的语言输入机会，学生可以通过观看视频、聆听讲座或参与在线讨论等方式，接触到真实的语言素材。这些资源通常来自不同国家的新闻、文化节目或学术论坛，能够展示不同背景下的语言使用风格和文化表达，从而帮助学生拓宽视野并提高其语言的实际运用能力。学生在通过自我学习吸收这些材料时，能够更好地理解语言背后的文化逻辑和语境变化，从而提升其在不同情景中的表达能力。

在传统课堂上，教师可以设计基于真实情景的任务或活动，例如小组讨论、角色扮演、模拟对话等，让学生在互动中使用语言。这种即时

反馈机制能够帮助学生在实践中纠正语言错误，提升语言运用的准确性与流畅性。通过与同伴的合作，学生可以在真实的互动中学会如何使用外语进行交流，而不局限于书本知识的传授。这种双向的学习过程，有助于将语言的输入转化为实际的表达能力。此外，混合式教学的灵活性允许教师根据学生的个性化需求设计教学内容。教师可以根据学生的兴趣和语言水平提供差异化的学习资源，鼓励学生在课外通过线上平台进行自我探索。例如，学生可以选择与自己未来职业发展相关的材料进行学习，这种自主学习的模式能够激发学生的学习动力，使他们能够在特定领域中灵活运用所学的语言知识。与此同时，线上学习也为学生提供了更多的复习和巩固机会，使其在语言知识的掌握上更加扎实。

混合式教学模式不仅提供了语言的输入与输出环境，还鼓励学生在不同的学习情景中反思和应用所学知识。这种深度教学的方式要求学生通过不断地实践和思考来整合所学的语言技能。例如，学生在学习过程中需要处理各种语言任务，如撰写报告、参与在线讨论等，这些任务能够促使学生在语言的理解和应用中找到平衡，最终提升其综合运用能力。通过线上与线下的结合，混合式教学为外语学习者创造了丰富多样的语言使用场景，这不仅有助于提高他们的语言理解能力，还能够显著提升其实际运用外语的能力。外语课程应当注重为学生提供更多机会，帮助他们在不同情景中灵活应用语言知识，从而实现语言学习的全面提升。

（二）培养批判性思维与跨文化理解能力

批判性思维与跨文化理解能力的培养同样至关重要。深度教学的视角下，课程不仅要关注语言技能的提高，还应当将学生的思维能力和文化认知作为重点目标。通过多元化的学习资源和跨文化的学习体验，学生能够更深入地理解语言背后的文化逻辑，形成独立思考和评判的能力。语言不仅是交流的工具，更是思维的载体。学生通过学习外语，接触到不同的思维方式和文化视角，这为他们提供了批判性思维发展的契机。深度教学通过引入如国际新闻、学术论文等真实素材，鼓励学生在学习过程中分析不同来源的信息，并在此基础上形成自己的见解。这样的教学方式不仅仅停留在语言的表面使用上，而是要求学生通过深入分析和对比，理解并评估不同观点的合理性和逻辑性，进而提升其批判性思维能力。

学生不仅需要掌握语言技能，还要能够有效地在不同文化环境中沟通和交流。教师可以引导学生了解和分析各种跨文化案例，帮助他们更好地理解不同文化中的语言习惯、思维方式和价值观。例如，课程中可以设置有关跨文化交流的专题讨论，学生可以借助实际的文化冲突案例来分析不同文化之间的差异和共通之处。这种教学方式能够帮助学生在实际交际中避免文化误解，从而更好地进行跨文化沟通。通过互联网，学生能够接触到来自不同文化和语言背景的丰富素材，如全球范围内的新闻报道、学术研究成果、文化纪录片等。这些材料不仅为学生提供了语言学习的素材，还为他们提供了深入分析文化差异的机会。学生可以通过比较不同国家在相同议题上的观点差异，体会文化背景对思维和表达方式的影响，从而在语言学习中自然地提升跨文化理解能力和批判性思维。

在外语课堂上，教师可以设置批判性讨论和跨文化交流的模拟活动，例如，学生可以被要求就某一全球性话题展开辩论，或者参与模拟国际会议。在这些活动中，学生不仅要运用所学语言，还需通过批判性思维分析问题，并理解不同文化背景下的语言使用和沟通策略。这种教学方式能够帮助学生在实践中巩固所学的语言知识，同时培养其在复杂文化背景下进行有效沟通的能力。不仅如此，深度教学的批判性视角能够引导学生打破对外来文化的单一认知。通过不断接触和学习不同文化，学生会逐渐发现，文化间的差异并不是优劣之分，而是多样性的体现。理解这种多样性，能够帮助学生更好地适应跨文化交流中的复杂性，增强其文化敏感性与沟通技巧。这不仅仅是语言学习的延展，更是一种全球公民素养的培养。学生在学习外语的过程中不仅能够提升语言能力，还能够培养批判性思维和跨文化理解能力。丰富的学习资源、多样化的教学活动以及深刻的文化分析，能够帮助学生在复杂的文化环境中自如地运用语言，并以开放和批判的态度面对不同文化和思维方式，最终达到全面提升语言应用能力的目标。

（三）实现个性化学习与自主学习能力的提升

线上资源的广泛应用为学生提供了更灵活的学习环境，使其能够根据自己的学习需求和节奏进行个性化的知识探索。通过这样的教学模式，学生可以获得更多的自主权，进而更有效地提升学习效果。学生可以根据自己的兴趣和能力，选择适合的线上资源进行学习。例如，学习者可以通过在线课程、视频讲座、电子书籍或语言学习应用等方式拓展知识，这种多元化的资源能够满足不同学生的需求，使他们的学习过程更加个性化。这种灵活的学习模式允许学生自主选择学习内容和方法，特别适合那些有特殊学习需求或不同语言水平的学生。

传统课堂教学上，教学节奏往往由教师掌控，无法完全照顾到每个学生的学习速度。然而，混合式教学通过线上学习模块的设置，学生可以根据自己的进度安排学习时间。例如，学生可以在课前预习线上材料，课后复习难点，或者通过线上测试来检查自己的掌握情况。这种自主调整学习节奏的方式不仅能够提高学习效率，还能够帮助学生在不依赖教师的情况下掌控自己的学习过程，从而提升自主学习能力。与此同时，个性化学习的实现依赖于学生对自身学习需求的认知。学生可以根据自己的弱项进行有针对性的学习。例如，某些学生可能在听力或口语方面存在不足，通过在线资源，他们可以有针对性地进行听力训练或模拟口语对话，逐步提升这些技能。与此相反，擅长某些领域的学生可以选择更高难度的学习内容进行挑战和提升。这样的自主学习模式使得每个学生都能在适合自己的水平上不断进步，从而达到个性化学习的效果。

混合式教学中的在线平台往往提供即时反馈机制，进一步促进了学生的自主学习。当学生在学习过程中遇到问题时，可以通过线上测试、自动批改作业或在线答疑等方式及时得到反馈。这种即时反馈能够帮助学生在学习过程中及时调整策略，避免长时间存在知识盲点，进而提高学习效果。对于自主学习能力的培养来说，及时的反馈和纠正是不可或缺的因素。更重要的是，混合式教学中的社交互动和协作学习也为个性化学习提供了支持。虽然学生在学习过程中可以自主安排时间和进度，但他们也可以通过线上学习社区与同学或教师互动，分享学习经验和解决疑问。这种互动不仅可以增加学习的动力，还能够帮助学生在合作中发现自己在学习上的不足，进而做出针对性的改进。通过自我评估和反思，学生能够更好地认识到自己的学习习惯和知识掌握情况，从而在未来的学习中进行调整和优化。例如，学生可以定期检查自己的学习成果，发现哪些部分掌握得较好，哪些方面还需要加强。这种自我反思和调整的过程能够帮助学生不断改进学习方法，最终实现自主学习能力的提升。

（四）促进语言知识与专业技能的融合

外语课程不仅关注学生的语言能力培养，还强调将语言应用到具体的专业领域中，以增强学生在职业环境中的竞争力。通过这一教学策略，学生能够在实际工作场景中灵活运用外语，与其专业知识相结合，提升自身的职业素养和就业能力。在全球化的背景下，许多行业都要求从业者具备跨文化沟通能力和专业领域的外语能力。例如，国际商务、法律、医学等领域，都需要从业者能够熟练运用外语进行跨国交流。通过课程设计中的语言与专业的融合，学生可以学习如何在特定的专业情景中运用外语，从而为进入国际市场做好准备。这样的课程设置不仅提升了学生的语言能力，还增强了他们的专业竞争力，使他们能在职场中脱颖而出。在传统外语教学中，语言往往被视为一门独立的学科，与其他专业内容联系较少。然而，现代教学理念主张语言应与学生的专业学习相结合，使其能够在真实的工作场景中运用语言技能。例如，在医学外语课程中，学生不仅学习基本的语言表达，还会通过专业术语的训练和病例分析，掌握如何在医疗场合使用外语与国际患者或同行进行沟通。这种将语言与专业实践结合的教学方法，使学生能够在学术和职业领域中更加自信地运用外语。

语言不仅是沟通的工具，还是思维方式的一部分。当学生在专业领域中使用外语时，他们需要运用逻辑思维、分析能力以及创新思维来解决复杂问题。这就要求外语课程不仅要传授语言知识，还要设计一些与专业相关的任务，帮助学生在解决问题的过程中锻炼语言和专业技能的融合。例如，工程类专业的学生可以通过外语课程学习如何撰写国际技术报告，法律专业的学生则可以通过外语案例分析提升其处理国际法律事务的能力。这种任务驱动的教学方法，有助于学生在实际工作中将语言与专业知识紧密结合，提升解决问题的效率和效果。通过学习与专业领域相关的外语材料，如国际期刊、学术论文、行业报告等，学生可以及时了解所在行业的全球发展趋势，掌握前沿的学术动态和技术进展。这不仅提升了学生的学术水平，也使他们在全球化的职业竞争中具备更强的竞争力。这样的教学方式可以帮助学生在未来的职业生涯中更加顺利地与国际同行合作，适应全球化的工作环境。

在现代职场中，许多公司和组织需要员工具备多元化的技能，能够在不同的语言环境和专业领域中自由切换。通过外语与专业知识的融合教学，学生能够更加灵活地应对职场中的挑战，快速适应不同的工作环境和需求。例如，企业管理专业的学生通过外语课程学习如何在国际团队中进行跨文化沟通和管理，能够为其未来进入国际化公司打下坚实的基础。

二、深度教学视域下高校外语混合式教学课程结构设计

（一）线上与线下相结合的教学结构

为了充分发挥这两种模式的优势，课程结构应当科学安排线上资源和线下活动，使二者相辅相成。线上课程的优势在于提供丰富的自主学习机会，学生可以按照自己的节奏进行基础知识的学习和巩固。而线下课堂则注重互动、讨论和实践，能够为学生提供更为直观的学习体验和即时反馈。通过这种线上与线下的结合，教学能够形成一个完整的闭环。学生可以随时随地通过网络平台获取课程材料、观看教学视频或完成在线测验。这种自主学习的模式不仅能够让学生根据自己的学习进度安排时间，还能通过反复观看视频或阅读资料加深对知识的理解。特别是对于一些基础性内容，学生可以通过在线资源反复练习和巩固，提升学习效率。同时，线上平台通常还会配备自动化评估系统，通过测试和练习题帮助学生即时检测学习成果，从而在学习中及时调整策略，确保学生对基础知识的掌握。

在面对面的教学环境中，教师可以通过讨论、案例分析和小组活动等方式引导学生将线上所学的理论知识应用到实践中。这样的互动方式有助于学生更好地理解抽象的概念，并通过讨论和合作解决实际问题。

线下课堂还能够为学生提供更直接的反馈机会，教师可以通过观察学生的参与情况和表现，及时调整教学策略。此外，混合式教学的核心在于通过合理的时间分配和内容设计，使线上与线下教学实现优势互补。例如，在课程设计中，教师可以安排学生在课前通过线上学习平台进行预习，掌握基础知识，这样在课堂上教师便可以将更多的时间用于讨论和实践活动。通过这种"翻转课堂"的设计，学生可以在课堂中更主动地参与，教师也能够更有效地进行指导。线下课堂成为学生深入探讨问题、解决疑惑和进行合作学习的主要场所，而不再是单纯的知识灌输。

线上与线下的结合还可以通过各种工具和平台促进学生的学习参与感。在线学习平台通常具备丰富的互动功能，如论坛、在线讨论区或实时问答等，学生可以在这些平台上与同学和教师进行交流，分享学习心得和问题。这样的线上互动能够延伸课堂学习的时间和空间，让学生在课后也能继续进行讨论和学习。通过这些平台，学生可以在不同的时间段内与教师保持联系，及时获得学习上的帮助和反馈。线上课程为学生提供了自主学习和知识积累的机会，而线下课堂则通过互动和实践进一步加深学生对知识的理解和应用。二者相互补充，形成了一个完整的学习过程，使学生能够更全面地掌握知识并提升技能。通过科学的课程结构设计，线上与线下教学能够共同促进学生的学习效果，提高教学质量。

（二）模块化教学单元的设计

模块化教学单元的设计为课程提供了更加灵活和个性化的学习路径。根据不同的教学目标和学生需求，课程可以被划分为多个相对独立的模块，每个模块专注于特定的技能或能力的培养。例如，语言基本技能如听、说、读、写可以作为一个模块，跨文化沟通能力、批判性思维训练等则作为其他模块分别进行教学。这种模块化的设计不仅可以帮助学生循序渐进地掌握各项能力，还能让他们根据自身的学习情况自由选择和组合模块，以实现更有针对性的学习。模块化设计能够根据不同的学习目标，明确每个模块的重点和任务。例如，针对语言基本技能的模块，课程可以专注于学生听、说、读、写能力的提升，提供有针对性的练习和评估工具，确保学生在基础技能上达到一定的水平。而跨文化沟通能力模块则可以引入更多关于文化背景、礼仪、跨文化交际中的潜在误解等内容，通过案例分析和情景模拟帮助学生提升在国际交流中的沟通技巧。这样，学生能够通过逐步完成各个模块，系统地提高外语能力，达到课程的学习目标。

传统的教学模式往往是按照固定的课程进度进行，难以顾及每个学生的个体需求。而模块化设计允许学生根据自己的学习进度选择适合的模块进行学习。例如，某些学生可能在听说方面较为薄弱，他们可以选择相关模块进行重点突破；而在阅读和写作方面较为擅长的学生则可以直接进入更高级的模块学习。这种方式不仅尊重了学生的个体差异，还能帮助他们更加高效地提升自身能力。每个模块的难度可以按照由浅入深的顺序进行设计，确保学生在完成基础模块的学习后，再进入更复杂的技能训练。以批判性思维训练为例，初级模块可以帮助学生掌握基本的逻辑分析能力，而高级模块则可以引导学生进行更为深入的辩论和学术写作，逐步提升其思维能力。这种层次分明的设计，不仅帮助学生更好地巩固知识，也使得学习过程更加连贯、系统。

在现代教育环境中，自主学习能力的培养愈发重要，模块化教学正好为学生提供了这种机会。学生可以根据自身的兴趣和学习需求自由选择学习内容，而不必按照固定的课程顺序进行。这种学习方式既激发了学生的学习动力，也增强了他们对学习的掌控感。通过自主选择和管理学习进度，学生能够更加积极主动地参与学习过程，并取得更好的学习效果。教师可以根据每个模块的教学目标设置专门的评估标准，帮助学生明确学习任务并及时反馈学习效果。这种针对性的评估方式不仅能够更准确地反映学生在某一技能或领域的掌握程度，还能帮助教师根据学生的反馈调整教学策略，提供更有针对性的辅导和帮助。

（三）基于任务驱动的学习活动

基于任务驱动的学习活动是一种能够有效提升学生实际应用能力的教学方法。这种教学方式通过设置具有实际意义的任务，让学生在完成任务的过程中深化对语言的理解与运用。任务通常模拟真实的语言使用情景，涉及跨文化交流、学术报告、外语写作等多种应用场景，帮助学生在真实语境中练习和掌握语言技能，最终提升他们在实际场合中的语言应用能力。任务驱动型学习活动能够将学生的注意力从单纯的知识学习转移到实际运用上。学生不仅是被动接受语言知识，还需要主动参与、解决问题。例如，教师可以为学生设计一个跨文化交流的任务，要求他们以某种特定身份与来自不同文化背景的人进行互动。在完成这一任务的过程中，学生不仅需要掌握语言知识，还要运用所学的跨文化沟通技巧。这种任务驱动的方式能够使学生在语言学习过程中更加专注于如何将语言用于实际交流，而不仅仅是记忆词汇或语法规则。

基于任务的学习活动可以帮助学生将课堂学习与实际生活场景结合起来。例如，教师可以安排学生撰写一篇学术报告，模拟他们在未来职业生涯中可能遇到的情景。这个任务要求学生查阅资料、整理信息并用外语表达自己的观点和研究成果。通过完成这样的任务，学生不仅能够提升自己的外语写作能力，还能体验学术写作的实际流程，培养信息处理和逻辑表达的能力。这种任务类型的设计帮助学生将语言学习与专业技能相结合，使其所学的外语知识能够直接应用于未来的工作和学术环境中。当学习活动紧密贴近学生的生活或职业需求时，他们往往会更加投入。例如，教师可以为语言学习设计模拟国际会议的任务，要求学生以某个国家代表身份参与国际议题讨论。学生需要查阅相关国家的背景资料，准备发言内容，并在讨论中与其他"国家"的代表进行互动。这种任务不仅增强了学生对语言的实际运用能力，还提升了他们的文化认知和团队合作能力，使得学习过程变得更加生动有趣。

任务驱动型学习还为学生提供了一个综合运用多种技能的机会。在完成任务的过程中，学生通常需要运用听、说、读、写各方面的能力。例如，在进行一项跨文化交流任务时，学生需要理解对方的文化背景，合理表达自己的观点，并与对方进行有效的沟通。通过这样的综合任务，学生不仅能够提升某一方面的语言技能，还能够在实际情景中锻炼多种能力的整合与应用，从而提高他们的整体语言水平。这种基于任务的学习活动还有助于学生在完成任务的过程中获得及时反馈。教师可以通过观察学生的表现，及时指出他们在语言运用中的不足，帮助他们进行改进。例如，在完成一项学术报告任务后，教师可以通过批改报告或组织学生进行互评，让学生及时了解到自己在语言表达或逻辑思维上的不足。通过这样的反馈，学生可以在实践中不断调整和提升自己的语言能力，使得学习过程更加有效。

（四）融入多样化的评价机制

传统的考试和作业虽然可以反映学生在知识掌握上的部分情况，但往往难以全面反映学生在实际应用中的表现。为了更好地促进学生的学习发展，混合式教学需要引入更多元化的评价方式，如线上测评、口语展示、讨论参与度等，以确保学生在各个方面都能获得及时而有效的反馈和指导。通过在线测验、即时反馈系统等工具，教师可以在教学过程中对学生的知识掌握情况进行及时评估。这种方式不仅可以帮助学生及时发现自己在学习中的不足，还能够使教师迅速调整教学策略，针对性地进行辅导和补充。此外，线上测评还可以通过设定灵活的测评时间和形式，让学生在不受时间和空间限制的情况下参与评估，进一步提升学习的灵活性和参与度。

语言的学习最终是为了应用，口语表达能力是外语运用的核心。因此，课程结构中应当设置定期的口语展示环节，学生可以通过演讲、小组讨论、模拟面试等形式展示自己的口语能力。通过这样的口语展示，不仅能够帮助学生锻炼实际的语言表达能力，还可以让教师直接观察到学生在语言流利度、发音、语法运用等方面的真实表现，从而为学生提供更具针对性的改进建议。线上、线下的讨论活动是课堂互动的重要组成部分。通过观察学生在讨论中的参与程度、发言质量以及与同伴的互动情况，教师可以了解学生的思维深度、语言运用能力以及对所学内容的理解程度。为了更好地激励学生积极参与讨论，教师可以在评价体系中将讨论的质量和参与度作为重要的评分标准，鼓励学生通过积极发言和深入思考来提升学习效果。

通过让学生完成与课程内容相关的实际项目或任务，例如撰写学术报告、设计跨文化交流方案等，教师可以更全面地评估学生的综合能力。这种任务型评价方式不仅考查了学生的语言知识掌握情况，还检验了他们在实际情景中的应用能力。同时，项目式作业往往需要学生自主查找资料、分析问题并提出解决方案，这有助于培养学生的自主学习能力和批判性思维，从而为他们的长期学习发展打下坚实基础。为了进一步提升评价的多样性，教师还可以利用自评和互评的方式，让学生参与到评价过程中来。通过自评，学生可以反思自己的学习过程，发现自身的优点和不足；而通过互评，学生可以从同伴的角度获得不同的反馈视角。这种双向评价机制不仅增强了学生的学习自主性，还能够促使学生在相互学习中不断提升。

（五）支持学习社群的构建

线上平台为学生提供了一个互动和协作的空间，使他们能够在课后继续交流和分享知识。通过这样的社群，学生不仅可以巩固课堂上所学的内容，还能在与同学的互动中拓展思维，激发学习兴趣和动力。因此，课程结构应当鼓励学生积极参与线上讨论和知识分享，帮助他们形成一个互相支持的学习共同体。在传统课堂中，师生之间以及学生之间的交流时间有限，讨论的深度和广度也受到课堂时间的制约。而线上平台的引入，使学生可以随时随地进行交流和讨论。学生可以在这些平台上提出自己的问题，分享学习资源，或者与同伴讨论某个知识点的不同理解。通过这种互动，不仅可以加深学生对课程内容的理解，还能够帮助他们找到新的学习视角，促进更深层次的学习。

学生可以通过线上平台进行小组项目、协作学习等活动。这种合作不仅仅是知识的简单分享，还包括共同解决问题、分工合作等实际任务。通过这种协作式学习，学生不仅能够提升自己的沟通能力和团队意识，还能从他人的观点中获得启发，拓宽思维的广度和深度。同时，在团队解决问题的过程中，学生可以更好地理解和应用所学知识，增强其在实践中的运用能力。学生难免会遇到一些困难或瓶颈，而学习社群中的同伴支持可以为他们提供及时的帮助和鼓励。当学生遇到难题时，他们可以通过社群向同学或教师寻求帮助，而其他学生则可以通过分享自己的经验或提供解决方案来帮助同伴克服困难。这种相互支持的环境不仅有助于学生解决实际问题，还能够增强他们的学习信心，使学习过程变得更加轻松和愉快。

学生在学习过程中可以分享各种学习资料、参考文献、相关案例等，不仅使自己的学习资源得到扩展，也让其他同学受益。这种知识共享能够帮助学生在短时间内接触到更多有价值的信息，并通过与他人的讨论深化对知识的理解。与此同时，线上平台的资料存档功能也使得这些共享的资源可以被随时检索和利用，从而形成一个不断丰富的知识库。通过参与社群中的讨论，学生会感受到集体学习的氛围，增强学习的动力。当他们在社群中获得他人的认可和反馈时，往往会更加积极地参与学习活动。而这种学习中的成就感和参与感，能够进一步增强他们对课程内容的兴趣，推动他们不断进步。此外，教师在社群中的引导和鼓励也能够有效提升学生的学习积极性。教师可以通过定期发布讨论话题、组织线上学习活动等方式，激发学生的思考和讨论，进而推动学习社群的活跃发展。

第二节　课程内容选择的科学依据与方法

一、深度教学视域下高校外语混合式教学中课程内容选择的科学依据

（一）以学生认知发展为基础

课程内容的选择应基于学生的认知发展阶段，确保内容能够引导学生进行高阶思维，如分析、综合、批判性思考等。选择的内容应有助于学生超越表面理解，深入探讨语言的语用功能、文化背景及实际应用。

（二）学习科学与建构主义理论

混合式教学依赖于建构主义学习理论，强调学生通过与知识、教师、同伴及资源的互动，主动构建语言理解与能力。课程内容的选择应基于学习科学的原则，提供可探索和互动的内容，让学生通过问题解决和协作学习构建语言知识。

（三）语言应用的情景化理论

根据语言习得的情景化理论，语言的学习应结合真实情景。课程内容应提供与现实生活和职业环境密切相关的材料，使学生能够将课堂学

习的语言技能转化为实际应用。情景化的课程内容能提升学生的学习兴趣与动机。

（四）多元智能理论与学习风格

依据多元智能理论和学习风格理论，学生的学习需求和偏好各不相同。课程内容选择应考虑学生在语言能力、文化背景、学习习惯等方面的差异，提供多样化的学习材料，以满足不同学习风格的需求。

（五）信息技术与数字化学习理论

混合式教学强调数字资源与技术的整合，因此课程内容的选择需要依赖信息技术与数字化学习理论。选用的内容应能有效利用在线学习平台、虚拟资源、互动工具等，帮助学生通过自主学习、合作学习、即时反馈等多种方式获得语言能力的提升。

二、深度教学视域下高校外语混合式教学中课程内容选择的方法

（一）以学习目标为导向

课程内容的选择要紧扣课程目标，确保内容能够学生达到预定的学习成果。教师应根据课程目标设计模块化的学习单元，选取能够逐步提升学生语言水平、文化理解和沟通能力的内容。每个单元的内容都应具有清晰的学习目标和评估标准。

（二）基于问题的内容选择

深度教学强调通过解决复杂问题来促进知识的内化与应用。课程内容的选择应围绕实际问题展开，设计出能引发学生思考和讨论的问题场景，让学生在解决问题的过程中运用语言技能。例如，设计跨文化交际、翻译实践等任务，让学生通过探讨解决方案强化语言应用。

（三）情景化与实践导向

内容选择应与现实生活密切相关，强调语言的实际应用。教师可以

通过引入真实的语言材料（如新闻报道、商务会议录音、社交媒体对话等），或者设置模拟情景任务（如模拟面试、商务谈判等），帮助学生在真实情景中练习语言技能。

（四）灵活多样的资源整合

混合式教学的优势是能够整合各种不同类型的学习资源，课程内容的选择应尽可能多元化。教师可以选取教材、在线课程、视频、音频、互动平台等多种形式的资源，以支持不同学习风格的学生，同时增强课程的互动性与参与感。

（五）适应性与个性化

课程内容的选择应具有弹性，以适应不同水平和背景的学生。通过提供不同层次的任务和选择性阅读材料，教师可以支持个性化学习。例如，初学者可以选择简化的语言材料，而高级学习者则可以参与更为复杂的讨论与写作任务。

（六）基于技术的互动与协作

技术在混合式教学中的运用应充分发挥其互动性与协作性。教师可以选择支持学生合作学习的内容与平台，例如在线讨论区、小组项目、虚拟语言交流平台等，鼓励学生合作完成任务，并通过技术平台实现教师与学生、学生与学生间的互动交流。

第三节　学习活动的多样化设计与实施

一、深度教学视域下高校外语混合式教学中学习活动的多样化设计

（一）任务驱动设计

任务驱动设计是深度教学的核心理念，它通过让学生完成复杂的任

务来促进知识的深度理解与内化。这种设计方法尤其适用于培养学生的语言应用能力和跨文化沟通技能。学习活动围绕实际任务展开，能够有效地将语言学习从单纯的知识获取转化为技能实践，帮助学生在具体情景中运用语言。任务驱动设计强调教学内容应紧密结合真实的生活和工作场景，以提高学生的学习动力和参与度。例如，教师可以通过设置模拟商务谈判、跨文化交流、客户接待等任务，让学生感受到语言的实用性与重要性。这些任务不仅仅要求学生掌握词汇和语法，更重要的是能够在复杂的情景中运用所学语言和文化知识，完成特定的目标。学生能够将课堂所学的理论转化为实际的沟通和表达能力。

在设计任务时，任务本身应具有一定的挑战性，以促使学生深入思考并积极参与。深度教学的目标在于通过任务促进学生的高阶思维能力，要求他们分析、综合、评估所学知识，并将其应用于新的情景中。因此，设计具有挑战性的任务不仅可以增加学生对任务的投入，还可以促使他们反思自身的语言应用能力，寻找不足之处并进行改进。例如，在模拟跨文化交流的任务中，学生可能会遇到文化差异和语言障碍，这就要求他们运用批判性思维和创造性解决问题的能力，从而提升其跨文化交际的能力。任务应涵盖不同的交际场景，以培养学生在多元文化背景下的语言适应能力。比如，在设置模拟商务谈判的任务时，教师可以让学生分别扮演不同的角色，如买方、卖方、中介等。这种角色扮演不仅能够提升学生的口语表达能力，还能帮助他们理解不同角色在语言交流中的立场和策略。此外，不同场景的设置有助于学生更好地掌握语言在不同文化背景下的应用，从而提高其跨文化交流的敏感性和灵活性。

任务驱动设计的另一个重要特点是，它能够为学生提供一个反思和反馈的机会。任务完成后，学生应通过小组讨论、同伴评价和教师反馈等方式，反思自己的表现和语言应用情况。通过反思，学生能够意识到自己的优势和不足，并在后续的学习中进行有针对性的改进。例如，教师可以通过录音或录像的方式记录学生的任务表现，并在课后进行回放和分析，帮助学生更好地理解自身的语言使用情况。这种反思与反馈机制能够有效促进学生的学习迁移，帮助他们在未来的语言应用中做得更好。学生需要自主规划学习时间、查找相关资料，并通过团队合作或独立完成任务。这不仅培养了学生的学习自主性，还锻炼了他们的合作意识和解决问题的能力。尤其是在混合式教学的环境下，学生可以利用线上资源进行预习、复习，并借助数字化平台进行讨论和交流，进一步增强其自主学习的能力。例如，在完成一项复杂的翻译任务时，学生可以通过查阅多种参考资料并进行语言风格的调整，从而在完成任务的同时提高语言的精准度和文化适应能力。任务驱动设计还能够充分利用混合式教学的技术优势，实现线上与线下教学的无缝衔接。在传统教学中，课堂时间有限，无法为每个学生提供足够的任务练习机会。而混合式教学通过线上平台的支持，能够为学生提供更多的实践机会。例如，学生可以通过在线平台提交作业，并通过与教师和同学的线上讨论获取反馈。通过这些线上活动，学生不仅能够在时间和空间上更加灵活地参与学习，还能够获得更多的实践机会，进而巩固语言技能。

（二）合作学习活动

合作学习活动是混合式教学中提升学生沟通和协作能力的重要方式。通过团队合作和小组讨论，学生能够在互动中彼此学习，拓展思维，并深化对语言和文化的理解。这种学习模式不仅增加了学生的语言实践机会，还培养了他们在未来职场中所需的合作能力和跨文化交际技能。在传统的教学环境中，学生往往处于被动接受知识的状态，而合作学习则通过小组合作、角色扮演等方式，促使学生主动参与到学习过程中。例如，在外语课堂中，教师可以设计模拟情景，让学生扮演不同的角色，如旅游者与导游、买家与卖家等，通过对话练习提升语言表达能力。在这种互动环境中，学生不仅要表达自己的观点，还要学会倾听他人的意见，这种双向沟通能够大大提高语言的实际应用效果。每个学生都能在小组中承担不同的任务，通过合作达到共同目标，同时提高了参与的积极性。

教师可以设计一些复杂的语言任务，要求学生通过小组合作来完成。这类任务往往涉及跨文化问题或语言的精确表达，需要学生综合运用语言知识、文化背景和批判性思维来解决。例如，设计一个跨文化交流的模拟项目，学生需要根据不同国家的文化习惯和语言特征，制定适合的交流策略。学生不仅要运用已有的语言知识，还要分析问题、提出解决方案，这种合作学习活动有效促进了学生的高阶思维能力。合作学习活动可以帮助学生在多样化的语言环境中拓宽视野，理解语言的灵活性与多样性。在小组合作中，学生可以从其他成员的思维方式和表达风格中学到新的语言技巧和表达方式。例如，在完成翻译项目的过程中，学生会发现不同的翻译策略和语言风格可能会影响最终的表达效果。在这种多角度的探讨中，学生可以从彼此的经验中学习，增强对语言使用的灵活掌握。同时，合作学习还能够提高学生的文化敏感性。通过与同伴的交流，学生可以更好地理解语言与文化的互动关系，增强他们在跨文化交流中的适应能力。

在小组任务中，学生不仅要分配任务、协调时间，还要学会解决合作中的分歧和冲突。例如，在跨文化项目合作中，学生可能会遇到语言表达或文化理解上的分歧，这时他们需要通过沟通与协商来达成一致。这种解决冲突的过程，不仅锻炼了学生的沟通技巧，也提升了他们的团队合作能力。通过这样的合作，学生能够意识到个人努力和团队协作的重要性，学会在合作中与他人共享资源与知识，进而实现共同目标。教师在设计合作学习活动时，应充分考虑学生的能力水平和学习需求，合理分配任务，确保每个学生都能在小组中发挥作用。例如，教师可以根据学生的语言能力将其分成不同的小组，让语言水平较高的学生带动较低的学生，促进小组成员之间的互相学习。此外，教师还应给予及时的反馈和指导，帮助学生在合作中发现问题并进行调整。通过这种有针对性的指导，学生能够在合作中不断提升自己的语言能力和合作技巧。学生可以通过在线平台进行小组讨论、任务分配和成果展示。在线工具如讨论板、协作文档和视频会议软件等，能够打破时间和空间的限制，方便学生随时随地进行交流与合作。例如，学生可以利用在线协作工具完成小组报告，或者通过视频会议软件进行语言练习与反馈。这样的在线合作模式不仅增加了学生的交流机会，还提升了学习的灵活性和效率。

（三）基于问题解决的活动

基于问题解决的学习活动是深度教学的关键环节，强调通过问题的解决来提升学生的语言应用能力和思维能力。此类活动通过提出开放性问题或情景中的复杂问题，引导学生使用所学的语言知识进行分析和讨论，从而帮助他们在解决实际问题的过程中学会灵活运用语言，同时培养逻辑思维和批判性思考能力。这种基于问题解决的活动不仅提升了学生的语言综合运用水平，还促进了他们对语言文化背景的深度理解。基于问题解决的学习活动可以通过设计开放式问题来引导学生进行深度思考和语言表达。这类问题通常没有固定的答案，需要学生运用多种语言技巧，如解释、论证和讨论，来构建他们的回应。例如，教师可以设计与当前国际新闻相关的开放性讨论题目，让学生对全球性议题发表看法，如气候变化、科技发展、社会不公等。这样的问题设计有助于学生练习复杂的语言表达方式，并在分析问题的过程中提高语言的应用能力。

基于情景问题的活动能够帮助学生将语言学习与实际生活联系起来。通过模拟真实情景中的问题，学生可以更好地理解语言在现实生活中的应用。例如，教师可以设计解决跨文化误解的情景问题，让学生讨论如何应对不同文化中的语言使用差异，如不同的表达方式、礼貌用语等。在解决这些跨文化问题时，学生需要结合语言知识与文化背景，分析不同文化之间的差异，并寻找有效的沟通策略。这类活动不仅提高了学生的语言能力，还增强了他们的文化敏感性和跨文化交际能力，帮助他们在未来的实际生活和工作中更好地适应多样化的语言环境。此外，基于问题解决的活动能够培养学生的批判性思维和逻辑分析能力。深度教学不仅要关注知识的传授，更强调知识的理解和应用。通过设置需要分析和解决的复杂问题，教师可以引导学生在讨论中运用语言进行思考和推理。例如，教师可以设计讨论社会道德问题的活动，如探讨某一国家的法律与伦理问题，让学生在辩论中表达不同的立场。这种活动要求学生不仅要掌握相关的语言表达，还要具备深入分析问题的能力。在讨论和解决问题的过程中，学生学会如何通过语言清晰地表达复杂的观点，并通过批判性思维对问题进行反思与评估。

基于问题解决的学习活动还能够有效激发学生的学习动机和参与度。由于问题通常来源于现实生活或学生感兴趣的领域，这使得学习活动更加有趣且具有挑战性。例如，教师可以根据学生的兴趣设置一些与社会现象相关的问题，如人工智能对就业的影响、全球化背景下的语言变迁等。这类问题不仅贴近学生的实际生活，还能够激发他们对学习的兴趣和动力。当学生对问题产生好奇和思考时，他们更愿意主动参与到讨论和解决问题的过程中，从而在无意识中提高语言运用能力和表达技巧。在解决问题的过程中，学生需要通过自主查阅资料、合作讨论等方式来寻找答案。例如，在完成一项与国际贸易相关的语言任务时，学生可能需要查阅相关的法律文件，阅读英文商业合同，并通过团队合作制定出解决方案。这种学习方式不仅提高了学生的自主学习能力，还培养了他们的团队合作精神。学生通过讨论和分享彼此的见解和信息，从不同的角度分析问题，最终共同达成解决方案。这种合作学习的模式也进一步加强了学生之间的沟通和语言交流。

学生通过在小组中发表意见、辩论、讨论，不仅提高了口语表达能力，还锻炼了他们的即时反应能力。例如，教师可以设计辩论赛形式的活动，学生需要围绕某一社会问题展开辩论，如讨论移民政策的利弊。在这种活动中，学生不仅要通过语言清晰地表达自己的立场，还需要在对方的反驳中快速做出回应。这类活动能够增强学生的语言表达自信心，同时提升他们在实际沟通场景中的应变能力和说服技巧。

（四）情景化与模拟活动

情景化与模拟活动在语言教学中具有极高的实用性和重要性，特别是在混合式教学环境下，能够提升学生的语言应用能力。通过将学生置于真实或接近真实的语言情景中，这类活动可以帮助学生在实践中运用语言，理解其在不同语境下的使用方式。模拟活动不仅能够提高学生的表达自信，还能让他们更好地掌握语言的实际应用技能，从而为他们在未来的实际生活或职场环境中使用语言打下坚实的基础。传统的语言教学往往以讲授语法、词汇和句式为主，学生的语言运用能力主要通过完成书面作业或参与简短的课堂练习来培养。然而，这样的教学模式常常无法让学生将语言真正应用于复杂的实际情景中。通过设计如模拟会议、模拟旅行或模拟面试等活动，学生可以在高度仿真的场景中进行语言实践。例如，教师可以设计一个模拟商务会议的情景，学生扮演不同的会议角色，如公司代表、客户或主持人，在讨论商业合同或产品推销的过程中，练习正式表达、谈判和汇报技巧。这种方式能够帮助学生理解语言在实际交流中如何运作，以及如何根据具体情景调整表达方式。

情景化与模拟活动可以极大地提高学生的自信心，尤其是在口语表达方面。很多学生在语言学习的过程中容易产生焦虑，尤其是在实际交流时感到紧张和不自信。然而，情景化的模拟活动为学生提供了一个相对安全的环境，在这个环境中，他们可以不必担心犯错，尽情地尝试使用所学语言。这种模拟情景能够帮助学生逐步克服心理障碍，增强他们在面对真实交流时的自信。例如，通过参与模拟采访活动，学生可以练习回答问题、表达个人观点或描述经历，从而提升其在日常交流或正式场合中的口语表达能力。模拟活动有助于学生熟悉不同场景下的语言使用规则和文化规范。不同情景中的语言运用方式可能有显著差异，而模拟活动可以帮助学生掌握这种语言的变通性。比如，在模拟旅行的活动中，学生可以模拟与酒店工作人员、餐厅服务员、导游等进行对话，熟悉日常生活中常见的语言表达；在模拟求职面试的活动中，学生可以练习如何用正式的语言介绍自己、回答面试官的问题。在这些不同的情景下，学生能够通过实践学习到适当的词汇和语法结构，理解如何在不同的场合调整语言的正式程度和使用礼貌用语。这不仅提升了学生的语言使用能力，还增强了他们在跨文化交际中的敏感性。

由于这类活动紧密结合现实生活或未来职业场景，学生通常会对这些任务产生较高的兴趣。例如，模拟新闻发布会或模拟法庭辩论的活动，不仅具有挑战性，还具有趣味性，能够激发学生的好奇心和参与积极性。学生在这些任务中不仅仅是语言的学习者，他们还扮演着特定的社会角色，这让他们能够更深入地投入到语言实践中去。此外，通过解决模拟情景中的问题，学生能够在实践中逐步提高解决实际问题的能力，增强自主学习的意识。在模拟活动中，很多任务要求学生进行合作，如在模拟会议中，学生需要一起讨论并制定解决方案，或者在模拟旅行活动中，学生需要互相配合完成特定任务。这种合作学习不仅能够提升学生的语言交流技巧，还能培养团队协作精神。例如，学生在模拟旅行中可以组成小组，分别扮演游客和导游，进行导览讲解、交通指引等互动，促使他们在合作中学会互相帮助、共同解决问题。这种合作性任务让学生在语言学习中不仅提高了个人的语言能力，还通过与同伴的互动学习到了沟通技巧与协作能力。

在这些模拟任务中，教师能够通过观察学生的表现，及时提供个性化的反馈，帮助学生在真实语境中发现语言使用中的不足。例如，在模拟面试活动中，教师可以对学生的回答技巧、语言流畅性、语法错误等方面进行反馈，帮助学生不断调整和完善其语言表达。这样的即时反馈不仅有助于学生更快地掌握语言技巧，还能够增强他们的学习信心和动力。

（五）多模态互动设计

多模态互动设计是混合式教学中的一个重要组成部分，通过整合多种资源形式，如文本、图片、音频、视频等，为学生提供了丰富多样的学习体验。这种设计不仅能够帮助学生从不同感官渠道理解和掌握语言，还可以通过视觉、听觉等多维度的互动活动，增强他们的学习兴趣和参与感。不同的学生在学习时往往依赖不同的感官渠道，一些学生可能更擅长通过视觉获取信息，另一些则通过听觉学习效果更佳。因此，结合多种形式的资源，如视频、音频、文本和图片，可以满足不同学习者的需求。例如，在学习新词汇时，教师可以结合图片和音频来帮助学生更好地记忆和理解。通过视觉与听觉的共同作用，学生不仅能够更快地掌握词汇，还能在实际情景中准确地使用这些词汇。这种多感官的参与，有助于提升对语言的记忆效果和理解深度。

传统的语言教学通常局限于文本材料，容易让学生感到枯燥和乏味，而通过引入视频、电影片段、音乐等动态资源，能够让学生更直观地感受到语言的魅力。例如，教师可以设计一个观看电影片段并进行口语模仿的活动，让学生通过模仿电影中人物的台词和语气，提升口语表达的流畅性和地道程度。学生不仅感受到语言的文化背景，还能够通过沉浸式的学习体验，增强语言运用的自然感。此外，观看电影或视频还能激发学生对不同文化的兴趣，使语言学习不再局限于课堂，而是与现实世界中的文化生活紧密相连。通过多模态互动设计，教师可以有效地整合不同的学习资源，设计多样化的学习活动，帮助学生更好地进行语言内化。例如，教师可以设计一个结合听力理解与视频讨论的活动，学生首先通过观看视频片段，了解特定场景中的语言使用，然后进行听力练习，以加深对语言细节的理解。学生不仅要练习听力，还要通过讨论和口语表达来复述或评论视频内容，这种多层次的学习活动能够有效提升学生的听、说、读、写能力。同时，教师可以根据学生的学习水平，选择难度适宜的材料，提供个性化的学习资源，使每个学生都能在多模态的学习过程中得到充分的锻炼和提高。

语言与文化密不可分，通过视频、图片、电影等多模态资源，学生能够更直观地接触到目标语言国家的文化习俗、历史背景和社会现象。例如，教师可以让学生观看某个国家的传统节日庆祝视频，帮助他们更好地理解该文化中的语言表达方式和文化规范。随后，学生可以通过小组讨论的形式，分析该文化与自己文化的不同之处，并用目标语言表达自己的见解。这种跨文化的互动不仅提高了学生的文化敏感度，还培养了他们的跨文化交际能力。听力、口语、阅读和写作是语言学习的四项基本技能，多模态资源的整合能够帮助学生全面发展这些技能。例如，在听力教学中，教师可以使用音频材料结合字幕，通过听觉和视觉的双重刺激帮助学生更好地理解语言内容。接着，教师可以让学生根据听力材料中的信息进行口语讨论或写作练习，学生可以从听、说、读、写四个方面巩固和运用所学知识。通过这种多模态的设计，学生不仅在单一技能上得到了提升，还能更好地将不同技能融会贯通，提高整体语言能力。

多模态互动设计还具有极强的灵活性和创新性，能够适应不同教学情景和学生需求。教师可以利用数字化平台，提供多样化的在线学习资源，学生可以根据自己的学习进度和兴趣选择适合的材料进行自主学习。例如，教师可以上传一些关于特定主题的短视频、相关文章和音频资源，供学生在课后进行扩展学习。这种自主学习模式，不仅增强了学生的学习自主性和灵活性，还提供了更多的语言输入机会，帮助学生在不同情景中反复练习和内化语言知识。学生能够在动态、互动的学习环境中更加深刻地理解语言的实际应用。这种互动不仅仅局限于学生与教师之间，还包括学生与学生、学生与资源的互动。例如，教师可以设计一个基于视频的互动讨论活动，学生观看视频后，通过在线平台与同学分享各自的理解与看法。学生不仅锻炼了语言表达能力，还通过与他人的交流碰撞出新的思维火花。这种互动的学习方式，能够促使学生更加积极主动地参与到学习过程中，实现知识的共建与共享。

二、深度教学视域下高校外语混合式教学中学习活动的多样化实施

（一）线上与线下结合的实施

混合式教学的实施需要将线上学习与线下课堂有机结合。线上学习可以提供自主学习的资源与平台，学生可以根据自身进度和兴趣选择学习材料；而线下课堂则用于讨论、互动和深入探讨。教师可以通过设计

在线任务（如在线讨论、语言测试等）和线下讨论活动，形成完整的学习闭环。

（二）技术支持下的互动实施

深度教学需要借助技术平台的支持来增强学习的互动性。通过学习管理系统（LMS）、在线讨论区、虚拟会议软件等，教师可以实施实时互动或异步交流。例如，利用在线平台设置小组讨论，学生可以通过留言、视频会议等形式参与互动。技术平台还可以用于即时反馈，如在线测验、自动评估等。

（三）分层次的任务实施

学习活动的实施应考虑学生的语言水平差异，提供分层次的学习任务。对于基础水平的学生，教师可以设计较为简单的任务，而对于高级水平的学生，可以设置较为复杂的任务和更高的挑战。例如，初学者可以完成简单的听力任务，而高级学习者可以进行长篇阅读分析或演讲任务。

（四）合作与竞争并存的实施

在实施多样化学习活动时，合作与竞争的形式应相辅相成。例如，设计合作项目时，可以设置一定的竞争机制，如小组间的语言竞赛或模拟辩论赛，通过竞争激发学生的学习兴趣和参与积极性，同时也促进学生之间的合作。

（五）结合社会实践的实施

学习活动的实施还可以与社会实践相结合。例如，组织学生参与外语志愿者活动、国际交流项目，或者安排学生进行真实的语言交流活动（如与国际学生对话、在实际工作中的外语使用等）。通过实际的社会场景，学生能够将课堂上学到的语言技能运用到现实中，提升学习的实用性和效果。

第四节　课程实施过程中的调整与优化策略

一、深度教学视域下高校外语混合式教学课程实施过程中的调整

（一）灵活调整线上与线下教学比例

混合式教学模式中的线上与线下教学比例需要根据学生的学习效果进行灵活调整。不同类型的教学内容在不同形式的教学中效果各异，如理论知识可以更多地在线上进行，而互动性强的语言实践活动则更适合在线下进行。教师可以根据课程进展、学生参与度和学习效果，动态调整线上与线下的教学比例。例如，如果线上互动不够活跃，教师可以增加线下小组讨论和角色扮演的频率，以确保学生有足够的机会进行语言实践。

（二）基于教学目标调整评估方式

课程实施过程中，评估方式也应随着教学目标的变化而进行调整。深度教学强调过程性评价，因此教师应结合不同阶段的教学目标设计多样化的评估方式。例如，在语言学习的初期阶段，可以以小测验、作业为主；在课程的后期阶段，则可以通过项目报告、口语演讲等形式进行综合评估。教师可以根据学生的表现和学习进展，适时调整评估标准与方式，确保评估不仅反映学生的语言掌握情况，还能激励学生持续进步。

（三）调整教学节奏与进度

外语学习的进度和节奏应根据学生的语言水平与学习反馈灵活调整。深度教学重视对学习的深入理解与应用，因此在课程实施过程中，

教师应根据班级整体的学习情况调整教学进度，确保每个学生都能跟上进度并实现有效的知识内化。例如，当发现某个语言知识点学生普遍掌握困难时，教师可以适当放缓进度，增加更多的实践练习和讨论环节；反之，若学生对某部分内容掌握较快，则可以加快进度，为后续复杂内容留出更多时间。

（四）调整线上资源的利用方式

在混合式教学的实施过程中，教师应根据学生的学习需求和技术条件调整线上资源的利用方式。线上资源的丰富性和便捷性使其成为教学中的重要部分，但同时教师应确保资源的合理分配和高效使用。例如，如果发现学生对某一视频讲解资源的兴趣较低，教师可以将其调整为音频材料或互动式课件。此外，教师还应根据学生的反馈对线上资源的种类、难度和形式做出优化，以提高学生的参与度和学习效果。

二、深度教学视域下高校外语混合式教学课程实施过程中的优化策略

（一）增强互动性与参与感

增加师生之间以及学生之间的互动是优化教学效果的关键策略。深度教学强调学生的主动参与合作学习，因此教师应设计更多的互动活动，如线上讨论、小组协作、虚拟角色扮演等，促进学生的语言交流与思维碰撞。例如，教师可以在在线平台上设计基于问题解决的讨论区，鼓励学生在课后继续交流，分享学习心得和提出问题。这种互动不仅能增强学生的参与感，还能有效提升其语言应用能力。

（二）个性化学习支持与差异化教学

为了优化课程实施效果，教师应关注不同学生的学习差异，提供个性化的学习支持。深度教学鼓励因材施教，因此，教师可以通过分析学

习平台的数据，了解每个学生的学习进度与难点，从而提供定制化的学习资源或一对一的辅导。例如，针对学习进度较快的学生，可以提供更具挑战性的语言任务；而对于学习进度较慢的学生，则可以增加辅助性的语言练习和额外的辅导时间。这种差异化教学方式能够更好地满足不同层次学生的需求，提高整体教学效果。

（三）优化技术工具与平台的使用

技术工具的合理使用是混合式教学优化的核心。教师应根据教学内容和目标，选择最适合的技术平台与工具，以提升学习的便捷性和参与度。例如，教师可以利用在线测试工具进行阶段性评估，通过学习管理系统（LMS）提供实时反馈，并借助视频会议软件进行口语练习。此外，教师应不断优化在线平台的使用体验，确保平台界面简洁、功能丰富，方便学生自主学习和互动交流。

（四）加强课程资源的整合与优化

为了进一步提升教学效果，教师应不断优化和整合线上、线下的课程资源。在课程实施过程中，教师可以将线上资源与线下课堂活动进行无缝衔接，增强学习的连贯性与深度。例如，教师可以在课堂上讲授基础概念，然后通过线上资源（如拓展阅读、视频案例等）进一步深化学生的理解。此外，教师还可以通过定期更新教学资源库，增加更多与时俱进的内容，确保教学资源能够跟上时代的变化并保持学生的学习兴趣。

第四章 深度教学视域下高校外语混合式教学的技术支持与资源整合

第一节 教学平台选择对混合式教学的影响

一、促进多元化教学资源的整合与应用

在深度教学视域下，教学平台为高校外语混合式教学提供了多元化的资源整合与应用方式，极大地丰富了课堂教学的内容和形式。通过科学合理地选择平台，教师可以将不同的教学资源整合到一个统一的教学环境中，使学生能够利用各种资源来提高语言学习的效果，文本、视频、音频、图片等多种形式的教学材料可以被无缝地融合进课程中，这种多模态资源的整合不仅提升了教学的多样性，也增加了学生在学习过程中的积极性与参与度。传统的语言教学往往以书本或单一的文本为主，这样的教学方式容易让学生感到枯燥。教学平台通过引入丰富的资源，如教学视频、音频材料、互动式图片等，可以有效打破传统课堂的局限。例如，教师可以通过平台上传电影片段或纪录片视频，帮助学生在真实语境中感受语言的运用，这不仅增加了学生的兴趣，也增强了他们对语言文化背景的理解。通过整合多样化的教学资源，教师能够为学生提供更加动态和互动的学习体验，帮助他们全方位地感知语言。

多元化的教学资源能够满足学生的不同学习需求，促进个性化学习

的发展。每个学生的学习风格和接受能力不同，单一的教学模式无法充分调动所有学生的积极性。借助教学平台，教师可以灵活地为不同类型的学生提供个性化的资源组合。例如，听觉型学习者可以通过音频材料强化对语言的理解，视觉型学习者可以通过图像和视频加深对文化背景的感知。而文本材料则可以帮助那些习惯于阅读的学生在深度理解语言规则和结构的同时，提升他们的书面表达能力。这种基于平台的资源整合，能够有效地满足不同学习类型学生的需求，帮助他们从各自的强项出发，内化语言知识并提高综合运用能力。此外，教学平台所提供的资源整合功能还可以为教师提供灵活的教学设计方式。教师可以根据课程的具体需求，灵活安排不同的资源形式。例如，在讲授语法知识时，教师可以通过平台上传语法讲解视频、相关习题和附带的语音练习音频，学生可以根据自己的学习进度自由选择不同的学习方式。这样的设计不仅增强了学习的自主性，还使得每个学生都可以根据自己的节奏进行个性化学习，避免了统一进度带来的学习效率低下问题。这种多模态资源的灵活应用，能够使教学设计更加多元，满足不同教学阶段的需求。

　　教学平台的多模态整合功能还促进了学生从多个感官渠道接收和处理信息的能力，帮助他们加深对语言的内化。外语学习不仅仅是语音或文字的模仿和记忆，它需要学生通过不同的感官去感知、理解并应用语言。通过平台整合的多模态资源，学生能够从视觉、听觉等多维度来接收信息，增强对语言的记忆和理解。例如，学生可以通过观看视频了解某个单词在实际语境中的使用，随后通过音频练习模仿发音，再通过文本练习巩固语法知识。这种多层次的信息输入，能够帮助学生从不同角度掌握语言，形成更加全面的语言知识结构。教学平台所支持的资源整合功能还可以为教师和学生提供跨文化学习的机会。语言与文化是不可分割的，学生需要通过语言理解文化，通过文化深化语言。教学平台允许教师上传与目标语言文化相关的视频、图片和音频材料，学生可以通过这些多模态资源了解目标语言国家的风土人情、社会习俗和文化背景。例如，教师可以通过平台上传一段关于某个国家节日庆祝的视频，学生不仅能够学习与该节日相关的词汇，还能够通过观察视频中的场景、服饰、表情等，了解该国的文化特征。这种跨文化的资源整合，让学生不仅学习语言本身，还能够在多模态的学习体验中感知语言背后的文化内涵。

教学平台所提供的多元化资源整合还能够大幅提高教学效率和学生的学习效果。资源的使用往往受到时间和空间的限制，教师难以在有限的时间内将所有教学资源充分整合。然而，教学平台打破了这些限制，教师可以在课程设计中灵活安排不同形式的资源，学生也可以在课后自主选择和复习相关内容。例如，教师可以在课程结束后上传补充材料，学生可以根据个人需要进行额外学习，进一步巩固课堂上所学内容。这种灵活而丰富的资源配置方式，使得学生的学习不再局限于课堂时间，而是能够通过平台随时随地进行扩展学习。

二、增强师生互动与学生学习参与度

教学平台的选择在其中起到了至关重要的作用，直接影响着师生之间的互动效果。通过一个功能齐全的在线平台，例如学习管理系统（LMS）或虚拟学习平台，教师能够为学生提供丰富多样的互动工具。这些工具不仅包括讨论板、在线测验和虚拟教室，还为学生提供了随时随地与教师及同学互动的机会，极大地提高了学习的参与感和语言运用的频率。在线教学平台为师生之间的互动提供了便捷的渠道，拓展了课堂互动的时间和空间。师生互动往往受限于课时的安排，而通过在线平台，教师能够创造更多的互动机会，例如在线讨论和答疑，学生可以随时通过平台向教师提问或讨论学习中的难点。这种实时或异步的互动模式打破了传统课堂中互动的局限，促使学生在课后也能主动参与到学习中，增强了他们在语言学习过程中的积极性和持续投入。

教学平台的多样化互动功能能够有效促进学生的参与感和课堂活跃度。例如，通过在线测验和虚拟教室功能，学生可以即时参与课程测评，并通过测验了解自己对课程内容的掌握情况。这种即时反馈机制，不仅帮助学生及时发现学习中的问题，还为教师提供了调整教学策略的依据。在线测验的灵活性允许学生以自己的节奏进行测评，教师可以根据学生的表现提供个性化的指导，进一步增强师生互动的针对性和有效性。这种互动方式使得学生更加主动地参与学习，并通过测评和反馈不断提升自己的语言应用能力。在虚拟教室中，学生可以通过视频或音频实时与教师和同学进行面对面的交流，参与语言练习、辩论、口语表达等多种互动活动。虚拟教室打破了传统教学中教师主导课堂的模式，学生在这种互动中不仅是知识的接收者，更是主动参与讨论和交流的"主体"。通过这种实时互动，学生的语言实践机会大大增加，也更容易将所学的语言知识运用到实际情景中，提升了他们的语言表达自信心。

除了实时互动，教学平台还通过异步互动增强了学生的学习参与感。异步互动是指学生可以根据自己的学习进度和时间安排，在不同步的时间内通过平台与教师或同学交流。教师可以通过讨论板发起话题讨论，学生则可以随时加入讨论，分享他们对课程内容的见解或疑问。这种异步互动模式为学生提供了灵活的学习环境，尤其适用于那些学习进度不同步或需要更多时间反思和消化知识的学生。通过异步互动，学生可以更好地掌控自己的学习节奏，增强了自主学习的能力。另外，教学平台的互动功能还为学生提供了更多与同伴合作的机会。深度教学强调合作学习，而平台的协作工具，例如协作文档、在线小组讨论等，为学生之间的合作提供了技术支持。学生可以通过平台进行在线小组项目、合作撰写文档或在线演讲等活动。这种互动模式不仅提高了学生的合作能力，还提高了语言的实际运用效果。学生能够在解决实际问题的过程中，增强语言使用的熟练度和思维的灵活性。

教师可以通过平台发布课程的最新安排、作业要求或反馈，学生则可以通过消息功能迅速获取这些信息，并做出及时回应。学生可以随时与教师或同学联系，讨论课程内容或寻求问题答案。这种即时交流的方式提高了沟通效率，确保了信息的及时传递，同时也增加了学习过程中的互动频率。通过平台，教师可以设计互动性更强的课堂活动，例如，在线角色扮演、情景模拟等。学生可以在这些活动中扮演不同的角色，通过角色扮演深入理解语言的使用环境和文化背景。这种情景化的学习设计，能够让学生在真实的语境中进行语言实践，增强语言表达的自然性和准确性。教学平台为这种教学创新提供了强大的技术支持，使得教师能够更好地实现深度教学的目标，帮助学生从被动学习者转变为主动探究者。

通过平台，教师可以根据学生的参与情况和表现，提供有针对性的反馈和指导。平台的数据分析功能能够帮助教师追踪学生的学习进度，了解他们的参与度和学习效果，从而根据不同学生的需求调整教学方法和互动策略。例如，对于参与度较低的学生，教师可以通过平台给予特别关注，及时沟通和激励，而对于表现优秀的学生，则可以提供更多的学习资源和挑战任务。这种个性化的互动支持，不仅提升了学生的学习体验，还使得他们在学习过程中获得了更大的成就感和满足感。

三、提高个性化学习支持的可行性

个性化学习是深度教学的重要理念之一，而现代教学平台为实现这一目标提供了强有力的技术支持。通过教学平台，教师能够获取学生的学习数据，追踪他们的学习进度和表现，从而为每个学生量身定制学习内容。这种基于数据分析的个性化学习支持，不仅能够提升学习效果，还能使教学更加灵活和有效，满足不同层次学生的需求。教学平台通过其强大的数据分析功能，使教师能够全面了解每个学生的学习动态。平台会记录学生的学习行为，例如在线学习的时长、测试成绩、作业提交情况以及参与互动的频率等。这些数据可以帮助教师准确地掌握学生的学习状态。例如，对于一些表现出较低参与度或学习成绩有所下降的学生，平台可以自动生成警告信号，提醒教师采取额外的辅导措施。通过这些数据，教师不仅可以监控全班学生的整体表现，还能关注到那些可能被忽视的个体，确保他们在个性化的支持下能够逐步提高。

教学平台的个性化支持能力在于它可以根据学生的学习进度提供动态调整的学习资源。对于学习进度较慢或存在困难的学生，教师可以通过平台为其提供额外的学习材料、补充练习或个别辅导任务。这些额外资源的选择不仅可以帮助学生补足他们的知识空缺，还可以增强他们的自信心，让他们在得到适当支持后逐步追赶课程进度。例如，教师可以针对某一语法点或听力训练，上传一些适合初学者的辅助资源，让学习有困难的学生通过额外练习巩固基础，避免被课程的整体节奏落下。对于那些学习能力较强、进展迅速的学生，教学平台也提供了极大的灵活性。教师可以根据这些学生的表现，为他们设计更具挑战性的任务或提供更高难度的学习材料。这不仅能够充分激发这些学生的潜力，还能避免他们因学习内容过于简单而感到无聊。例如，教师可以为高水平学生提供一些真实的语言素材，如新闻报道或学术文章，要求他们进行更深层次的阅读理解或分析，或者让他们参与更复杂的讨论或项目，以提升他们的语言应用能力。

不同学生的学习方式各有差异，有些学生可能更加依赖视觉学习，有些则更偏好听觉材料。教师可以提供多样化的学习资源，如视频、音频、互动式课件等，供学生根据个人偏好进行选择和学习。这种资源的多样性确保了每个学生都能够根据自己的学习风格高效地获取知识，极大提升了学习的灵活性和效果。同时，平台还允许学生自行安排学习进度，这对于那些需要额外时间复习或自我消化的学生来说尤为有利。通过平台，学生可以及时获得有关其学习表现的反馈，了解自己的进步和不足。这种及时反馈机制不仅能够帮助学生快速调整自己的学习策略，还增强了他们的自主学习能力。例如，平台可以在学生完成在线测试后立即生成评分和详细的错误分析报告，学生可以通过这些反馈了解自己的弱点并进行有针对性的复习。与此同时，平台的数据跟踪功能也使得教师可以实时监控学生的表现，定期与学生沟通，提供针对性的学习建议和改进措施。

教学平台的个性化学习支持还通过社交功能实现同伴学习与合作学习的可能性。对于学习进度较快的学生，平台可以鼓励他们参与一些小组协作任务，与其他学生分享他们的学习经验和知识。这不仅提高了高水平学生的参与感，也为那些学习有困难的学生提供了宝贵的支持。教师可以通过平台设置小组讨论、合作项目或语言交流等活动，让不同水平的学生在互相帮助中共同提高。这种协作式的学习方式既能够强化学生的社交互动，又能够在一定程度上减轻教师的个别辅导负担。教学平台还可以通过学习分析报告帮助教师不断优化个性化教学策略。通过对学生学习数据的分析，教师可以识别出哪些教学环节或学习资源对学生最有效，并据此调整教学设计。例如，教师可以通过平台的数据分析发现某些资源的使用频率较低，进而考虑是否需要更新或改进这些资源。通过对这些数据的反思和调整，教师可以逐步提高课程的个性化水平，使得每个学生都能在最适合自己的节奏下高效学习。

平台的自助学习功能使得学生可以根据自己的时间安排和学习需求，自行选择学习内容和进度。教师可以为学生提供一个丰富的资源库，学生可以在其中选择自己感兴趣的材料进行深入学习。例如，某些学生可能对某个特定的文化背景或语言现象特别感兴趣，教师可以通过平台为这些学生提供更多相关的学习材料，让他们自主探索和扩展自己的知识领域。这种个性化的学习路径不仅激发了学生的学习兴趣，还增强了他们的自主性和责任感。

四、提供即时反馈与评估的便捷性

借助具有自动评估功能的教学平台，教师能够为学生提供实时的测评和反馈，这种即时反馈机制提升了教学的效率和效果。学生在完成线上测试或提交作业后，平台可以迅速生成成绩以及详细的反馈报告，帮助他们快速了解自己的学习状态，进而对学习策略进行调整。这种即时反馈不仅能够帮助学生及时纠正错误，还能有效激发他们的学习积极性，提升学习效果。传统的评估往往需要教师手动批改试卷或作业，时间较长，反馈无法做到实时。而通过教学平台，教师可以预设标准答案或评分规则，平台在学生完成测试后能够立即进行自动批改，并生成具体的分数和评估报告。这样的反馈机制让学生能够在最短时间内获得关于自己表现的清晰反馈，了解哪些知识点已经掌握，哪些部分还需进一步巩固。这种即时性不仅提升了学生的学习效率，还增强了学生对学习内容的关注度和责任感。

及时反馈的评估机制能够有效帮助学生调整学习策略，推动个性化学习的发展。学生在收到平台生成的反馈报告后，可以迅速识别自身的薄弱环节，并针对性地进行复习和强化训练。例如，平台可以为每道错题提供详细的解答说明，帮助学生理解错误的原因，并引导他们重新学习相关的知识点。这种个性化的及时反馈帮助学生在学习过程中不断修正自己的错误，提高了学习的精准性和深度。此外，教师也可以根据平台上学生的评估数据，进一步调整教学内容和进度，为不同水平的学生提供有针对性的指导，真正实现个性化教学。教学平台不仅仅局限于单一的测试评估，还能够提供多样化的评估方式，帮助教师全面衡量学生的语言应用能力。除了传统的测验和作业，平台还支持小组讨论、在线项目汇报等更具互动性的评估形式。通过这种多样化的评估模式，教师可以更好地了解学生在不同语言任务中的表现，尤其是在实际语言应用中的能力。例如，学生在小组讨论中的发言质量、在项目汇报中的逻辑性和表达能力，都可以通过平台进行系统记录和评价。这种基于语言实际运用的评估方式，能够为学生提供更加全面的反馈，帮助他们在真实情景中提升语言运用能力。

及时的反馈不仅让学生清晰地看到自己的学习进展，还能够激发他们的成就感和自我提升的动力。例如，学生在完成测试后，平台可以即时反馈正确答案和解题思路，帮助他们在反馈中获取新的知识。这种即时的成就感促使学生更加积极地投入后续的学习中，尤其是当他们发现通过努力可以迅速纠正错误并提高成绩时，这种正向的反馈循环能够增强他们的学习信心和动力。相较于传统的延迟反馈，及时反馈无疑更能够引导学生持续投入学习过程中。通过分析学生的答题情况、错误类型和作业完成质量，教师能够更好地掌握班级整体的学习情况，发现共性问题或个别学生的特殊需求。例如，平台可以生成统计报告，显示某一知识点的错误率较高，这就提示教师在后续的课程中需要加强这一部分内容的讲解和练习。这种数据驱动的教学反馈机制，不仅帮助教师实现了精细化的教学管理，还让教师能够通过学生的表现来反思和调整自己的教学策略，从而不断提升教学质量。

教学平台的即时反馈不仅局限于分数和评估，还能够为学生提供丰富的学习建议。平台可以根据学生的测试成绩，推荐相关的学习资源和补充材料，帮助学生有针对性地提升自己的学习效果。例如，平台可以为成绩较低的学生推送额外的练习题目，或推荐相关的教学视频，帮助他们进一步理解和掌握难点内容。对于表现较好的学生，平台可以提供更具挑战性的任务或拓展阅读材料，帮助他们在现有基础上不断进步。这种个性化的学习建议，不仅让学生在学习过程中获得更多支持，也确保他们能够按照各自的水平和需求进行深入学习。在混合式教学或完全在线的教学模式中，学生由于缺少面对面的交流，往往容易在学习过程中出现孤立感或反馈延迟的问题。然而，通过教学平台的及时评估和反馈，学生无论身处何地，都能够在学习完成后迅速获得反馈和指导，增强了他们对课程的掌控感和学习的连贯性。同时，教师也可以通过平台实时跟踪学生的表现，确保每个学生都能够得到充分关注和支持。这种反馈机制特别适合现代远程教育环境，能够有效提升学生远程学习的参与感和学习效果。

五、促进混合式教学中的学习自主性

在混合式教学模式下，教学平台的一个重要功能是促进学生的学习自主性。深度教学的核心理念就是激发学生的主动性，而合适的教学平台能够为这一目标提供强有力的支持。平台上灵活的学习资源和工具，使得学生可以根据自己的学习进度和需求，自主安排学习内容，从而实现个性化学习。这种自主学习的模式不仅提升了学生对学习的掌控力，还为他们创造了更加灵活的学习环境，让他们能够随时随地进行知识巩固与扩展。教学平台通过提供多样化的学习资源，极大地增强了学生自主学习的可能性。学生可以在平台上自由选择不同的学习材料，如教学视频、阅读文章、音频讲座等，帮助他们根据自己的兴趣和学习需求进行探索。例如，学生可以选择观看教学视频，以掌握某一语法结构的细节，或者参与听力训练，通过反复练习来提升自己的听力水平。教学平台提供了丰富的资源库，使得学生不再依赖教师的直接指导，而是能够在课后进行自主学习，进一步巩固课堂上的知识点。

教学平台的使用使得学生能够灵活掌握学习进度，极大地提升了他们的学习效率和自主性。学生往往要跟随统一的进度进行学习，而教学平台打破了这一局限，允许学生根据自己的实际情况调节学习节奏。例如，学习能力较强的学生可以通过平台快速浏览已经掌握的内容，进而深入学习更具挑战性的材料；而进度较慢的学生则可以反复观看教学视频或进行自测练习，以确保自己真正掌握了知识。这种灵活的学习进度安排，不仅提高了学习的个性化程度，还帮助学生根据自己的需要分配学习时间，使学习过程更加自主、高效。教学平台还为学生提供了丰富的自测工具，帮助他们在自主学习中进行自我评估。通过这些在线测试和自测练习，学生可以及时了解自己的学习成果，发现不足之处，并进行有针对性的改进。例如，平台上的即时反馈功能可以在学生完成自测后立即显示正确答案和详细的解答过程，帮助学生快速了解错误的原因。这种自我评估机制，不仅提升了学习的自主性，还增强了学生对自己学习过程的掌控感，帮助他们在学习中不断优化自己的学习策略。

教学平台为学生提供了随时随地的学习机会，使得学习不再局限于课堂时间。学生可以通过手机、平板等设备随时登录平台，观看教学视频，完成在线练习或参与讨论。这种便捷的学习方式打破了传统课堂教学的时间与空间限制，让学生能够在课后利用碎片时间进行学习或复习，进一步加深对知识的理解。尤其是在忙碌的日常生活中，随时随地的学习机会极大地增强了学生的学习灵活性，使他们能够更加主动地安排自己的学习计划，确保在不同的时间段都能有效利用学习资源。通过在线讨论区或虚拟学习社区，学生可以在自主学习的过程中与同学和教师进行互动交流，分享学习心得，讨论疑难问题。这种虚拟的学习互动不仅能够帮助学生获得来自同伴的支持和建议，还激发了他们的学习兴趣和参与热情。例如，学生可以在讨论区提出自己在学习过程中遇到的难题，其他同学或教师可以及时提供解答或补充材料。这种互动模式，鼓励学生在自主学习中积极参与讨论，帮助他们在知识共享中实现更深入的学习。

教学平台还为个性化学习提供了广泛的支持，学生可以根据自己的需求进行知识的扩展和探索。通过平台，教师可以为不同的学生推送个性化的学习资源和任务，学生则可以根据自己的兴趣进行选择性学习。例如，平台可以根据学生的学习表现，推荐相关学习材料，帮助他们深入掌握某一领域的知识。这种个性化的资源推送模式，不仅提升了学生的学习自主性，还鼓励他们根据自己的学习需求进行更有针对性的学习，帮助他们实现更高层次的学术目标。学生往往依赖教师的指导和监督，而在平台支持下，学生需要更加主动地管理自己的学习时间和学习内容。平台的进度追踪功能能够实时记录学生的学习表现，学生可以通过查看学习进度和完成情况，了解自己在整个学习过程中所处的阶段。这种透明的学习进展展示，促使学生对自己的学习结果负责，培养了他们的自律能力，使得他们在学习过程中更加积极主动。教学平台的自主学习模式还能够帮助学生更好地适应未来的终身学习需求。在信息化社会中，快速学习新知识的能力越来越重要，教学平台所提供的自主学习体验，培养了学生自我管理、自我评估和持续学习的能力。这种自主学习能力，不仅在当前的学术学习中发挥作用，还将帮助学生在未来的职业发展和终身学习中获得竞争优势。

六、优化课堂管理与促进资源共享

教学平台在混合式教学中的作用不仅限于提供学习资源和支持自主学习，它同样为教师优化课堂管理和共享资源提供了强大的工具。在当代教育环境中，教师需要同时管理线上和线下的教学活动，而教学平台的有效使用能够大大简化这一过程。通过合理的平台选择，教师能够灵活安排教学任务、分发作业、共享资源，并跟踪学生的学习进度，从而实现对整个教学过程的精细化管理。在线和线下教学往往需要协调大量的教学活动，平台提供了一个集中的管理工具，让教师能够将所有的任务有序安排。教师可以通过平台设置作业提交时间、布置课外任务和安排小组讨论，这些任务会自动通知学生，确保他们及时了解学习任务并作出相应的准备。此外，平台能够帮助教师设置自动提醒功能，避免学生忘记任务的截止日期或错过重要的学习环节。这种集中的管理模式，不仅减轻了教师的工作负担，还让学生能够更有条理地跟进学习进度，避免因信息不清而产生混乱。

在传统教学模式下，教师通常依赖教材、讲义和课堂演示工具来传递知识，而在混合式教学模式下，平台让资源的传递变得更加灵活和多样化。教师可以在平台上上传各种教学资源，如课件、音频、视频、阅读材料等，学生可以随时访问这些资源，进行预习或复习。这种资源共享模式打破了时间和空间的限制，使得教学内容不再仅仅局限于课堂，而是随时随地可以供学生查阅。学生也可以根据个人的学习节奏自由安排学习计划，从而更好地掌握课程内容。通过平台，教师可以将学生的学习任务分解为多个阶段，每个阶段都有明确的目标和要求。这种分阶段管理的方式，能够帮助教师更好地监控学生的学习情况，确保他们能够按计划完成每个学习环节。例如，教师可以设置课前预习材料、课堂讨论、课后作业和项目报告等任务节点，平台会自动记录学生的完成情况，并生成详细的进度报告。这种系统化的管理方式，不仅让教师能够更好地了解每个学生的学习状态，还能让学生清晰地掌握自己的学习进展，避免学生在学习过程中掉队。

教师需要同时管理线下的课堂活动和线上的学习任务，而平台能够帮助教师灵活安排课程日程。教师可以通过平台发布课程计划，安排课程进度，并根据教学进展进行调整。学生可以通过平台实时查看课程安排，提前做好准备，避免因时间的不确定性而造成学习效率的降低。同时，教师可以根据学生的反馈，适时调整课程内容或进度，确保每个教学环节都能够顺利进行。这种灵活的时间管理工具，使得混合式教学的各个环节能够高效运转，避免了因时间协调不当而影响教学效果的情况。教师可以通过平台直接与学生进行一对一的沟通，解答学生学习中的疑问或提供个性化的指导。同时，教师也可以在平台上设置在线讨论区，学生可以在其中进行学习讨论或分享学习心得。教师可以通过这些讨论区及时了解学生的学习进展，掌握他们在学习过程中遇到的困难，并提供相应的帮助。这种实时的沟通和反馈机制，能够帮助教师更好地管理课堂，确保每个学生都能获得及时的支持和指导。

教学平台的另一个重要功能是它能够帮助教师自动化许多烦琐的教学管理任务。例如，平台能够自动记录学生的出勤情况、作业提交时间、测试成绩等，教师只需登录平台便能一目了然地查看学生的表现。这种数据的自动化处理，极大地提高了课堂管理的效率，让教师可以将更多的时间和精力集中在教学本身上。对于学生而言，平台提供的自动化记录功能也让他们能够实时跟踪自己的学习数据，了解自己在课程中的表现，并及时做出改进。在某些情况下，多个教师可能需要共同管理一门课程或不同的教学模块，而平台能够为他们提供一个协作的空间。教师可以在平台上共享教学资源、讨论课程进度、协调教学任务，这样一来，团队教学中的沟通与合作变得更加顺畅和高效。资源的共享不仅仅限于教师与学生之间，教师们可以通过平台共同开发课程材料、分享教学经验，从而进一步提升教学质量。教学平台还帮助学生明确学习目标，避免信息混乱或遗漏。通过平台，教师可以为学生制订明确的学习目标和评估标准，学生可以清晰地了解每个学习阶段的要求和任务。平台提供的任务提醒和进度追踪功能，确保学生不会错过重要的学习环节或遗漏作业的提交。教师可以通过平台设置详细的学习指引，帮助学生更好地掌握学习内容，避免因课程安排不清或任务混乱而影响学习效果。

第二节　多媒体与数字资源的有效整合

一、丰富教学内容与形式

多媒体与数字资源的有效整合为高校外语混合式教学提供了丰富的内容与多样的教学形式。通过整合文本、音频、视频、图片、互动课件等多种多媒体资源，教师能够将单一的课堂授课形式转变为更为生动的多感官学习体验。例如，教师可以通过视频展示真实的语言场景，帮助学生在文化背景中理解语言表达；利用音频素材进行听力练习，提升学生的听力理解能力；通过互动式课件实现即时反馈与自我测试。这种多媒体资源的整合，不仅增强了课堂的趣味性，还让学生能够从不同的感官渠道获取和内化语言知识。

二、提升学习的灵活性与个性化

多媒体和数字资源的整合为外语学习提供了更加灵活和个性化的学

习环境。学生可以通过教学平台在课前预习、课后复习或利用课余时间进行个性化学习，随时随地访问各种数字资源，如在线词典、数字教材、教学视频等。这种灵活的学习模式不仅满足了不同学生的学习节奏和需求，还帮助他们根据自身的兴趣和薄弱点进行有针对性的学习。例如，学生可以根据自身的学习进度，选择难度适宜的阅读材料，或者反复观看教学视频，巩固课堂上学到的知识。这种灵活的资源访问方式，使得每个学生都能掌控自己的学习进度和内容，极大地提高了个性化学习的可行性。

三、增强课堂互动与学生参与度

多媒体资源为课堂互动提供了更多可能性，促进了学生的主动参与。教师可以运用互动视频、在线测验、虚拟课堂等数字工具，让学生在参与活动的过程中巩固语言知识。例如，教师可以设计包含视频和问题的小测验，学生在观看视频片段的同时回答相关问题，以检测他们对语言和文化的理解。这种互动式的学习活动让学生不仅是知识接受者，更是积极的参与者。这种参与感增强了学生的学习动机和课堂互动性，尤其在语言学习中，互动和练习是提升语言能力的重要手段。

四、支持跨文化交际与语言应用

多媒体与数字资源的整合在外语学习中还能起到支持跨文化交际的重要作用。通过数字平台，教师可以引入大量真实的文化素材，如国外的新闻报道、电视节目、电影片段等，帮助学生深入了解目标语言的文化背景。例如，教师可以播放外语国家的社交礼仪视频或文化活动纪录片，让学生观察语言在特定文化情景下的使用方式，并鼓励学生进行讨论和模拟。这种基于多媒体资源的文化教学，能够帮助学生更好地理解语言与文化的关系，提高他们在实际交际中的语言运用能力。

五、促进自我导向的学习与持续反馈

通过多媒体和数字资源的整合，教学平台能够为学生提供持续反馈和自我评估的机会，促进自我导向的学习。学生可以利用平台上的自测功能进行自我评估，了解自己的学习进展和薄弱环节，从而进行有针对性的改进。例如，教师可以上传不同层次的练习题和测试材料，学生可以自主选择合适的难度进行练习，完成后系统会自动提供评分和详细的答案分析。这种即时反馈机制不仅帮助学生不断修正学习中的错误，还培养了他们自主学习和自我反思的能力，确保他们在学习过程中不断进步。

六、提升教学管理与资源配置效率

多媒体和数字资源的整合使得教学管理更加高效。教师可以轻松管理和分配资源，如共享教材、上传课件、发布作业等。教学平台还可以根据课程进展，自动将不同的学习资源分配给学生，从而减少了教师的工作量。此外，平台的数据分析功能能够记录学生对资源的使用情况，帮助教师了解哪些资源对学生学习最有帮助，从而不断优化教学内容和资源分配策略。这种高效的资源管理模式确保教师能够将更多的精力放在教学本身，而学生也能获得高质量的学习资源。

七、加强多模态语言输入与综合能力培养

多媒体与数字资源的整合为语言学习提供了丰富的多模态输入渠道，帮助学生从多方面提升语言能力。通过整合不同的媒体资源，学生可以同时进行听、说、读、写四个方面的训练。例如，通过观看带字幕的视频，学生可以同时锻炼听力和阅读能力；通过模仿视频中的语言表

达方式，学生可以提高口语技能和改善语音语调；通过听力材料和跟读练习，学生可以加强语音与语调的练习。这种多模态的语言输入，有助于学生全方位提升语言综合能力，确保他们在真实的语言环境中灵活运用所学知识。

八、推动创新教学与沉浸式学习体验

教师可以设计更加创新的教学活动，带来沉浸式的学习体验。例如，利用虚拟现实（VR）或增强现实（AR）技术，教师可以为学生创建虚拟语言环境，让他们在模拟的真实情景中使用外语进行对话和互动。此外，教师还可以通过平台设计虚拟角色扮演或场景模拟的学习任务，让学生在特定的文化情景下运用语言。这种沉浸式的学习体验，能够有效提升学生的语言实践能力，让他们在真实的文化背景中自然地学习和使用语言。

第三节　在线学习工具在教学中的应用与效果

一、深度教学视域下在线学习工具在高校外语混合式教学中的应用

（一）丰富教学资源的整合与利用

在线学习工具的引入为外语教学带来了前所未有的资源整合与利用机会。这些工具提供了丰富的多媒体资源，如视频课程、音频材料、互动练习等，极大地拓宽了教学材料的广度。以往传统的课堂教学往往受限于时间和空间，学生只能依靠教材和课堂讲授来获取知识。而如今，在线学习工具打破了这种限制，将海量的外语学习资源汇集在一个平台上，供学生自由选择使用。这不仅有助于学生在课堂之外进行自主学习

还可以根据个人需求和兴趣选择合适的学习内容，从而深化对外语知识的理解。语言的学习不仅仅是掌握词汇和语法规则，更重要的是在实际的语言环境中运用语言能力。通过在线工具，学生可以进入虚拟的语言模拟场景，与来自不同文化背景的学习者进行互动，甚至在虚拟现实（VR）技术的支持下，沉浸于真实的语言环境中。这种情景式学习模式不仅激发了学生的学习兴趣，还大大提高了他们的语言运用能力，使他们能够在复杂的语言情景中自如表达。

互动练习如实时对话、语音识别、词汇拼写测试等，帮助学生将所学知识应用到实践中。教师面对多名学生，难以确保每个学生都有足够的时间进行练习。而通过在线工具，学生可以随时随地进行语言练习。在线系统能够自动分析学生的表现，提供即时反馈。这种即学即用的学习方式，不仅帮助学生巩固了课堂上学到的知识，还推动他们不断反思和改进语言运用中的不足之处，逐步提升语言表达的精准性和流畅度。深度教学强调学生的主动探究与批判性思维，而在线学习工具为这种教学理念的实践提供了强有力的支持。借助于这些工具，学生可以在学习过程中自主选择学习路径，控制学习节奏，并通过线上资源进行更深入的知识探索。例如，通过在线学习平台上的外语文化课程，学生不仅可以学习语言，还能够深入了解语言背后的文化背景、历史传统以及社交礼仪。这种跨学科的知识整合，使学生的学习不再局限于语言本身，而是逐步扩展到语言所承载的文化层面，这有助于学生在全球化语境下更好地运用外语进行跨文化交流。

在线学习工具通过资源共享和即时更新的特点，确保了教学资源的时效性和广泛性。与传统的纸质教材不同，在线学习资源可以根据最新的语言研究成果和社会文化变迁不断更新，使学生能够接触到最前沿的语言学习材料。教师也可以根据课程需要，灵活地调整教学内容，整合多种资源，创建更具针对性的学习活动。此外，教师还可以通过在线平台与其他教育者共享教学资源，汲取他们的经验和教学设计思路，从而进一步丰富课堂教学的内容和形式。在线学习工具不仅在教学资源的整合与利用方面表现突出，也在学生的评估与反馈机制上发挥了重要作用。在线平台通常具备自动化的评估系统，能够实时跟踪学生的学习进度，并根据学生的表现生成数据分析报告。这种数据驱动的评估模式，不仅可以帮助学生更好地了解自己的学习状况，还能够为教师提供有价值的反馈，帮助教师根据学生的个体差异调整教学策略。这种及时的反馈机制，使得学生能够在学习过程中不断改进学习方法，最终达到更为深入的学习效果。

（二）促进自主学习与个性化学习

自主学习和个性化学习成为教育的重要目标。深度教学注重学生的主动参与和自主探究，强调学生不仅仅是知识的被动接受者，而是学习过程的积极建构者。在线学习工具的引入为这一理念的实现提供了极大的便利，尤其是在外语教学领域，不同学生的语言基础和学习方式各有差异，这些工具可以通过多样化的功能，帮助学生设计个性化的学习路径，从而实现更具针对性的自主学习体验。在线学习工具赋予了学生更多的自主权，能够让他们根据自身的学习进度自由安排学习内容和节奏。传统课堂通常有固定的教学计划和进度，所有学生都需要跟随教师的统一安排。然而，学生的学习能力、知识水平和学习兴趣各不相同，统一的教学进度很难照顾到每一个学生的需求。在在线学习环境中，学生可以自主选择学习内容，例如视频课程、音频材料、词汇练习等，根据自己的学习需求有针对性地进行学习。这种学习模式尊重学生的个体差异，避免了强迫性学习所带来的焦虑和压力，能够激发学生的学习兴趣和动力。

在线学习工具提供了多样化的个性化学习资源，这些资源能够根据学生的具体需求进行量身定制。例如，外语学习中的不同学生在听、说、读、写等方面的水平可能存在显著差异，某些学生可能需要更多的语法练习，而另一些学生则更倾向于口语表达的练习。学生可以根据自己的短板和优势，选择特定的练习或课程，从而集中提升自己在某一方面的语言能力。这样的个性化学习不仅提高了学习效率，还能够帮助学生在学习中不断建立自信，逐步达到综合语言能力的提升。在线学习工具通过个性化反馈机制，进一步促进了学生的深层次理解。教师很难为每个学生提供即时的、个性化的反馈，尤其是在外语教学中，纠正发音、语法错误等细节需要耗费大量时间。而在线工具则可以通过自动评估系统，快速检测学生的语言使用情况并提供相应的反馈。例如，语音识别技术可以帮助学生纠正发音错误，在线语法检查工具能够自动识别并提示学生的句法问题。这种即时、精准的反馈能够帮助学生快速发现并改正学习中的问题，从而促进他们对外语知识的深入理解和掌握。

在线学习工具通过自适应学习技术，进一步深化了个性化学习的效果。自适应学习系统能够根据学生的学习表现，动态调整学习任务的难度和内容，以确保学生始终在适合自己的挑战水平下进行学习。例如，当学生在某项语言练习中表现出较高的掌握水平时，系统会自动增加练习的难度，以保持学习的进展和挑战性；而对于那些在某一方面表现较弱的学生，系统会提供更多的基础性练习，帮助他们逐步夯实知识基础。这种自适应的个性化学习路径不仅能够提高学生的学习效果，还能够有效避免学习过程中出现的倦怠或挫败感，保持学生的学习兴趣和积极性。与此同时，在线学习工具为学生的自主学习提供了更灵活的学习环境。相比传统课堂学习的时间和空间限制，在线学习工具使得学生可以随时随地进行学习，无论是课余时间还是假期期间，学生都可以通过电脑或移动设备登录学习平台，继续进行外语学习。这种灵活性不仅增强了学生的自主学习能力，也为学生提供了更大的学习自由度。学生可以根据自己的时间安排进行学习规划，避免因课外事务繁忙而错过学习的情况。

在线学习工具通过社交互动功能，进一步促进了个性化学习的效果。许多在线学习平台提供了社群学习的机会，学生可以通过讨论区、语音聊天室等方式与其他学习者交流学习经验，分享学习成果。这种互动不仅为学生提供了更广阔的学习视野，还能够帮助他们在与同伴的交流中深化对语言知识的理解。与此同时，教师也可以通过在线平台及时了解学生的学习进度，并为其提供个性化的指导和建议。

（三）增强课堂内外的互动

外语混合式教学的一个重要特点在于它将线上和线下的教学方式有机结合起来，而在线学习工具的引入，为课堂内外的互动提供了极大的促进作用。通过这些工具，学生不仅能够在传统课堂中与教师进行面对面的交流，还可以通过在线平台在课后继续与教师和同学保持密切地互动。这种全天候的互动模式，不仅提高了学习的灵活性，还增强了学生在语言学习过程中的参与感与主动性。以讨论论坛和语音交流平台为例，学生在课堂上可能由于时间限制或个人表达能力不足，未能及时向教师提问或发表意见。而在线平台的存在，使学生能够在课后通过讨论区向教师提出问题，表达他们在学习中遇到的困惑。教师也可以利用这些平台，提供更加详细和个性化的解答，帮助学生更好地理解课程内容。这种互动不仅延展了课堂的时间和空间，还促进了学生的深入思考和自我反思，增强了他们对语言知识的掌握。

在线平台通常提供小组讨论和合作任务的功能，学生可以通过这些工具与同伴进行语言练习和项目合作。外语学习中的一个重要环节是语言的实际运用，而与同伴的互动可以为学生创造更多的口语练习机会。通过在线语音交流平台，学生可以与同学进行实时对话，模拟真实的语言交流场景，提升他们的口语表达能力和听力理解能力。这种互动不仅增强了学生之间的合作意识，也培养了他们的沟通技巧，使他们能够在实际的语言环境中更加自如地运用所学知识。在线测试和评估工具的应用，也在互动层面起到了积极的推动作用。教师很难在短时间内为每一位学生提供个性化的反馈，尤其是对语言学习中的口语和听力能力的评估。而通过在线测试工具，教师可以设计不同类型的语言测试，学生可以根据自己的进度和需求进行自测，系统会自动提供详细的评估结果。这不仅帮助学生及时发现自己的学习薄弱点，还通过数据分析为教师提供了全面的反馈。教师可以根据学生的测试结果进行有针对性的指导，进一步提高课堂内外的互动质量。

教师可以通过在线平台发布作业、测验和教学资料，学生在完成任务的过程中遇到问题时，能够随时通过平台与教师进行沟通。传统课堂往往受到时间和空间的限制，学生只能在上课期间提问或寻求帮助，而在线工具打破了这些限制，学生可以在任何时间通过在线渠道获取教师的帮助。这种即时的沟通方式，极大地提高了学习效率，同时也提升了学生对学习过程的掌控感，使他们在学习中更加主动和积极。在许多外语学习平台上，学生可以与全球各地的语言学习者进行互动，通过语言交换的方式，增加实际使用语言的机会。例如，一名学习英语的学生可以通过在线工具与一名母语为英语的学习者进行对话练习，双方通过语言交换，相互学习彼此的语言和文化。这种跨文化的互动，不仅帮助学生在真实的语言环境中提高语言能力，还拓宽了他们的文化视野。

在线学习工具通过提供更多的互动活动和任务，进一步提高了学生的参与度。例如，在线平台上的语言游戏、角色扮演、情景模拟等互动任务，能够有效激发学生的学习兴趣。外语学习的一个挑战在于学生常常因为缺乏足够的实践机会而感到枯燥无味，而通过这些互动性强的学习活动，学生能够在轻松愉快的环境中不断练习语言技能。这种以互动为主的学习模式，不仅调动了学生的学习积极性，还帮助他们在实践中逐步巩固所学的语言知识，达到了深度学习的效果。混合式教学的线上互动与线下教学相互补充，形成了一个完整的学习生态系统。在课堂上，教师可以面对面地教学传授语言知识，而在线下，学生可以通过在线工具进行复习、巩固和拓展学习内容。这种线上线下结合的互动模式，不仅增强了学生的学习体验，还提高了学习的连续性和系统性。无论是在课堂内还是课外，学生都能够通过互动不断强化对语言的掌握，最终提升他们的语言运用能力和学习成效。

（四）即时反馈与评估机制

即时反馈与评估机制是在线学习工具在外语教学中的一大优势，尤其是在深度教学视域下，这一机制对学生的学习效果有着深远的影响。通过自动化的评估系统，学生能够在学习的各个阶段及时获取针对性的反馈，了解自己在发音、语法和词汇应用等方面的不足，从而及时修正错误，逐步深化对外语的掌握。这种实时反馈不仅增强了学习的有效性，也促进了学生的自我反思与自主学习能力。在线学习工具为学生提供了即时的语言学习反馈，特别是在发音方面，语音识别技术发挥了重要作用。教师很难为每个学生提供充分的发音指导，尤其是在大班教学中，发音练习的时间和频率受到限制。而通过在线语音识别工具，学生可以随时练习发音，系统能够自动评估他们的发音准确度，并提供详细的反馈。这种反馈不仅包括发音是否正确，还会针对具体的发音部位、语调和音节等方面提出改进建议。学生可以反复练习，逐步纠正发音中的问题，从而达到接近母语者的水平。这种发音反馈机制极大地弥补了传统课堂的不足，帮助学生在自主学习中实现更高质量的语言训练。

语法学习往往是外语学习者的一大难点，传统的教学方式通常通过大量的语法规则讲解和练习来帮助学生掌握。然而，这种学习模式的效果往往有限，因为学生无法及时知道自己在语法运用中的具体问题。而在线学习工具通过自动化的语法检查功能，能够快速识别学生在写作和练习中的语法错误，并提供详细的反馈说明。例如，当学生在写作中使用了错误的时态、语态或句法结构时，系统会即时标注错误，并附上解释和正确用法。学生可以在接收到反馈的第一时间进行修改，这种实时纠正的过程有助于学生在实际运用中更好地理解和掌握语法规则。词汇的学习和运用也是外语学习的核心部分，即时反馈机制在这方面同样具有重要的作用。学生在写作或口语表达中，常常会遇到词汇选择不当或词汇运用不准确的问题。在线学习工具通过词汇分析功能，可以帮助学生识别这些问题并提供替代词汇。例如，学生在写作中使用了一些过于简单或不符合上下文的词汇时，系统会提供更为精确、丰富的词汇选择。这种词汇反馈不仅帮助学生扩大词汇量，还能让他们在实际运用中学会如何灵活地使用词汇，提升语言表达的准确性和多样性。通过不断地接收反馈并进行调整，学生的词汇运用能力可以得到显著提升。

在线学习工具的评估机制还能够根据学生的学习表现，提供个性化的反馈和学习建议。系统通过对学生的练习和测试结果进行数据分析，发现他们在学习中的薄弱环节，并有针对性地提供学习策略调整建议。例如，系统可能会建议某个学生在发音方面进行更多的练习，或者建议另一位学生加强某些特定语法结构的学习。这样的个性化反馈机制，不仅帮助学生有针对性地进行学习，还能提高他们的学习效率，使学习过程更加科学和有效。在线学习工具的即时反馈和评估机制不仅提高了学习的有效性，还极大地促进了学生的自主学习能力。通过这种反馈机制，学生可以自主监控自己的学习进展，随时了解自己在哪些方面需要改进，从而有意识地调整自己的学习计划和策略。这种自我调节的过程符合深度教学的理念，即强调学生作为学习主体的主动参与和反思能力。在不断地接收反馈并进行调整的过程中，学生不仅能够逐步提升自己的语言水平，还能培养出更为科学的学习习惯和方法，增强他们在学习中的自主性和积极性。

在线学习工具的评估机制为教师提供了更为全面的学生学习表现数据，这也有助于教学质量的提升。教师可以通过系统的数据分析了解每位学生的学习进度和问题所在，从而在课堂教学中进行有针对性的辅导。例如，教师可以根据评估数据为学生提供个性化的指导，帮助他们解决具体的学习困难。此外，教师还可以通过这些数据调整课程设计和教学方法，以更好地满足学生的需求。这种数据驱动的教学反馈，不仅提升了教学的精准性，也增强了教学的互动性和有效性。

二、深度教学视域下在线学习工具在高校外语混合式教学中的应用效果分析

（一）提高学生的学习动机和参与度

提升学生的学习动机和参与度是外语教学中的一个关键问题，为实现这一目标提供了强有力的支持。在线工具通过丰富多彩的多媒体资源和互动式学习活动，极大地激发了学生的学习兴趣。不同于传统的书本和课堂讲授，在线工具借助视频、音频、图片和游戏等多种形式，将原本枯燥的语言学习转化为一种生动有趣的体验。学生在这种互动性强、情景化的学习过程中，不仅能够更快地掌握知识，还能保持持续的学习动力。外语学习往往涉及大量的听说读写练习，传统的教学方式在这些方面的表现较为单一，容易让学生感到乏味。而借助在线学习平台，学生可以通过观看原版电影、听外语新闻、参与虚拟对话等方式进行语言

练习，这些多样化的学习形式让他们身临其境地感受到语言的魅力。例如，观看一部带有字幕的外语电影，不仅能帮助学生学习地道的表达方式，还能通过视觉和听觉的多重刺激，加深学生对语言的理解。这种沉浸式的学习体验增强了学生的参与感，激发了他们对语言学习的兴趣，使他们愿意花更多的时间投入学习中。

互动式学习活动是在线学习工具的一大亮点，这类活动大大提高了学生的参与度。外语学习的一个重要目标是培养学生的语言运用能力，而这种能力的提升需要通过大量的互动和实践来实现。在线学习工具提供了多种互动平台，如实时对话、语言游戏、在线测试等，学生可以通过这些平台与同伴、教师甚至是全球的语言学习者进行互动交流。例如，通过在线对话工具，学生可以与同学进行模拟对话，练习口语表达，而系统会自动为他们提供反馈，帮助他们不断改进。这种即时的互动和反馈机制，不仅提高了学习的效果，也激发了学生的学习热情，使他们更加积极地参与到学习活动中。语言学习往往是一项长期而复杂的任务，许多学生在学习过程中容易产生厌倦感，进而降低学习的积极性。而在线学习平台通过将语言学习与游戏相结合，使得学习过程变得更加轻松有趣。例如，一些在线学习工具设计了闯关式的学习任务，学生需要通过完成一系列语言练习来获得积分或解锁新关卡。这种游戏化的设计不仅让学生在完成学习任务时获得了成就感，还激励他们不断挑战自我，推动他们持续参与到学习活动中。在线学习工具能够有效克服学习过程中的枯燥感，保持学生的学习动力。

学生在学习语言时，往往希望能够将所学知识快速应用于实际生活或工作中。在线学习工具通过情景模拟、实时对话等功能，为学生创造了真实的语言使用环境，让他们能够在模拟的场景中进行练习。这种实用性不仅让学生看到了学习的直接成效，还增强了他们对语言学习的信心。例如，学生可以通过在线平台模拟在国外旅游、购物或求职等情景，进行对话练习。这种贴近现实生活的学习体验，让学生感受到了语言学习的实际价值，促使他们更加主动地投入学习中，提升了参与度。深度教学提倡学生主动参与，在线学习工具的互动性设计恰好与这一理念高度契合。在线工具不仅为学生提供了丰富的学习资源，还为他们创建了一个自主学习的空间。在这个空间中，学生可以根据自己的兴趣和需求选择学习内容，灵活安排学习时间和进度。相比于传统课堂的统一节奏，在线学习工具给予了学生更多的学习自主权，鼓励他们在学习过程中积极探索和发现。例如，学生可以选择不同的学习模块，根据自己的进度进行复习或拓展学习，甚至可以通过在线平台与教师进行个性化的交流和指导。这种主动参与的学习方式，不仅激发了学生的学习动力，还培养了他们的自主学习能力，增强了学习的持久性。

在线学习工具还通过数据反馈机制进一步提升了学生的学习动机和参与度。许多在线平台具备学习进度追踪和成绩反馈功能，学生可以随时查看自己的学习表现和进步情况。例如，系统会自动记录学生的学习时长、练习成绩、完成任务的数量等，并生成详细的学习报告。这些数据不仅能让学生清楚地了解自己的学习状况，还能激励他们设定更高的学习目标。通过看到自己的进步，学生能够获得持续的学习动力，进一步增强他们对学习的参与感。

（二）促进深度理解与长效记忆

在线学习工具在外语学习中的一个突出优势是能够有效促进学生的深度理解与长效记忆。通过反复练习、情景模拟和多样化的学习活动，学生不仅能够在真实的语言环境中运用所学知识，还能通过持续复习和测验，将短期记忆逐步转化为长效记忆。这种学习模式不仅有助于学生掌握语言表面的规则和词汇，更能够帮助他们深入理解语言的结构和文化内涵，实现真正的知识内化，符合深度教学的理念与目标。在线学习工具提供了反复练习的机会，有助于学生巩固对语言的理解和应用。外语学习的一个重要特点是需要大量的重复练习，以加深对语法、词汇和发音的掌握。传统课堂由于时间和资源的限制，往往难以为每个学生提供足够的练习时间。而在线工具打破了这一局限，学生可以随时随地进行练习，系统会根据他们的表现提供即时反馈。这种反复练习不仅帮助学生在不断纠正错误的过程中深化理解，还通过重复运用巩固了记忆，促进了知识的长效保持。比如，通过在线语法练习，学生可以反复练习某些难点语法结构，直到能够在不同情景中熟练应用为止。

情景模拟是在线学习工具的一大特色，它为学生创造了一个接近真实的语言使用环境，帮助他们在实践中加深对语言的理解。语言学习不仅仅是记住单词和句型，更重要的是在实际情景中能够灵活运用所学知识。通过情景模拟，学生可以在虚拟的对话场景中练习口语、听力或写作，系统会自动提供语法、发音和表达的反馈。例如，学生可以在模拟的旅游场景中进行对话练习，系统不仅会评估他们的语法正确性，还会给出更为自然的表达建议。这种基于情景的学习方式，帮助学生将语言应用与实际生活情景相结合，使他们不再局限于书本知识，而是能够在真实的语言环境中灵活自如地使用外语。此外，在线学习工具通过多样化的学习活动，同时促进了深度理解。学习活动的多样性为学生提供了不同的思考和表达路径，使他们能够从多个角度理解和掌握语言知识。例如，某些在线学习平台设计了角色扮演、文化问答、跨文化交流等活动，学生可以通过这些互动活动更全面地理解语言的语用功能和文化背景。这种多维度的学习体验不仅激发了学生的学习兴趣，也帮助他们在不同的语境中运用语言，从而深化了他们对语言的掌握程度。同时，这些多样化的学习活动为学生提供了跨学科的联系和应用机会，有助于他们从整体上提升语言运用能力。

　　复习是长效记忆形成的关键环节，而在线学习工具的自动化功能增强了学生的复习效果。在线平台通常配备了定期测验和复习提醒功能，系统会根据学生的学习进度和表现，推荐合适的复习内容和测试频率。通过这种定期的复习和测验，学生可以反复回顾所学知识，确保其从短期记忆逐步转化为长效记忆。例如，在词汇学习过程中，系统会定期推送已学过的词汇进行复习测试，通过间隔复习的方式，帮助学生牢牢掌握这些词汇并在实际语言表达中熟练应用。这种复习机制不仅提高了学生的记忆效率，还通过不断巩固和应用，促进了语言知识的长效内化。与此同时，在线学习工具的即时反馈系统也对深度理解与长效记忆的形成起到了积极作用。学生在进行练习和测验时，系统会对他们的表现进行自动分析，提供详细的错误反馈和改进建议。学生可以通过反馈了解自己在语法、词汇、发音等方面的不足，并有针对性地进行强化学习。这种反馈机制不仅帮助学生在短期内纠正错误，还促使他们在反复练习中逐步内化语言知识，从而达到深度学习的目标。通过不断接受反馈并进行改进，学生能够更加准确地掌握语言的运用规则，实现从理解到记忆的转化。

　　在线学习工具通过数据分析功能，帮助学生科学地规划学习和复习的时间，进一步提升记忆的效果。平台可以根据学生的学习行为和测验结果生成学习报告，帮助学生了解自己在不同领域的掌握情况，并建议他们在哪些方面需要更多的练习。这种数据驱动的学习规划，让学生能够更加有效地分配学习时间，避免记忆的遗忘曲线，确保语言知识的长期保持。通过科学合理的学习安排，学生不仅能够更有效地学习，还能在长时间内保持对所学知识的熟练度。深度教学的核心目标在于学生对知识的深层次理解和可持续的技能发展，而在线学习工具在这一过程中扮演了重要的角色。通过反复的练习、情景化的语言应用和个性化的复习与测验，学生不仅能够掌握表层的语言规则，还能将这些规则内化为自己的语言技能。语言的学习过程本质上是一种知识的积累和内化过程，只有通过反复应用和深度理解，学生才能真正掌握语言，并在长时间内保持其运用能力。在线学习工具正是通过其多样化、互动性和自动化功能，帮助学生实现这一目标。

（三）提升语言运用能力

在线学习工具在提升学生语言运用能力方面发挥了至关重要的作用。通过其内置的语音识别技术、对话练习和实时翻译等功能，学生能够获得更多的语言实践机会，从而全面锻炼听、说、读、写四项基本语言技能。这些工具为学生提供了一个沉浸式的语言学习环境，帮助他们在多样化、真实的情景中自如地表达和应用语言知识，有效提升语言运用的综合能力。在线学习工具中的语音识别技术为学生的口语训练提供了强有力的支持。传统外语教学中，学生的发音训练往往受到课堂时间和教师精力的限制，无法做到细致而频繁的练习。而语音识别技术通过智能分析学生的发音，与标准发音进行比较，能够为学生提供即时反馈，指出发音中的不足之处。这种实时的反馈机制帮助学生反复练习和改进发音，确保他们逐渐达到更标准、更自然的语音水平。此外，语音识别技术还能纠正学生的语调、重音和节奏问题，这些因素在口语表达中同样至关重要。通过反复使用这种工具，学生可以逐步提高口语表达的准确性和流畅性，增强与他人沟通时的自信心。

对话练习功能是在线学习工具中的另一大亮点，它能够帮助学生模拟真实的语言交流环境。语言的实际运用离不开与他人的交流，而在线工具通过虚拟对话和角色扮演的方式，帮助学生在没有压力的情况下进行语言练习。例如，学生可以在对话模拟中扮演特定的角色，与虚拟人物进行互动，或者与全球范围内的其他语言学习者进行实时对话。这些对话练习不仅帮助学生熟悉日常生活中的常用语句和表达方式，还可以通过互动提高他们的应变能力和对话逻辑。此外，系统会根据学生的对话表现提供个性化的建议，帮助他们调整表达方式，使其更加符合真实的语言使用情景。通过不断地模拟对话和实际交流，学生的口语表达能力和听力理解能力能够得到显著提升。除了口语和听力的练习，在线学习工具还为学生的写作和阅读能力提供了全面的支持。许多在线平台都设计了针对性的写作练习模块，学生可以通过这些模块进行多样化的写作练习，如日常写作、学术论文写作等。系统通过自动化的语法检查和文本分析功能，帮助学生发现写作中的语法错误、句子结构问题以及词汇使用的不足之处，并提供修改建议。这种即时的反馈有助于学生在写作过程中及时调整思路和表达，逐渐掌握更为复杂和多样化的语言结构。同时，在线工具还通过提供丰富的阅读材料，帮助学生进行有针对性的阅读练习。通过阅读不同题材、难度的文章，学生不仅能够扩展词汇量，还能提高对语篇结构和文化背景的理解，进而提升阅读速度和理解能力。

虽然过度依赖翻译工具并不利于语言能力的培养，但在适当的情景下，翻译工具可以帮助学生更好地理解复杂的文本或表达。例如，当学生遇到不熟悉的词汇或短语时，实时翻译功能可以提供快速准确的解释，帮助他们更好地理解文章的整体意思。同时，学生还可以通过分析翻译结果，学习到更地道的表达方式和语言用法，从而丰富他们的语言储备。这种辅助功能在提高语言运用能力的过程中发挥了积极的作用，尤其是在提高学生对语言细微差别的敏感性方面，实时翻译工具可以帮助他们迅速适应不同语境中的语言变化。沉浸式学习意味着学生能够在一个模拟的、逼真的语言环境中进行学习和实践，仿佛置身于目标语言的国家中。在线学习工具通过虚拟现实（VR）和增强现实（AR）技术，将学生带入真实的语言情景中进行语言运用。例如，学生可以通过在线平台"走进"外国的餐馆、商店或街道，模拟旅行、购物或求职等实际生活场景中的对话。这种逼真的场景模拟不仅让学生学会如何在不同的社会情景中灵活运用语言，还增强了他们应对实际沟通挑战的能力。这种沉浸式体验帮助学生逐渐摆脱传统课堂中单向学习的局限，培养他们在复杂情景中自如表达的能力。

在线学习工具中的多样化语言运用机会也能够促进学生的综合语言能力发展。无论是口语、听力、写作还是阅读，这些工具为学生提供了跨技能的综合训练，让他们能够在不同的情景下全面提升语言运用能力。例如，学生在进行写作练习的同时，也可以借助语音识别工具进行口语表达训练；在进行听力练习时，也可以结合阅读材料进行跨学科的语言理解。这种多样化的学习活动使学生能够全面发展语言能力，避免了单一技能的局限性，进而实现全面的掌握和应用。

（四）教师教学负担的合理分担

随着在线学习工具的广泛应用，教师的教学负担得到了显著的减轻。尤其是在批改作业和评估学生表现方面，这些工具发挥了至关重要的作用。传统的作业批改往往耗费大量时间和精力，然而在线工具的自动批改功能能够快速、高效地完成这一任务，让教师从烦琐的重复劳动中解脱出来。教师可以更加专注于教学过程中的高价值环节，例如课堂讨论的引导和个性化的辅导，从而更好地实施深度教学。在线学习工具不仅在作业批改方面提升了效率，还在评估学生表现方面提供了极大的便利。通过平台自动生成的数据，教师可以快速掌握学生的整体学习情况，无须再逐一分析每个学生的进度和表现。这种基于大数据的评估手段大大提高了教学效率，使教师能够精准地了解到哪些学生在某些方面存在问题，并采取针对性的措施进行帮助和指导。这种效率的提升不仅减轻了教师的工作压力，也为教学的灵活调整提供了更科学的依据。

在线学习工具提供的技术支持，使得教师可以在教学过程中利用这些工具进行自动化的任务分配与管理，减轻了课前准备和课后整理的负担。教师能够将更多时间和精力集中在教学内容的设计上，特别是深度教学的推广，这种教学模式要求教师更多地关注学生的深层次理解与知识的应用。而通过减少日常教学中的行政性任务，教师可以更加专注于开发与学生实际需求相符合的教学策略，进行更有深度的讨论和互动。不仅如此，在线工具的应用还带来了全新的教学方式，如在线测验和实时反馈系统。这些工具能够自动生成学生成绩报告，并为教师提供详细的学习数据。通过对这些数据的分析，教师能够更清晰地了解每个学生的学习进展和面临的困难，进而有针对性地调整教学计划和策略。这种精准化的教学评估使得教师在帮助学生方面能够更具针对性和效率，而不必浪费时间在普遍性的辅导上。这无疑为教学的精细化管理提供了有力支持，减轻了教师的负担。

在线学习工具还赋予教师更多的时间进行个性化的教学辅导。由于系统自动处理了大量的作业批改和成绩分析工作，教师能够腾出更多的时间来与学生进行面对面的互动和沟通。特别是在深度教学的实施过程中，教师与学生之间的个性化交流显得尤为重要。通过更为个性化的反馈与指导，教师可以帮助学生解决具体的学习问题，提升学生的整体学习体验。这种高度个性化的辅导方式得以实现，正是在线学习工具分担教师工作负担的结果。在线工具的智能化特性使得教学资源的管理和分配更加高效，教师不再需要亲自搜集、整理和发布大量的教学材料。这不仅节省了大量的时间，还提高了教学资源的利用效率。通过平台自动化分发学习资源，教师可以确保每个学生获得与其学习水平和需求相匹配的学习材料，从而实现资源的最优配置。这种精确的资源管理机制大大减轻了教师的日常工作压力，使得他们能够在有限的时间内实现更高质量的教学目标。

（五）混合式教学效果的整体提升

混合式教学模式的应用在现代教育中展现出越来越多的优势，特别是在深度教学的框架下，在线工具的引入为这一模式的效果提升提供了强有力的支持。通过将在线学习与传统线下课堂相结合，学生不仅能够获得更多的实践机会，还能够在不断反思和自我评估中实现知识的深入理解与迁移。这种结合的方式不仅提升了语言能力的教学效果，还促进了学生跨文化交际能力的增强，从而大幅度提升了混合式教学的整体质量。混合式教学通过在线和线下相结合的模式，为学生提供了更加丰富的语言学习环境和机会。在线学习工具为学生创造了更加灵活的学习条件，学生可以根据自己的学习进度选择适合的时间和内容进行学习，而线下课堂则为学生提供了面对面交流和互动的机会。在这种教学模式中，学生既能通过在线平台获得丰富的语言资源和学习任务，又能通过线下课堂与教师和同伴进行深入的讨论和语言运用实践。这样的双重学习模式帮助学生更加全面地掌握语言知识，并且有更多机会在实际交流中运用所学。

在线工具为混合式教学模式中的深度学习提供了更多实践和反思的机会。深度教学强调的不仅仅是知识的记忆和简单理解，而是知识的应用与迁移。在线平台通过提供多样化的练习、模拟对话、情景互动等功能，帮助学生在真实或接近真实的语言情景中反复实践所学知识。同时，在线工具中的即时反馈和评估系统，让学生在每一次练习后都能对自己的表现进行反思，了解自己的优势和不足之处。这种实践与反思相结合的学习模式，使学生能够在不断调整和改进中逐步掌握语言运用的技能，并将所学知识迁移到实际生活和跨文化交流中。混合式教学模式通过在线工具增强了学生的自主学习能力，提高了学生的学习参与度。教师往往主导整个教学过程，学生参与度可能较低。而在线工具的应用使得学生可以根据自己的兴趣和需求选择学习路径和内容，增强了学习的个性化。学生能够通过在线平台的丰富资源进行自主探索，选择适合自己的学习材料进行学习和复习。这样的自主学习模式不仅提升了学生的学习动力，还使他们能够在更广阔的知识领域中进行探索，从而促进了知识的迁移和实际应用能力的提升。同时，这种自主学习模式也使得学生在参与课堂讨论和语言活动时，能够更加积极主动地表达自己的观点和理解，提升了课堂互动的质量。

混合式教学还通过在线和线下的结合，帮助学生加深对语言文化的理解并提升跨文化交际能力。外语学习不仅仅是学习语言本身，还包括对语言背后的文化、社会习俗和价值观的理解。在线工具能够为学生提供丰富的文化背景知识，如通过视频、音频和文字材料，展示不同国家和地区的语言使用情况、文化传统和社交礼仪。学生可以通过这些资源了解目标语言国家的文化背景，从而在跨文化交流中避免因文化差异导致的误解。同时，线下课堂中，教师可以通过引导讨论和跨文化案例分析，进一步帮助学生深化对不同文化的理解。这样的结合方式，不仅提升了学生的语言能力，还增强了他们的跨文化沟通技巧，帮助他们在全球化的语境中更加自如地运用语言进行交流。在线工具为教师提供了更加灵活的教学方式，教师可以根据学生的学习情况，灵活调整线上和线下的教学内容和进度。通过在线平台提供的数据分析，教师能够实时了解每个学生的学习进度、表现和存在的问题，从而为每位学生提供个性化的学习建议和指导。这样的教学模式不仅使得课堂教学更加具有针对性，还能够在学生遇到困难时。及时提供帮助和支持，确保每个学生都能够按照自己的节奏学习和进步。

在线工具还通过提供丰富的测试和评估功能，为混合式教学的效果提升提供了数据支持。在线评估系统能够对学生的语言运用能力进行多角度的测量，包括听、说、读、写等方面的表现。通过这些评估，教师可以清楚地了解学生在哪些方面取得了进步，在哪些方面还需要加强。这样的评估机制不仅帮助教师进行教学调整，也为学生提供了清晰的学习反馈，使他们能够在学习中进行自我反思和自我改进。混合式教学模式通过在线和线下的紧密结合，提升了学生的学习体验和整体教学效果。学生不仅能够在课堂上与教师和同学进行面对面的互动，还可以通过在线平台随时随地进行学习和复习。这种灵活的学习方式，不仅突破了传统课堂时间和空间的限制，还使得学习变得更加个性化和高效化。学生可以通过在线工具反复进行练习和巩固，并将所学知识应用到实际的语言交流和文化理解中，从而实现深度学习的目标。通过这种多样化、灵活性强的教学模式，混合式教学的整体效果得到了显著提升。

第四节　技术支持对学习成效的促进作用

一、技术支持为个性化学习提供保障

（一）个性化学习路径的设计与实施

技术支持通过数据分析和智能推荐功能，能够为学生设计个性化的学习路径。通过对学生学习行为的数据跟踪，系统能够根据每个学生的学习情况推荐适合的学习内容和活动，帮助学生在适合自己的节奏下学习，提升他们的学习效率。

（二）学习进度的自适应调节

借助技术支持，在线学习工具可以根据学生的学习进度和理解水平进行自适应调节，例如调整练习难度、提供针对性的反馈和建议。这种个性化的自适应功能符合深度教学的原则，帮助学生进行深入的自我反思与调整，最终提升学习成效。

二、增强互动性，促进深度理解

（一）师生与生生互动的技术支持

技术支持可以为师生之间提供多样化的互动平台，如在线讨论区、语音对话、虚拟课堂等，方便师生进行深入的交流和讨论。外语教学强调语言的实际运用，技术工具可以通过虚拟对话、情景模拟等方式为学生创造更多的实践机会，提高他们的语言运用能力。

（二）促进即时反馈与持续改进

技术工具如在线评测系统、语言自动打分工具等能够为学生提供即时反馈，帮助他们及时修正错误，强化语言技能的习得。通过技术支持下的快速反馈机制，学生可以进行多次反思和改进，从而加深对知识的理解和应用。

三、数据分析与教学改进的支撑

（一）学习数据的实时监控与分析

技术支持通过大数据分析，可以帮助教师实时监控学生的学习状态，如学习时长、参与度、掌握情况等。教师可以根据数据分析结果，调整教学内容和方式，针对性地解决学生学习中的薄弱环节，提升教学效果。

（二）精准教学的支持与优化

教师通过技术工具获得学生学习行为和表现的反馈，能够更加精准地设计教学活动。技术工具帮助教师有效评估学生的学习成效，使得教学调整更具针对性，从而促进学生外语学习的深度发展。

四、提供丰富的资源与学习环境

（一）在线学习平台的多媒体资源支持

技术支持能够提供多样化的学习资源，如音频、视频、互动练习、文化背景知识等，极大地丰富了外语教学的内容。通过这些丰富的资源，学生不仅能更好地学习语言，还能深入理解语言背后的文化内涵，从而提升跨文化交际能力。

（二）虚拟语言学习环境的创设

技术可以通过模拟真实语言使用场景，提供沉浸式的语言学习环境。例如，语言学习中的虚拟现实（VR）或增强现实（AR）工具能够将学生带入逼真的情景中进行语言实践，促进语言技能的综合运用，提升学生的实际语言运用能力。

五、技术支持下的协作学习与共创

（一）协作学习平台的建设

通过技术支持的协作平台，学生可以与同学或全球其他语言学习者共同学习和交流。协作学习能够帮助学生在多维度的语言文化情景下运用语言，提升他们的语言理解和表达能力。技术支持下的协作学习符合深度教学的理念，增强了学习的互动性和互助性。

（二）在线项目与任务驱动的共创学习

技术支持的在线平台可以帮助教师设计基于项目的学习任务，让学生通过解决实际问题来运用和提升语言能力。外语教学中的项目式学习有助于学生将语言知识与实践结合，强化其语言表达与思考能力，促进深度学习的达成。

六、技术支持下的混合式教学效率提升

（一）教学资源管理的便捷性

技术支持的教学管理系统可以帮助教师高效管理和分发教学资源，如课件、作业、测试等。教师可以合理安排课程进度，实时跟踪学生的学习情况，使教学更加有条理和高效，减少了传统教学中的烦琐管理工作。

（二）线下与线上教学的无缝衔接

技术支持能够将线上和线下教学有机结合，使得混合式教学中的教学内容和活动能够无缝衔接。学生可以在线下课后继续通过在线工具复习和扩展学习，进一步巩固课堂所学内容，确保学习的连续性与深入性。

第五章 深度教学视域下高校外语混合式教学的学习者支持与指导策略

第一节 学习者需求分析与个性化支持

一、深度教学视域下高校外语混合式教学的学习者需求分析

（一）学习目标的多样化需求

学习者的目标往往具有多样化特征，反映了不同学生的需求和期望。有些学习者的主要目标是提高实际的外语交流能力，他们希望能够在日常生活或工作中流利地使用外语。这类学生注重语言的实用性，倾向于参与更多的口语练习、听力训练以及情景对话活动。通过这样的方式，他们可以在真实的语言环境中逐步提升对语言的运用熟练度。这类学习者的需求往往集中在如何提高听说能力，以及在复杂的交流场景中自如应对。因此，混合式教学应为这些学生提供大量实践机会，例如通过虚拟课堂、小组讨论和情景模拟，增强他们的口语表达能力和反应能力。与此同时，另一类学习者的目标则更加侧重于学术领域的发展。他们学习外语不仅仅是为了日常的交流，而是为了获取学术资源，甚至在未来的学术研究中能流畅地使用外语。这类学生可能更关注阅读和写作能力的提升，特别是对学术论文、专业文献的阅读理解能力。这类需求要求教学设计不仅要包含基础语言技能的训练，还应包含复杂语法结

构、专业术语及高阶语言技能的掌握。为了满足这些学习者的需求，混合式教学需要提供与其学术目标相关的学习资料，如学术论文、学术演讲视频等资源，同时辅以写作技巧的培训与大量的阅读任务，帮助学生逐步适应学术语言环境。

不同的学生在学习动机上也存在差异，导致他们对课程内容的期望也不同。有些学生对外语文化有着浓厚的兴趣，学习外语是为了更好地了解目标语言国家的文化、历史与社会。这类学生希望通过语言学习更深入地接触异国文化，因此他们对教学内容的文化性有较高的要求。深度教学视域下的混合式教学需要考虑这一点，通过课程设计引入文化类的学习资源，例如通过文化讲座、影视作品和社交媒体内容的整合，使得这些学生在学习语言的同时能够接触到丰富的文化信息，激发他们对语言学习的兴趣。此外，学习者的个性化需求还表现为对语言应用场景的差异性期待。例如，一些学生希望通过外语学习获得在职场中的竞争力，尤其是在跨国公司工作或出国留学时的语言应用能力。因此，他们对外语学习的目标是掌握职场或专业领域中的特定表达和沟通技能。对于这类学习者，混合式教学应提供更多与职场情景相关的课程内容，如职业英语课程，涵盖面试、演讲、商务谈判等实用场景，并结合模拟和角色扮演来增强学生的实际应用能力。

随着外语学习目标的多元化，教师在课程设计时还应考虑到学生对自主学习能力的需求。有些学生希望能够通过外语学习培养出更强的自主学习能力和信息处理能力，特别是在混合式教学中，线上学习的比重较大。这意味着学生需要具备高度的自我管理和规划能力，以便高效利用线上资源进行学习。为了满足这类学习者的需求，课程中可以设置引导性学习任务，如自主阅读材料、研究性学习项目，帮助学生逐步提升自主学习能力。此外，通过引入学习分析技术，教师还可以对学生的学习进度进行实时监控，并根据每个学生的学习情况提供个性化的反馈和指导，以帮助他们更好地完成学习任务。学习者的目标是多层次、多方向的，涵盖了从实用技能的提升到学术能力的培养，从文化兴趣的满足到职业发展的规划。为了更好地支持不同学习者的需求，教师在教学设计时需要灵活应对，结合深度教学的理念，为学习者提供个性化的支持与引导。这不仅能够提高教学效果，还能激发学习者的内在学习动机，使他们在语言学习的过程中获得更加丰富和有意义的体验。

（二）学习路径与进度的个体差异

学生的学习路径与进度往往存在显著的个体差异。这种差异源于多方面的因素，包括学生的语言基础、学习能力、认知风格以及对学习的投入程度等。语言基础不同的学生在学习过程中表现出不同的需求。对于一些已经具备较强语言基础的学生来说，他们可以较快地掌握新知识，并迅速将其应用于实际交流中；而语言基础薄弱的学生则可能需要更多的时间来理解基础概念，并反复练习才能达到同样的熟练度。因此，混合式教学需要为这些学生提供差异化的学习路径，让不同层次的学生都能在适合自己的节奏中进步。部分学生具有较强的自主学习能力，能够独立规划学习任务、合理安排时间，并高效完成学习目标；而另一些学生可能在学习过程中需要更多的指导和帮助。他们可能难以自我管理，容易在面对大量线上学习资源时感到迷茫或缺乏动力。因此，混合式教学不仅要考虑到学生自主学习的需求，还要提供结构化的学习引导和支持。对于自律性较强的学生，可以给予他们更多的自主选择权，允许他们根据个人兴趣和需要选择学习资源；而对于自律性较弱的学生，则应提供明确的学习路线、定期的学习检查与反馈，以确保他们能够按照既定目标稳步前进。

每个学生的学习风格和策略各不相同，有些学生可能偏爱视觉学习，喜欢通过图像、视频和其他视觉材料来理解和记忆知识；而另一些学生则可能更依赖听觉，通过听讲、讨论等方式更好地掌握语言内容。混合式教学正因为其线上线下相结合的特点，可以灵活地提供多种学习方式，以适应不同学习者的需求。通过多样化的学习资源，如视频讲解、音频材料、互动练习等，教学设计可以帮助学生根据自己的学习习惯选择合适的方式。此外，还可以引入基于任务的学习，让学生通过实践活动，如角色扮演、情景模拟等，进一步将知识内化为可应用的技能。有些学生学习速度较快，能够在短时间内消化大量的学习内容，适合参与更高难度的任务和挑战；而另一些学生可能需要更长的时间来理解和内化知识，尤其是在遇到复杂语法结构或语言应用情景时，他们可能需要更多的练习和巩固。为了应对这种差异，混合式教学可以通过个性化学习平台实现进度上的灵活调节。学生可以根据自己的学习进度自主安排学习时间，较快完成任务的学生可以提早进入下一阶段的学习，而需要更多时间的学生则可以在自己的节奏下完成学习任务，不必担心被迫赶进度或落后于其他同学。这种灵活的学习路径设计有助于减轻学生的学习压力，同时也能够提升学习体验，使学生在不被强制统一进度的情况下，真正掌握所学内容。

教师在混合式教学中的角色也发生了转变，从传统的知识传授者转变为学习过程的引导者和支持者。为了应对学生的个体差异，教师需要根据每个学生的进度和需求提供个性化的辅导和反馈。教师可以通过定期与学生进行互动，了解他们的学习进展，及时发现问题并给予针对性的建议。对于学习进度较慢的学生，教师可以给予更多的关注，提供额外的辅导材料或课后练习；而对于学习进度较快的学生，则可以提供更具挑战性的任务或项目，鼓励他们在已有基础上进一步提升。此外，教师还应鼓励学生间的合作学习，通过小组讨论、项目合作等形式，让不同进度的学生相互帮助、共同进步，这不仅能够促进学生的知识建构，也能增强其学习动力和归属感。

（三）自主学习能力的培养需求

在高校外语混合式教学模式下，自主学习能力的培养是至关重要的，尤其是在线学习部分对学生的自主学习能力提出了更高的要求。在这一模式中，学生不再仅仅依赖于课堂中的教师讲授，而是需要更多依赖自身的主动性和规划能力来完成学习任务。这种转变意味着学生必须具备良好的自我规划、时间管理以及对学习资源的有效调动能力。自主学习能力的高低不仅直接影响学生的学习效率和学习效果，也关系到他们能否在较为自由和灵活的学习环境中顺利完成学业目标。因此，分析学生自主学习能力的现状，并在此基础上提供针对性的支持和引导，是混合式教学中不可忽视的一个重要环节。有些学生习惯了传统课堂中的教师引导，对于如何合理安排自己的学习任务并不具备足够的经验或能力。比如，面对线上提供的丰富资源，部分学生可能会感到不知所措，难以决定哪些资源对自己的学习最为有用，进而浪费大量时间在不必要的材料上。此外，时间管理能力的不足也是许多学生在自主学习过程中面临的难题。一些学生可能无法合理分配线上和线下学习的时间，导致线上部分的学习效率低下，或者在学习过程中容易分心，从而影响整体学习进度。因此，在需求分析的过程中，教师和教学设计者应重点关注学生自主学习能力的短板，并为其提供有效的指导和支持。

线上部分为学生提供了大量的学习资源，包括视频课程、阅读材料、练习题库等。学生需要具备识别和选择适合自己学习资源的能力，以便最大化地利用这些资源来提升学习效果。这种资源调动能力不仅仅是技术层面上的要求，更是对学生批判性思维能力的一种考验。他们需要学会根据自己的学习目标和当前的学习进度，灵活选择和调整学习材料，而不是被动地接受教师推荐的资源。为此，教学设计中应注重培养学生的这种自主学习意识和技能，通过引导学生学会筛选、分析和运用资源，帮助他们在自主学习中取得更好的效果。对于那些自主学习能力较弱的学生，教师应提供更多的支持和引导。可以通过学习指导课程或工作坊的方式，帮助学生掌握基本的自主学习技能，如时间管理、任务分解、学习目标设定等。这些技能的掌握将帮助学生更好地规划他们的学习过程，避免因为学习任务过于繁重或学习时间安排不合理而导致的学习压力和效率低下。教师应当为学生提供定期的反馈和进度跟踪，以确保他们能够在自主学习过程中保持动力和方向感。这种反馈机制不仅能帮助学生及时调整学习策略，还能让他们在遇到困难时及时获得帮助，避免因问题积累而导致学习挫折。混合式教学中的学习管理系统（LMS）能够为学生提供多种在线学习工具，如日程提醒、学习计划生成器、进度跟踪等。这些工具可以帮助学生更好地管理学习任务和时间，增强他们的自主学习意识。同时，LMS 系统中的数据分析功能还可以为教师提供学生学习行为的反馈，帮助教师了解学生在自主学习中的表现，并及时给予个性化的支持。例如，通过对学生学习行为数据的分析，教师可以发现哪些学生在某些环节上表现得不够积极，进而提供有针对性的辅导和激励措施。

自主学习能力的培养并不仅仅是在技术和技能层面上的支持，还应包括对学习动机和学习兴趣的激发。自主学习要求学生具有较强的内在动机，能够在没有外部压力的情况下自发投入学习中去。因此，混合式教学设计应考虑如何通过丰富的学习内容和多样化的学习方式来保持学生的学习兴趣。通过提供有趣的学习任务、现实情景中的语言应用活动，以及与个人兴趣相关的学习内容，教师可以帮助学生在自主学习过程中保持积极性和专注力。同时，合理的奖励机制也可以作为激励学生自我驱动的手段，例如通过达成一定学习目标后的奖励或公开表扬，激励学生在学习中保持主动性。

（四）情感需求与学习动机分析

外语学习不同于其他学科，常常伴随着较强的学习焦虑和挫折感，尤其是在语言的听、说、读、写等多方面遇到困难时，学生往往会产生畏难情绪。为了提升教学效果，不仅要关注学生的知识掌握程度，更要关注他们的情感体验。在需求分析中，深入了解学生的情感状态，识别可能影响学习动机的情感障碍，成为设计有效教学策略的重要步骤。从学习动机的角度出发，情感需求的满足是激发和维持学习者学习动力的关键因素。动机不足的学生往往表现出学习兴趣低下、参与度不高等现象。而在外语学习中，动机问题更加显著，尤其是在学习初期，学生常常因语言障碍、文化差异等原因产生无力感或失去学习的信心。这些负面情感直接削弱了他们对学习的投入。因此，教师在设计教学活动时应充分考虑如何通过增强学生的情感支持来激发其学习动机。通过创造一个积极、包容的学习环境，让学生感受到被理解、被支持，能够有效缓解焦虑，增强他们的自信心和成就感。不仅如此，学习者在外语学习过程中往往会受到语言水平差异带来的自卑感困扰。特别是在口语表达中，许多学生担心自己的发音、语法错误会受到嘲笑或批评，从而对语言实践产生抵触心理。这种畏难情绪直接影响学生在课堂中的表现，限制了他们与语言互动的机会。为了有效解决这一问题，教师应通过设计具有包容性和互动性的学习活动，减少学生对错误的恐惧。例如，教师可以通过小组合作、角色扮演等方式，鼓励学生在非正式的交流场合练习语言，帮助他们逐步克服对口语表达的焦虑。同时，教师的正面反馈和鼓励也在情感支持中发挥着至关重要的作用，能够帮助学生更好地接受错误，并将其视为学习过程中的一部分。

外语学习中的情感需求不仅仅局限于焦虑和畏难，还涉及学习者对学习成就的追求。许多学生在学习过程中希望通过不断进步来获得成就感和满足感。然而，外语学习的复杂性使得进步往往是缓慢且难以察觉的，这容易让学生感到沮丧，甚至怀疑自己的学习能力。因此，教师应设计具有阶段性目标的学习活动，让学生能够逐步看到自己的进步。通过分阶段设定小目标，并在每个目标达成时给予及时的正向反馈，学生可以获得持续的成就感，这有助于增强其学习动机。例如，在一系列听力练习或口语任务中，教师可以设计从简单到复杂的任务，让学生在完成较为简单的任务时建立信心，逐渐挑战更高难度的内容。与此同时，文化背景差异也对外语学习者的情感体验产生了重要影响。语言学习不可避免地涉及对异国文化的理解与接受，这一过程可能引发学生的文化冲突或不适应感，进而影响其对语言学习的态度。对此，教师应帮助学生在学习语言的同时，理解和欣赏目标文化的多样性与独特性，通过文化体验活动来增强学生对外语学习的兴趣。例如，教师可以通过引入目标语言国家的音乐、电影、社交媒体等文化元素，设计跨文化交流的活动，让学生在真实的文化情景中感受到语言的魅力和实用性。这不仅可以减轻文化冲突带来的不适，还能有效提升学生的学习动机。

针对个体差异，情感需求的支持还应考虑到学生的不同性格与学习风格。有些学生在学习中更为内向和保守，他们不愿意在公开场合展示自己的语言能力，可能需要更多的私人空间进行练习；而另一些学生则更加外向，喜欢通过互动和交流来促进语言学习。教师在设计学习活动时，可以通过个性化的支持和鼓励，针对不同性格的学生提供相应的学习体验。例如，给内向的学生更多的独立任务或小组练习机会，而为外向的学生提供更多的公开表达和展示平台，帮助他们更好地发挥自己的优势。

（五）文化差异理解与跨文化交际能力的需求

语言不仅仅是交流工具，它承载着丰富的文化内涵和社会价值观。因此，外语学习的目标不仅在于语言技能的提升，更在于对目标语言国家文化的深刻理解。学生只有通过深入理解文化背景，才能在跨文化交际中有效地运用语言，避免误解与冲突。教师应充分利用线上线下的多样化资源，为学生提供丰富的文化体验，帮助他们逐步掌握跨文化交际的关键知识和策略。文化差异的理解不仅仅体现在语言的表面结构上，还深刻影响着人们的思维方式和行为习惯。例如，不同文化背景下对礼貌、时间观念、个人隐私的看法可能截然不同，这些差异都会影响跨文化交际的顺利进行。为了帮助学生有效应对这些差异，混合式教学可以通过设计多样化的文化活动和情景模拟，让学生在虚拟和现实的交际场景中感受到不同文化的冲突与融合。通过这些活动，学生能够逐步掌握跨文化交际中的敏感点，如如何礼貌地表达不同意见、如何在正式与非正式场合切换交际风格等。这种教学设计不仅能让学生更加灵活地应对跨文化交际中的挑战，也能提高他们的文化敏感性和包容度。

每个语言背后都有其独特的历史、社会和文化背景，学生如果不了解这些背景知识，往往难以准确理解目标语言中的隐含意义或文化典故。因此，混合式教学应注重为学生提供丰富的文化背景资料，如通过影片、文学作品、新闻报道等形式，帮助他们深入了解目标语言国家的社会文化现象。通过这些文化资源的学习，学生不仅可以更好地理解语言本身的含义，还能学会在跨文化交流中识别和理解对方文化中的深层次价值观，从而避免文化误解。跨文化交际并不仅仅依赖于语言能力，还需要学生具备一定的交际策略，以便在文化差异引发的复杂情景中灵活应对。例如，在面对冲突时如何使用适当的表达方式进行缓解，或在不熟悉的文化环境中如何通过观察和模仿来适应新的社交规范。这些策略的掌握能够帮助学生更好地在跨文化情景中展开沟通，而不是因文化差异而陷入困境。混合式教学可以通过设置多种情景模拟和案例分析，帮助学生在模拟环境中反复练习这些交际策略，提升他们在实际跨文化交际中的应对能力。

　　跨文化交际能力的提升还需要教师有意识地引导学生进行反思和总结。仅仅通过语言和文化知识的灌输，学生可能难以真正内化这些知识。通过反思和总结，学生可以将自己的文化背景与目标语言文化进行对比，认识到文化多样性的重要性，以及如何在交际中尊重和理解不同文化的差异。例如，教师可以通过课堂讨论、小组合作等形式，鼓励学生分享自己在跨文化交流中的经验和感受，并通过彼此的反馈和讨论，进一步深化对跨文化交际中常见问题和解决策略的理解。这种反思性的学习过程不仅有助于学生更好地理解和应用所学的文化知识，还能增强他们在跨文化情景中的适应力和交际能力。理论上的文化差异理解和策略学习固然重要，但只有通过实际的交流和互动，学生才能真正掌握如何在真实情景中灵活运用这些知识与技能。混合式教学可以通过虚拟文化交流平台、线上跨文化项目合作等方式，给学生提供更多与目标语言国家学生交流的机会。在这些互动中，学生不仅能够实践所学的语言技能，还能在实际的跨文化交际中检验自己的文化理解和策略应用效果。这种实践性的教学设计可以让学生在真实的跨文化环境中不断积累经验，逐步提升他们的跨文化交际自信心和能力。

　　文化差异的理解与跨文化交际能力的培养还应贯穿于外语学习的全过程。它并不是单一阶段的任务，而是需要随着语言技能的提升而不断深化的过程。随着学生语言水平的提高，他们对文化的理解也应逐渐从浅层的表面差异（如礼仪、习俗等）深入到更为复杂的文化认知和价值体系层面。混合式教学可以通过逐步递进的教学内容设计，帮助学生在不同学习阶段中逐渐深入地了解目标语言文化，最终培养出较强的跨文化交际能力。这种层次分明的教学策略可以有效避免学生在学习过程中对文化理解的断层现象，确保他们的文化认知与语言技能同步发展。

二、深度教学视域下高校外语混合式教学中的个性化支持

（一）基于数据分析的个性化学习路径推荐

在当前教育技术快速发展的背景下，基于数据分析的个性化学习路径推荐逐渐成为提升学习效果的重要手段。学习分析技术通过对学生学习过程中的各种数据进行收集和分析，如课程参与度、学习时长、测试成绩等，能够为教师和学习平台提供精确的学习者画像。借助这些数据，可以更好地理解学生的学习需求、能力水平以及学习进展，从而为每个学生定制个性化的学习路径。通过记录学生在学习平台上的行为数据，系统可以识别学生的学习习惯和薄弱环节。例如，某些学生可能在阅读和理解教材内容方面表现较强，但在实际操作或问题解决能力上存在不足；也有学生可能在特定的知识点上表现较好，但在跨学科知识的迁移与应用上仍有待提升。通过分析这些数据，系统能够识别出学生的学习特点，从而为他们推荐个性化的学习任务与资源。与传统的"一刀切"教学模式不同，基于数据分析的个性化学习路径能够针对每位学生的不同需求，灵活调整学习节奏和内容，避免学生因课程难度过大或过低而产生的挫折感或倦怠感。

个性化学习路径的推荐不仅限于学习内容的选择，还涉及学习方式的定制。每个学生在学习风格上可能存在明显差异，有些学生偏向于视觉学习，喜欢通过图表和视频材料来获取知识；另一些学生可能更适合听觉学习，通过音频讲解或讨论来加深理解。通过对学习行为的分析，系统可以识别出学生的学习风格偏好，并根据这些偏好推荐最适合的学

习资源和方法。例如，对于擅长自主学习的学生，系统可以推荐更多的自我指导资源；而对于需要更多互动和反馈的学生，系统可以安排更多的在线讨论或合作任务。通过这种个性化的学习路径设计，学生能够在最适合自己的学习方式下高效学习，进而实现知识的内化与迁移。同时，学习数据的动态更新使得个性化学习路径可以随着学生学习进程的变化而不断调整和优化。学生的学习表现并非一成不变，而是随着时间的推移和知识的积累不断发展。通过实时收集和分析学生的学习数据，系统能够及时发现学生在学习过程中遇到的新问题或新的进步，并相应地调整学习路径。例如，当系统检测到学生在某一知识点上反复失败时，可以自动为其推荐额外的练习或辅导资源；反之，如果学生在某一领域表现出色，系统也可以为其提供更具挑战性的任务和项目，进一步提升其学习深度。这种灵活的路径调整机制保证了学习过程的个性化与动态性，使得每个学生的学习体验始终与其当前能力水平相匹配。

传统的教学模式往往依赖于教师的统一指导，学生较少有机会根据自己的兴趣和需求自主选择学习内容。而通过学习分析技术，学生能够更加清晰地看到自己的学习进展和薄弱点，从而根据自身需求设定学习目标并选择合适的学习资源。这种自主选择的机会能够有效增强学生的学习动机，使他们更加主动地参与到学习过程中去。当学生能够根据自身的需求调整学习路径时，他们对学习的掌控感和成就感也会相应提升，进而促使他们更深入地投入知识的探索与应用中。虽然自动化系统可以通过数据分析为学生推荐学习路径，但教师的指导作用依然不可替代。通过系统反馈的数据，教师可以对学生的学习情况有一个全面的了解，从而在课堂上进行更加有针对性的教学干预。教师可以根据学生的学习路径调整教学策略，如为某些表现较为薄弱的学生提供个别辅导，或为表现优异的学生设计更具挑战性的学习任务。通过这种个性化的教学支持，教师能够在教学中更加精准地满足不同学生的需求，提升整体教学效果。

（二）个性化学习资源与任务的设计

通过根据学习者的语言水平、学习目标和个人兴趣来定制不同难度和形式的学习资源，学生能够获得更加适合其个体需求的学习体验。个性化学习资源的设计不仅要考虑到学生的语言基础，还应结合他们的兴趣爱好，激发学习的内在动机。与此同时，任务设计应紧密结合实际应用情景，帮助学生在真实的语言环境中掌握运用技能，进而实现对语言的深度理解与迁移应用。不同的学生在语言学习过程中表现出各自的特点，有些学生语言基础较为薄弱，需要更多的基础练习资源来巩固语言知识，而另一些学生则可能已经具备了一定的语言能力，他们更希望通过复杂的任务和挑战性活动进一步提升语言应用水平。因此，设计多样化的学习资源是个性化学习的关键。通过提供不同难度的学习材料，例如从基础词汇练习到高级语法结构的阅读材料、听力练习等，学生能够根据自身的水平选择最适合的内容。这种资源设计方式不仅尊重了学生的个体差异，还能够有效防止学习资源的单一化带来的学习倦怠。

学习资源的个性化设计还应注重多样的形式，以适应不同的学习风格。有些学生更倾向于通过视觉材料进行学习，他们可能喜欢观看视频、图表或图像来理解知识点。为满足这些差异化需求，学习资源的设计应尽可能多元化，涵盖视频课程、音频讲座、电子书籍、互动游戏等多种形式。通过这样的个性化资源配置，学生可以根据自己的学习偏好自主选择，从而最大限度地提高学习的效率与效果。同时，兴趣导向的个性化资源设计能够有效提升学生的学习动机。外语学习往往要求较长时间的投入和专注，学生在学习过程中如果能够接触到与自己兴趣相关的内容，会增强其学习动力。例如，学习者如果对某一文化现象、文学作品或特定领域的知识感兴趣，那么在设计学习资源时可以针对这些兴趣点进行定制，如提供相关的阅读材料、影片或讨论主题。这样不仅让学生在学习过程中感受到语言的实用性，还能促使他们在感兴趣的领域中持续深入学习，形成更加扎实的语言能力。

　　个性化学习任务的设计不仅应针对学生的语言水平和兴趣，还应强调任务的实际应用价值。深度学习的核心在于知识的理解与应用，外语学习也不例外。学习任务不应仅仅停留在知识点的掌握上，而应让学生在真实或模拟的情景中应用所学知识，提升语言运用技能。例如，任务可以设计为模拟真实的生活情景，如购物、旅行、面试等，让学生通过角色扮演、情景对话等方式练习语言。学生能够将课堂上的语言知识有效迁移到实际生活中，真正实现从理论到实践的转化。每个学习者的目标可能存在差异，有些学生希望提高日常交流能力，而另一些学生则专注于学术写作或专业领域的语言应用。因此，任务设计应根据学生的学习目标进行个性化调整。例如，对于提高日常交流能力的学生，可以设计更具互动性的对话练习任务；而对于那些希望提升写作能力的学生，任务可以侧重于结构化的写作训练，如学术论文、报告撰写等。通过这些个性化的任务设计，学生能够在完成任务的过程中逐步达成自己的学习目标，提升语言运用的实际能力。

　　为了使个性化学习任务更具实效，教师可以结合学习分析技术，实时跟踪学生的学习进度和表现，并根据反馈调整任务难度或内容。这种动态调整不仅能够帮助学生在学习中避免过度挑战或过于简单的任务，还能确保他们始终在适合自身水平的任务中不断进步。同时，任务的反馈机制也非常重要，及时的个性化反馈能够帮助学生在任务完成后了解自己的不足之处，并在后续学习中加以改进。例如，教师可以通过线上学习平台为每个学生提供个性化的任务反馈，帮助他们在理解和运用语言的过程中逐步提升。

（三）个性化的反馈与评价机制

在深度教学背景下，个性化的反馈与评价机制是促进学生语言能力提升的关键要素。与传统教学中的标准化测试不同，个性化评价强调根据每个学生的学习特点和需求，提供量身定制的反馈。这种反馈机制不仅能够帮助学生发现自身的不足，还能够为他们提供有效的解决方案，帮助其在语言学习中不断进步。深度教学要求教师超越单一的分数评估，关注学生在学习过程中的表现，通过持续的、个性化的反馈，确保每个学生都能够得到充分的指导与支持。每个学生在语言学习中的进展、基础以及遇到的困难都不尽相同，因此，单一的标准化测试往往难以准确反映他们的真实学习情况。通过个性化的评价，教师能够深入分析每个学生的学习过程，识别出他们在某一领域中的优势与弱点。例如，某些学生可能在语法掌握上表现优秀，但在口语表达中依然存在障碍；另一些学生则可能在听力理解方面表现出色，但在写作组织能力上有所欠缺。基于这些分析，教师可以提供有针对性的反馈，帮助学生在具体的语言技能上进行改进，而不是简单地给予笼统的评估结果。

在语言学习过程中，学生往往在面对复杂的语言现象时感到困惑，尤其是在应用新知识的过程中容易出现问题。如果反馈不能及时跟进，学生的错误可能会被忽视或反复出现，进而影响他们的学习效果。通过个性化的反馈机制，教师可以在学生遇到问题时迅速介入，提供即时的指导和建议。这不仅有助于学生及时纠正错误，还能让他们对所学知识有更深刻的理解。及时反馈的优势在于，它能够在学生最需要帮助的时刻给予支持，避免他们因困惑而丧失学习的信心或动力。教师应根据学生的具体问题和学习需求给予个性化的建议。例如，对于在语法方面表现薄弱的学生，教师可以通过详细讲解语法规则、提供针对性的练习题，帮助他们逐步掌握相关知识；对于在口语表达中存在障碍的学生，教师则可以安排更多的口语练习，甚至模拟现实对话情景，鼓励学生在实践中提升自信心。这样的针对性反馈不仅帮助学生明确了需要改进的具体方面，还为他们提供了清晰的改进路径，帮助他们更加有针对性地进行学习。

语言学习过程中，学生常常会因为挫折感或学习压力而感到焦虑或不安，尤其是在面对考试或评估时。标准化的评价模式可能会给学生带来较大的压力，因为他们的表现往往与他人的成绩直接比较，而忽视了他们的个体进步。在个性化评价机制下，教师能够通过积极的反馈引导学生关注自身的进步，而非与他人的竞争。例如，教师可以通过鼓励性语言，表扬学生的努力和进步，帮助他们建立学习自信心。这种情感上的支持有助于缓解学生的焦虑情绪，让他们能够在一个更加宽松和积极的环境中进行语言学习。此外，个性化评价机制还应注重学习过程的评估，而不仅仅是结果。在传统的标准化测试中，学生的成绩往往集中在考试分数或单一评估标准上，忽视了他们在学习过程中所付出的努力和进展。通过个性化评价，教师可以更全面地考量学生的学习过程，例如他们在完成任务时的思考方式、解决问题的能力、合作学习的表现等。这种基于过程的评估不仅能够更准确地反映学生的学习状态，还能为学生提供持续的反馈，帮助他们在学习的每个阶段都得到改进与提高。

随着学习分析技术的发展，教师可以通过在线学习平台实时跟踪学生的学习进度、测试成绩和参与情况，获得学生在学习中的详细数据。这些数据为个性化反馈提供了重要依据，帮助教师根据学生的实际表现提供精准的反馈。例如，教师可以通过学习管理系统（LMS）为每个学生生成个性化的学习报告，指出他们在各个学习模块中的表现，帮助他们发现问题，并提出相应的改进建议。此外，在线平台还可以通过自动化的反馈机制，帮助学生在完成练习后立即获得评估结果和改进建议，进一步提升反馈的及时性与有效性。

（四）社交互动与协作学习的个性化引导

通过在线学习平台，学生能够以多种形式参与到讨论区、小组合作等社交互动中，从而在与他人的交流中不断深化对所学内容的理解。这种互动不仅限于知识的传递，还能够为学生提供语言实践的机会，帮助他们在真实的交际情景中应用所学语言技能。因此，如何根据学生的个性特征和学习习惯，为他们设计个性化的社交互动与协作学习路径。有些学生性格外向，喜欢在讨论中发表意见，主动参与交流活动；而另一些学生可能较为内向，倾向于安静地学习，不愿意在公开场合表达自己。在这种情况下，教师应设计灵活的互动方式，确保每位学生都能在适合自己的社交环境中获得参与感。对于外向的学生，可以提供更多在线讨论、演讲任务或领导小组活动的机会；而对于内向的学生，教师可以引导他们通过书面表达、个人博客或小组内的私密讨论区参与互动。通过这种个性化的引导，能够让每个学生都在适应自己的方式下积极参与社交互动。

不同的学生在合作学习中扮演的角色和学习方式可能有所不同。有些学生喜欢通过分工合作的方式解决问题，他们可能擅长规划、组织和协调小组任务；另一些学生则更擅长在合作中提出创造性的想法或通过与他人的讨论激发灵感。因此，在设计小组合作学习时，教师应尽量依据学生的优势进行任务分配。例如，组织能力强的学生可以担任项目经理，负责协调小组成员的工作进度；而富有创意的学生可以负责提出创新方案或设计活动。在这样个性化的合作模式下，每个学生都能发挥自己的长处，增强学习的主动性与参与感。此外，在线学习平台为协作学习提供了多种互动工具，如虚拟会议室、讨论板、共享文件夹等。这些工具为学生之间的协作提供了更多灵活性，但并非所有学生都能够自如地使用这些技术工具。在个性化引导中，教师应根据学生的技术熟练程度进行适当的培训或指导，帮助他们熟练掌握这些工具的使用方法，确保学生在合作学习中能够顺利展开任务。例如，教师可以为技术较为生疏的学生提供技术操作指南或组织在线研讨会，帮助他们克服技术障碍，从而更好地参与在线协作。这种技术支持不仅提升了学生的自信心，也增强了他们在数字化环境中的学习能力。

　　个性化的社交互动和协作学习还应考虑到学生的文化背景，特别是在语言学习中，文化差异往往会影响学生在互动中的表现。有些学生可能因为文化背景的不同，对讨论中的某些主题缺乏了解或兴趣，或者在表达观点时受到文化差异的影响，产生畏惧感或表达困难。教师在设计互动活动时，应尽量选取具有广泛适应性的主题，确保所有学生都能够在相对平等的文化环境中进行交流。同时，通过小组合作活动，可以鼓励学生分享各自的文化经验，从而在互动中促进跨文化理解。例如，教师可以设计跨文化对话活动，邀请学生介绍自己国家的文化传统或讨论全球化背景下的文化差异，从而在互动中实现语言与文化的双重学习。不同的学生在小组合作中所承担的任务可能会影响他们的学习体验与参与度。个性化的引导可以帮助教师为学生分配适合的角色，确保他们在合作中能够最大化地发挥自己的潜力。例如，有些学生在团队中表现得较为积极，他们擅长领导和推动项目的进展；另一些学生则更喜欢在幕后支持团队，如收集资料或撰写报告。因此，教师应在任务分配时充分考虑学生的特长和兴趣，确保每个学生都能在协作中获得成就感和参与感。

　　教师可以实时跟踪学生的参与情况，了解他们在讨论区的发言频率、合作项目的进度以及与同学互动的情况。教师可以为表现活跃的学生提供更具挑战性的任务，而对于参与度较低的学生，教师则可以通过私人指导或小组合作的方式，帮助他们逐步提升自信心和参与积极性。个性化的支持能够确保每个学生都能在适应自己的节奏下进行协作学习，而不至于因为进度或能力差异影响整体学习效果。

（五）情感支持与学习动机激励机制

外语学习常常伴随着紧张和焦虑情绪，尤其是当学生面对语言障碍时，这种负面情感可能会严重影响他们的学习效果。因此，教师应通过有效的情感支持，帮助学生缓解学习中的压力和焦虑，进而激发他们的学习动机。这种支持不仅仅是精神上的鼓励，还应体现在教学设计和课堂管理中，通过一系列策略确保学生在学习过程中始终保持积极的情绪状态。在外语学习的过程中，许多学生因为无法在短时间内看到明显的进步，容易感到挫败。这时，如果教师能够帮助学生设定具体而可行的阶段性目标，让他们在每个学习阶段都能看到自己取得的小成果，学生的学习积极性就会大大提高。阶段性目标的设定应当切合学生的实际能力，既具有挑战性，又不至于让学生感到过于困难或遥不可及。例如，教师可以在学习初期为学生设定一些简单的口语或听力目标，让他们通过短期努力看到自己的进步。随着学生的能力提升，再逐步增加目标的难度，确保他们在每个阶段都有成就感，这将极大激发他们的学习动力。

传统的评价方式通常集中于指出学生的错误或不足，容易让学生产生挫败感和自我怀疑。然而，混合式教学中的鼓励性评价则强调通过积极的反馈，帮助学生认识到自己的进步和潜力。教师在评价学生时，不仅要指出他们的弱点，还应表扬他们在学习中的优点和进步。这种正向反馈有助于提高学生的自信心，减少外语学习中的焦虑感。例如，当学生在课堂上成功完成了一次发言或完成了一篇写作任务，即使表现并不完美，教师也应给予适当的鼓励，让学生意识到他们已经迈出了重要的一步。学生会更加愿意接受挑战，逐步提升自己。成功体验指的是通过设计合适的任务，让学生有机会感受到成功的喜悦。对于外语学习者来说，能够在实际情景中成功运用语言是极大的成就感来源。例如，教师可以设计一些模拟场景，如外出旅游、餐馆点餐或求职面试，让学生在真实的语言环境中完成任务。当学生成功用外语进行交流时，他们会感受到自己学习成果的实际应用价值，从而增强继续学习的动力。此外，成功体验不一定非得是大的成就，哪怕是一次小小的语言应用成功，都能对学生的学习态度产生积极影响。因此，教师应在教学设计中有意识地为学生创造这样的成功机会。

外语学习中的焦虑情绪往往是因为学生感到语言掌握不牢固，或者在课堂上遭遇挫折时得不到足够的鼓励和理解。因此，教师在教学过程中应保持与学生的积极互动，及时了解他们的情感状态，并根据学生的反馈调整教学策略。例如，当教师察觉到某些学生在课堂上表现得紧张或不安时，可以通过改变教学节奏、引入更轻松的互动环节，帮助学生逐步缓解紧张情绪。此外，教师可以通过与学生进行私下沟通，深入了解他们的学习困难和情感困扰，并为他们提供个性化的支持和建议。这种情感关怀不仅能够拉近师生之间的距离，还能有效提升学生的学习体验。许多学生担心在课堂上犯错会被同学嘲笑或受到批评，这种情绪抑制了他们的参与积极性。因此，教师在教学中应营造一种鼓励尝试和宽容失败的学习氛围。学生应该明白，语言学习中的错误是正常且必要的，甚至是学习过程中不可或缺的一部分。通过在课堂上建立一个包容的环境，教师可以让学生更加自信地参与课堂活动，而不必担心犯错。鼓励学生从错误中学习，让他们逐步认识到每一次错误都是一次成长的机会，从而减少他们的焦虑感，增强他们的学习动力。

建立学习动机的激励机制应当长期有效，贯穿于整个学习过程。动机的激发不仅是教师的责任，也需要通过教学环境和学习社区的共同努力来实现。例如，教师可以通过组织班级竞赛、学习小组合作等形式，增强学生之间的互动和互助，让他们在集体中感受到学习的乐趣和成就感。通过这种集体氛围的建立，学生不仅可以从同伴那里获得支持与鼓励，还能在竞争与合作中不断进步。这种集体学习体验能够为学生提供持续的情感支持，进一步强化他们的学习动机。

第二节　导师指导在学习过程中的重要作用

一、提供情感支持与动机激励

学生常常面临焦虑、挫折等情感障碍。导师可以通过与学生的个别沟通，了解他们的情感状态，并提供必要的情感支持和鼓励，帮助他们增强学习信心。此外，导师还可以通过设定可行的阶段性目标和提供及时的正向反馈，激励学生保持学习的动力，逐步克服外语学习中的情感困境。

二、指导学习资源的有效利用

学生面临大量的线上学习资源，如何选择和有效利用这些资源成为一个挑战。导师的角色在于帮助学生识别哪些资源对其学习目标最为有用，并教会他们如何自主规划和管理自己的学习时间与资源使用。导师通过提供专业的建议和学习方法，帮助学生提高学习效率，实现自主学习的目标。

三、促进批判性思维与深度理解

导师不仅仅是知识的传授者，更是学生思维发展的引导者。导师可以通过引导学生思考语言学习中的复杂问题，鼓励他们从不同角度分析和解决问题，促进学生的批判性思维能力。通过互动式的讨论和引导，导师帮助学生超越表层理解，推动他们在语言和文化的学习中进行深度探索和反思。

四、协助学生在跨文化交际中的成长

外语学习不仅涉及语言的掌握，还包括跨文化交际能力的培养。导师可以通过自己的经验和文化背景，引导学生理解目标语国家的文化差异，并教给他们如何在跨文化交际中有效沟通。导师通过设置与文化相关的任务或讨论，帮助学生将语言技能与文化理解结合起来，提升他们在国际化背景下的沟通能力。

五、监督与调控学生的学习进度

学生的自主学习占有很大比重，但这也容易导致部分学生因为自律性不足而出现学习进度滞后的问题。导师在其中的作用是监督学生的学习进度，确保他们能够按照既定的学习路径稳步前进。导师通过定期与学生沟通，了解他们的学习情况，帮助学生制定合理的学习计划，避免学习进度拖延。

六、提升协作学习与社交互动

导师在协作学习和社交互动中也起到了促进作用。通过导师的引导，学生能够更加积极地参与小组讨论和项目合作。导师可以帮助学生

明确合作的任务分工，并在学生遇到问题时提供支持，从而促进团队协作的有效性。此外，导师还能引导学生在互动中深度参与语言与文化的交流。

第三节 学习资源的有效利用与管理

一、深度教学视域下高校外语混合式教学中学习资源的有效利用

（一）个性化资源选择与匹配

学生的语言水平、学习目标和兴趣存在差异。为了满足个体化学习需求，教师应根据学生的具体情况，推荐不同难度和主题的学习资源，确保每个学生都能够找到适合自己的学习材料。这种资源匹配可以通过学习分析技术或教师与学生的互动反馈进行，帮助学生高效利用资源，提升语言学习的效果。

（二）多样化资源的整合使用

深度教学强调学习者在多样化的情景中应用所学知识，因此，混合式教学中的学习资源应涵盖听、说、读、写等多种语言技能，并结合文化、历史等背景知识。通过整合视频、音频、文本、互动练习等不同形式的资源，学生能够从多个角度理解语言现象，增强语言应用能力。多样化资源的利用有助于激发学生的学习兴趣。

（三）跨文化内容的引入

外语学习不仅限于语言的掌握，还涉及文化的理解。在学习资源中加入目标语言国家的文化、社会习俗等相关内容，能够帮助学生在学习语言的同时，加深对该国文化的理解。例如，通过引入文化纪录片、影视作品、文学作品等资源，学生不仅可以提升语言能力，还能培养跨文

化交际能力，增强学习的综合性。

（四）增强互动性与参与感

为了实现深度学习，教师应设计具有互动性和参与感的学习资源，鼓励学生积极参与其中。例如，通过在线平台的互动式练习、情景模拟以及讨论区，学生能够在实践中应用所学知识，强化记忆与理解。这种互动式学习能够促进学生与内容之间的互动，提升资源利用的有效性。

（五）资源的实践应用

仅仅通过阅读或观看学习资源可能无法完全内化所学知识，因此，教师应鼓励学生将所学语言应用于实际情景中。通过提供与现实生活相关的任务或活动，学生可以在真实的语境中实践所学内容，从而加深对知识的理解和迁移。例如，通过线上交流、口语练习或撰写语言应用报告，学生能够灵活运用资源并提升语言应用能力。

二、深度教学视域下高校外语混合式教学中学习资源的管理

（一）数字化学习资源平台的建设

混合式教学依赖于在线平台的资源管理。高校应构建数字化学习平台，将各类学习资源分类整理，并确保学生能够方便地访问和使用这些资源。通过统一的数字化平台，学生可以快速获取他们所需的教材、视频、练习题库等，避免资源的分散和重复。平台应具备良好的用户体验，使得资源的管理与检索更加便捷。

（二）学习资源的动态更新与优化

随着教学内容的发展和语言教学需求的变化，学习资源应不断更新与优化。高校和教师需要根据学生反馈、教学效果评估和语言学科的新进展，定期对学习资源进行审查与更新，确保其时效性与适用性。同时，资源应灵活调整，以适应不同教学阶段或特定的学习目标。动态更

新不仅能够提高资源的有效性，还能保持学生的学习兴趣和动力。

（三）学习资源的分类与分级管理

为了便于学生自主选择适合自己水平和需求的学习资源，教师和管理者应对学习资源进行分类与分级管理。资源可以按照语言水平、技能类型（如听力、阅读、写作等）、主题内容（如商务英语、旅游英语等）进行分类，便于学生根据自身情况进行自主选择。通过精确的分级与分类，学生能够更加高效地利用资源，避免不必要的时间浪费。

（四）资源使用数据的监控与反馈

在学习管理系统中，通过数据分析技术，教师和管理者可以实时监控学生的资源使用情况，如哪些资源被频繁使用、哪些资源被忽视等。推荐更多有针对性的学习材料，并进一步优化资源管理。监控数据还可以帮助学校了解哪些资源最有效，哪些需要更新或改进，从而不断提升资源管理的质量。

（五）资源共享与合作机制

高校可以通过建立资源共享机制，鼓励教师之间、院校之间的学习资源共享与合作。教师们可以根据自身教学经验和学生反馈，共享他们设计的优秀教学资源，从而提升整体教学质量。同时，不同高校之间可以合作开发跨校学习平台，实现资源的共享和互补，优化资源管理的成本和效益。

（六）学生反馈在资源管理中的应用

高校应定期收集学生对于学习资源的使用体验与需求，及时调整资源库的内容与形式。通过学生反馈，教师可以更加准确地了解哪些资源最受欢迎、最有效，哪些资源需要改进或删除。反馈机制的引入能够帮助高校和教师更加科学地管理资源，使其更加贴合学生的实际学习需求。

第四节　学习者参与感的提升策略

一、个性化学习路径的设计

（一）基于语言水平的分层学习路径设计

每个学生的语言基础不同，混合式教学应通过评估学生的语言水平，为他们提供相应的学习路径。例如，初学者可能需要更多的基础词汇和语法学习，而中高级水平的学生则可能更侧重于语言的实际应用与跨文化交际。因此，个性化学习路径可以根据学生的当前语言水平，将学习资源和任务分为不同的难度层次。通过这种分层设计，学生能够避免因为学习内容过于简单或过于复杂而失去兴趣，确保每位学生都能在自己的水平上得到适当的挑战，从而提高参与感。

（二）结合兴趣导向的学习资源选择

兴趣是激发学习动机的重要因素。混合式教学应根据学生的个人兴趣提供个性化的学习内容，如选择与学生兴趣相符的主题或文化背景材料。比如，喜欢旅游的学生可以学习与旅行相关的情景对话和词汇，而对文学感兴趣的学生则可以阅读经典文学作品和相关评论。通过提供与学生兴趣相匹配的学习材料和任务，学生在学习过程中会感到更有动力和成就感，从而提升对学习的积极参与。此外，兴趣导向的学习路径能够让学生感受到语言学习与个人生活的紧密联系，进一步增强学习的内在动力。

（三）灵活的学习节奏与自主学习选择

个性化学习路径的设计还应当给予学生灵活的学习节奏和选择权，

帮助他们在合适的时间和方式下学习。混合式教学可以通过提供自主选择的学习模块，让学生根据自己的时间安排和学习进度自由调整学习路径。例如，学生可以选择在线学习资源、互动课程或实践任务等模块，来灵活安排学习任务。这种自主学习的方式能够增强学生的掌控感，使他们在学习中更加积极主动，从而提升参与感。此外，灵活的节奏和选择也让学生在忙碌时段仍能保持有效学习，不至于因为固定时间的限制而感到压力，从而进一步提升学习的持久性和兴趣。

二、多样化的互动学习活动

（一）小组讨论与合作学习

小组讨论是增强学生参与感和促进协作学习的有效方式。通过将学生分成小组，教师可以设计与课堂主题相关的讨论问题，鼓励学生在小组内分享各自的观点与经验。在这样的合作环境中，学生不仅能够相互学习和启发，还可以在语言表达中不断纠正和提升自己。小组讨论不仅培养了学生的批判性思维，还增强了他们在交流中自信运用语言的能力。通过频繁的小组讨论，学生能够感受到语言学习不仅仅是个人任务，而是一种社交互动和知识共享的过程，从而提升课堂参与感。

（二）角色扮演与情景模拟

角色扮演和情景模拟是语言学习中的实践应用活动，能够帮助学生在真实或模拟的场景中运用语言技能。这类活动通常将学生置于某种现实情景中，例如进行模拟面试、餐厅点餐或旅游交流，要求他们使用目标语言进行互动。这种实践活动不仅增强了学生的语言运用能力，还帮助他们熟悉不同的交流场景和语言风格。通过在情景中进行角色扮演，学生能够通过实际体验来理解语言的多样性和应用技巧，提升他们在现实生活中使用语言的自信心与熟练度，同时增强课堂的参与感。

（三）案例分析与问题解决任务

案例分析和问题解决任务是以实际问题为导向的互动学习活动，能够有效提升学生的语言思维能力和实践运用水平。教师可以设计与语言相关的案例，让学生通过分析案例中的问题，提出解决方案，并在此过程中运用目标语言。例如，教师可以让学生分析某个文化差异引发的误解事件，鼓励他们讨论如何通过恰当的语言表达和跨文化沟通来解决问题。通过这种案例分析与解决任务，学生不仅能够加深对语言规则和文化背景的理解，还能够在实际应用中提升语言运用的准确性与灵活性。这种学习活动有助于学生通过实践探索语言的实际功能，激发他们的学习兴趣和参与感。

三、引入技术支持的参与工具

（一）在线讨论板与即时问答的互动性

在线讨论板和即时问答功能是混合式教学中常用的互动工具。这些平台允许学生在课后继续与教师和同学进行讨论，无论是对课程内容的疑问还是对课堂讨论的延伸，学生都可以随时发言。这种即时的参与形式不仅打破了时间和空间的限制，还鼓励那些可能在课堂上不太敢发言的学生参与到讨论中。通过在线讨论，学生能够进一步深化对课程内容的理解，并从其他同学的观点中获得新的启发。即时问答工具还能帮助学生在遇到问题时及时得到反馈，增强他们的参与感和互动性。

（二）投票工具的即时反馈与决策参与

投票工具是提升学生课堂参与感的一种简便而有效的技术手段。教师可以通过在课程中设置即时投票，鼓励学生参与课程中的某些决策或表达对某个问题的看法。投票不仅能够让学生以一种匿名、快速的方式参与课堂互动，还能让他们感受到对课程内容的控制感和参与感。例如，教师可以使用投票工具让学生选择下一节课的讨论主题、决定某个案例分析的方向等。学生能够感受到他们的意见被重视，进而增加对课程的投入度和参与度。

（三）学习管理系统（LMS）的实时反馈与个性化支持

学习管理系统（LMS）中的实时反馈功能为学生提供了个性化学习体验，增强了他们的参与感。通过 LMS，教师可以追踪学生的学习进度，并为他们提供即时的反馈和建议。例如，系统可以自动为学生的测验或作业进行评分，并提供详细的错误分析和改进建议，帮助学生在学习过程中不断修正错误。实时反馈不仅让学生能够迅速看到自己的学习成果，还增强了他们的学习动机。此外，LMS 中的个人进度追踪功能让学生可以随时掌握自己的学习进展，提升对学习过程的掌控感，从而进一步提高参与感和主动性。

四、阶段性目标和奖励机制的设定

（一）阶段性目标提供明确的学习方向

阶段性目标的设定为学生提供了清晰的学习方向，让他们知道在每个阶段应完成的任务或掌握的知识点。例如，教师可以将整个课程划分为几个小的学习阶段，每个阶段都有特定的学习目标，如掌握特定的语法结构、完成一次口语演讲或通过一个听力测试。这样，学生能够逐步看到自己在学习过程中的进展，不至于因为长期目标过于遥远而丧失学习的动力。通过阶段性目标的设定，学生可以更有条理地组织自己的学习，从而保持较高的参与感和专注力。

（二）小任务和挑战目标提升成就感

设定分阶段的小任务或挑战目标有助于学生在短时间内取得成就感，从而增强他们的学习积极性。每个小任务或挑战目标可以根据学生的学习水平和能力量身定制，如完成一篇短文写作、参与一次在线讨论、解决一个语言问题等。这些任务设计得适度有挑战性，但又不至于让学生感到过分困难。通过在短期内实现这些小目标，学生能够不断体验到完成任务带来的成就感，这将激发他们更主动地参与到学习中，并持续保持对学习的兴趣。

（三）奖励机制强化学习动机与参与意愿

教师可以通过积分系统、证书、表扬或其他形式的奖励机制来肯定学生在完成任务后的表现。例如，学生在完成某个阶段的学习任务后可以获得积分奖励，达到一定积分后可以兑换奖品或获得学习证书。这样的奖励机制不仅能够为学生提供外部的动力，还能在学习过程中形成正向激励，让学生更加主动参与到任务中。即时的奖励和认可能够使学生感受到他们的努力得到了肯定，增强他们的学习成就感和持续参与的意愿。

五、增加跨文化交流与合作机会

（一）组织国际化的小组项目，促进跨文化交流

组织国际化的小组项目是有效提升学生跨文化交际能力的方式之一。教师可以通过与其他国家或地区的学校或教育平台合作，将学生分成跨国小组，进行共同的项目或任务合作。例如，可以让学生一起完成跨文化研究报告、共同设计语言交流活动，或针对某个国际议题进行讨论。通过这些国际化小组项目，学生不仅能够在与来自不同文化背景的同伴交流中运用语言，还能更好地理解文化差异如何影响语言表达和交际方式。这种合作学习不仅提升了学生的语言技能，还增强了他们的跨文化敏感性和适应能力。

（二）利用在线平台进行跨国合作学习，增加真实互动

在线学习平台为跨国合作学习提供了便利条件，教师可以借助这些平台将不同国家或文化背景的学生连接在一起，进行语言学习和文化交流。通过在线讨论、视频会议或联合学习任务，学生能够与远程的同伴进行实时互动，分享各自的文化背景和学习经验。例如，教师可以设计跨国学习伙伴计划，让学生与来自不同文化背景的学习者结对，通过定期交流来共同学习语言和文化。学生能够在真实的跨文化情景中进行语言实践，增加对语言的应用感知，同时也能加深对其他文化的理解。

（三）设计跨文化任务，提升语言与文化双重学习效果

通过设计跨文化任务，学生能够在具体的实践中应用语言技能并提升文化理解能力。例如，教师可以设置情景任务，要求学生模拟跨文化商业谈判、国际会议或多国文化节日活动的策划等。这些任务要求学生不仅要运用语言进行交流，还需要理解和尊重不同文化中的行为规范和交际习惯。学生能够将所学语言与文化背景紧密结合，增强语言在实际应用中的灵活性和实用性。跨文化任务还能帮助学生形成全球化视野，使他们在未来的学习和职业中更好地适应国际化环境。

六、引入实际生活中的任务型学习

（一）与日常生活相关的任务设计，增强学习的现实感

任务型学习的核心在于让学生在真实或模拟的情景中应用语言。教师可以设计与学生日常生活密切相关的任务，如模拟购物、问路、餐厅点餐等日常交流情景，让学生使用所学语言完成这些任务。学生能够在实践中体会到语言的实际应用价值，提升对学习内容的兴趣和理解。任务的现实感能够增强学生的参与度，让他们意识到学习语言不仅是应对考试，更是为了在实际生活中流利使用，提高其对语言学习的长期

动机。

（二）职业导向的任务设计，提升语言的专业应用能力

为了增强学生的职业竞争力，教师可以设计与学生未来职业目标相关的任务，让他们在模拟的工作场景中运用语言。例如，教师可以安排模拟面试、商务谈判、项目汇报等与职业发展紧密相关的任务，帮助学生掌握专业领域中的语言技能。学生不仅能够提升其在职场中的语言应用能力，还能培养必要的职业沟通技巧。这种职业导向的任务学习能够帮助学生看到语言学习的长远收益，进一步增强他们的学习动机和投入感。

（三）设计跨学科任务，促进知识迁移与综合运用

混合式教学中的任务型学习不仅可以局限于语言本身，还可以与其他学科结合，设计跨学科任务。例如，教师可以结合学生正在学习的其他课程内容，设计需要用目标语言进行的跨学科项目，如撰写科学报告、进行历史演讲或分析经济数据等。通过这种跨学科任务，学生能够将语言技能与其他学科知识相结合，增强他们在不同情景中的语言运用能力。跨学科任务促进了学生对知识的迁移和综合运用，帮助他们在多元领域中体验语言的实际应用价值，进一步激发学习热情和参与感。

第六章　深度教学视域下高校外语混合式教学的挑战与应对策略

第一节　教学环境变化对混合式教学的影响

一、技术驱动的学习环境转变

（一）在线学习平台拓展了学生自主学习的空间

学习管理系统（LMS）、虚拟课堂和在线讨论区等技术工具的引入，使得学生的学习环境从传统教室延伸到线上。学生能够随时随地访问学习资源、完成在线作业和参与课堂讨论。这种技术支持的学习环境不仅让学生能够根据自己的时间安排进行学习，还能够在有需要时反复观看课程视频或查阅材料，增加了学习的灵活性和自主性。学生可以根据自己的学习节奏进行个性化的学习体验，从而提升了学习效率和积极性。

（二）实时互动与反馈提升学习效果

技术驱动的学习环境使得教师与学生之间的互动更加频繁且高效。通过在线讨论区、即时问答和虚拟课堂中的互动功能，学生能够随时提出问题并获得教师的即时反馈。这种互动的便利性极大地缩短了学生在学习过程中遇到困难的反馈时间，让学生能够更加及时地解决问题。此外，教师能够通过在线平台收集学生的学习表现数据，监控他们的学习进展，随时调整教学内容和方法，为每个学生提供个性化的指导，确保学习效果的最大化。

（三）数据分析技术助力个性化学习路径

学习管理系统中集成的学习分析功能能够帮助教师追踪每个学生的学习行为，如课程参与度、作业完成情况、在线测试成绩等。这些数据为教师了解学生的学习情况提供了宝贵的依据。教师可以精准识别哪些学生需要额外帮助，哪些学生表现优异，从而为他们设计更加个性化的学习路径。这种数据驱动的教学调整能够更好地满足学生的个体需求，帮助他们在自主学习中得到有效支持和提升。

二、学习空间从教室扩展到虚拟环境

（一）打破时空限制，增强学习灵活性

虚拟学习环境的引入使学生能够在任何时间、任何地点访问课程内容。在线课程、视频资源、电子书籍等学习材料可以随时提供给学生，赋予他们更大的学习自由度。学生不再受限于特定的上课时间或物理教室的空间，能够根据个人的时间安排进行学习。这种灵活性尤其适合那些需要兼顾工作或其他事务的学习者，使他们能够在学习过程中保持高效。同时，学生可以根据自己的学习节奏反复观看视频讲解或重新阅读材料，以确保对知识的深入理解。

（二）虚拟任务与互动促进深度学习

虚拟环境不仅提供了灵活的学习资源，还通过在线任务、互动式作业和在线讨论促进了学生的深度学习。例如，教师可以设计在线讨论区、小组项目或虚拟角色扮演等互动活动，鼓励学生在虚拟空间中应用所学语言进行沟通与合作。学生可以在线参与讨论、提交作业并与同学或教师进行交流。这样的虚拟任务和互动增强了学习的实践性和参与感，让学生不仅限于在教室里学习理论，还能在实践中掌握语言运用技巧。

（三）对教师教学设计提出更高要求

学习空间的扩展意味着教师需要重新规划教学活动，平衡线上和线下教学的特点。在虚拟环境中，学生的自主学习能力与线上资源的整合变得尤为重要，教师必须设计出既能在教室中提供有效互动，又能在线上实现自主学习的教学计划。例如，教师需要考虑如何通过线上工具和资源实现知识传授、如何安排线上测试与评估，以及如何通过线上互动保持学生的学习动机和参与感。这对教师的教学设计能力提出了更高的要求，需要他们掌握线上教学工具的使用，并将其与线下教学有机结合。

三、资源丰富化与获取途径的便捷化

（一）多样化的资源丰富了学习内容

传统教学中，学生的学习资源往往局限于教材、课堂讲义或参考书籍，资源的形式单一，无法充分满足不同学习者的需求。随着在线平台的引入，混合式教学为学生提供了丰富的多媒体资源，如视频讲解、音频材料、互动课件、在线词典等，涵盖了听、说、读、写等各个方面的内容。这些多样化的学习资源不仅让学生可以从多个角度理解语言和文化，还为不同学习风格的学生提供了适合他们的学习材料。例如，喜欢听觉学习的学生可以通过音频练习提高听力，而视觉学习者则可以通过视频讲解加深对语言结构的理解。

（二）资源获取途径的便捷化提升了学习效率

混合式教学中的在线平台使得学习资源可以随时随地获取，打破了时间和地点的限制。学生可以通过学习管理系统（LMS）、在线图书馆或开放教育资源平台快速查找所需的学习材料。这样，学生不再依赖特定时间到图书馆借阅或通过老师索取资料，而是可以即时获取课程视频、电子书、学术文章等资料。资源获取的便捷性极大提升了学习效率，使学生能够在遇到问题时迅速找到解决方案，有效促进了自主学习的进展。

（三）促进个性化学习与自主探索

资源的丰富化和获取途径的便捷化为学生个性化学习提供了强大的支持。每个学生的学习需求、兴趣和进度都各不相同，通过广泛的资源选择，学生可以根据自身的学习目标和节奏自由选择合适的材料。例如，学习目标是提高口语能力的学生可以重点练习口语相关的资源，而想提升阅读理解的学生则可以重点查阅在线电子书和学术文章。学生可以自主探索自己感兴趣的领域，形成个性化的学习路径，从而进一步激发学习兴趣和动力，推动深度学习的实现。

四、师生互动方式的多元化

（一）多样化的线上沟通工具提升了互动便捷性

混合式教学通过电子邮件、在线聊天平台、讨论区、虚拟会议等多种线上渠道，使得师生之间的交流变得更加灵活与便捷。学生不再局限于课堂时间向教师提问或寻求帮助，而是可以通过这些工具随时向教师反馈学习中的问题。这种即时沟通方式能够快速解决学生在学习过程中遇到的疑问，避免了由于问题堆积而导致的学习进度延误。同时，教师也能利用这些线上平台，在课外时间给予学生个性化的帮助和支持，增强了学习的连续性。

（二）增强师生互动频率，促进个性化指导

师生互动时间有限，且由于班级人数较多，教师难以为每个学生提供充分的个性化指导。混合式教学环境通过线上线下结合的方式，增加了师生互动的频率。例如，教师可以通过在线平台定期检查学生的学习进度，提供反馈和建议，或者在学生遇到特定问题时安排个别辅导。这种频繁的交流使得教师能够更好地关注每个学生的学习状态，提供更具针对性的指导。

（三）虚拟会议与在线讨论加强课堂外的深度互动

混合式教学中的虚拟会议和在线讨论区为学生提供了课堂外深度互动的机会。通过虚拟会议，学生可以在特定时间与教师进行实时互动，参与小组讨论、辅导课程或问题解答。这种形式不仅增强了课堂外的学习参与感，还让学生能够与教师直接对话，讨论学习中的难点与疑惑。而在线讨论区则为学生提供了持续性的交流平台，学生可以随时与教师或同学讨论学习内容，分享见解。这种长效互动有助于巩固课堂所学，并进一步推动学生的批判性思维与独立学习能力的提升。

五、教师角色的转变与教学设计的复杂化

（一）从知识传授者转向学习引导者

教师的主要角色是知识传授者，课堂上以讲授为主。教师不仅需要教授知识，还要引导学生通过自主学习和探索来掌握知识。教师更多地充当学习的支持者，帮助学生找到适合自己的学习路径，提供引导和鼓励，促进学生的独立思考与问题解决能力。例如，教师通过提供多样化的学习资源，鼓励学生利用虚拟学习平台进行自我探索，帮助他们在知识建构中发挥主动性。这个角色的转变使得教师不仅要具备专业的学科知识，还要具备引导和支持学生自主学习的能力。

（二）教学设计的复杂化与数字化教学工具的掌握

随着教学环境从线下扩展到线上，教师需要精通各种数字化教学工具，并能够熟练应用这些工具进行教学设计。教师不仅要设计课堂讲授

内容，还要利用学习管理系统（LMS）、在线测验工具、虚拟讨论区等技术，进行线上活动的设计和管理。这使得教学设计变得更加复杂，因为教师不仅需要考虑线下课堂的互动，还要确保学生在虚拟环境中的学习体验与效果。例如，教师需要合理安排在线课程视频的观看时间、设计互动式线上讨论、进行及时的反馈评估等，以确保线上线下结合后的学习目标一致，效果最大化。教师对这些工具的掌握和运用能力直接影响到教学设计的质量与效果。

（三）教学策略的灵活调整以适应多样化学习需求

学生的学习方式和需求各异，教师需要根据学生的不同情况灵活调整教学策略。面对部分学生更偏好自主学习、部分学生更适应传统课堂的情况，教师必须设计适合多种学习风格的教学活动。例如，教师可以为自主学习能力较强的学生提供更具挑战性的自学任务，而对需要更多指导的学生则提供一对一的在线辅导或小组讨论。此外，教师还需要定期监测学生的学习进度和表现，及时调整教学内容和难度，以确保所有学生都能在不同的学习环境下得到个性化的支持和引导。这种策略调整能力是教师在混合式教学中确保学生学习效果的重要因素。

六、评估方式的多样化与个性化

（一）灵活的在线测验与即时反馈

在线评估工具为混合式教学提供了更灵活的评估方式。教师可以通过在线测验工具随时对学生的学习进度进行评估，而不再局限于期末考试或特定的评估时间。例如，教师可以设计小型在线测验或随堂测验，测试学生对近期学习内容的掌握情况。在线测验的即时反馈功能使得学生能够在提交答案后立即获得结果和改进建议，帮助他们及时了解自己的薄弱点并做出调整。这种即时反馈不仅提高了评估的效率，还提升了评估的个性化水平，使学生能够在学习过程中不断改进。

（二）任务型评估与项目汇报提升实践能力

传统的纸质测验往往难以评估学生的综合语言能力，特别是在实际语言运用方面。教师可以设计任务型评估和项目汇报，让学生通过完成真实的语言任务或项目展示其语言应用能力。例如，教师可以要求学生模拟商务谈判、设计文化介绍演讲或完成语言应用项目，这类评估任务能够测试学生的语言技能、思维能力以及在实际情景中的语言运用情况。任务型评估的灵活性和实践性使得教师可以更全面地了解学生的能力，提升评估的实效性，并促使学生更加主动地参与学习。

（三）个性化评估路径促进差异化学习

混合式教学的评估方式还可以根据学生的个体差异进行个性化设计，促进差异化学习。通过学习管理系统（LMS）或其他在线平台，教师可以为不同水平的学生设置个性化的评估路径。例如，语言基础较强的学生可以完成难度较高的评估任务，而基础薄弱的学生则可以通过分级任务逐步提升语言能力。此外，教师还可以根据学生的学习进度，调整评估频率和内容，确保每位学生都能在适合自己的节奏中进行学习和进步。这种个性化评估不仅提升了学习的针对性，还增强了学生的参与感和学习动力。

第二节 学习者多样性带来的挑战与解决方案

一、深度教学视域下高校外语混合式教学中学习者多样性带来的挑战

（一）语言水平差异造成的教学难度

在高校外语课程的教学过程中，语言水平的差异是教师面临的最大

挑战。学生往往来自不同的学术背景，语言能力参差不齐。有些学生可能已经具备了相对扎实的语言基础，能够轻松应对高级内容的学习，而另一些学生则可能处于初级阶段，需要更多的基础训练。这种差异不仅体现在语言技能的掌握上，还体现在对语言学习的理解和应用能力上。因此，教师在设计课程内容和教学方法时，必须兼顾不同层次学生的需求，确保每个学生都能够有效参与到课程中，并在各自的水平上取得进步。对于语言基础较强的学生来说，重复基础知识可能会导致他们失去兴趣，感到学习内容过于简单，进而降低学习的积极性和参与度。与此同时，对于那些刚刚起步的学生来说，课程内容如果过于复杂，则会使他们感到挫败，难以跟上教学进度，甚至可能对语言学习产生畏惧心理。因此，如何在一堂课中同时满足不同水平学生的学习需求，成为教师必须解决的核心问题。

为了应对语言水平差异带来的挑战，教师需要采用分层教学的策略，通过调整教学内容和方法来适应不同层次的学生。分层教学的核心在于为每个层次的学生提供适合其语言能力的学习材料和任务。例如，教师可以在讲解基础语法时，为基础较好的学生设计一些更具挑战性的任务，如深入讨论语法结构的变体或应用情景，而对于基础较弱的学生，教师可以提供更多的练习机会，帮助他们巩固基础知识。通过这种差异化的教学设计，教师能够在同一课堂内兼顾不同层次学生的需求，既能帮助高水平学生进一步提升语言能力，也能为低水平学生提供必要的支持和指导。此外，教师还可以通过个性化学习路径的设计，进一步应对学生的语言差异。教师可以利用在线学习平台为学生提供不同难度的学习资源和任务。学生可以根据自己的语言水平选择合适的内容进行自主学习，教师则可以在课前或课后提供补充材料，帮助学生进一步理解和消化课堂内容。例如，对于语言水平较高的学生，教师可以提供一些高级阅读材料或复杂的语言应用任务，可以推荐一些初级练习或基础语法的讲解视频。这样一来，学生能够根据自己的学习需求选择适合的资源和学习任务，避免了学习内容过于简单或过于复杂的情况。

通过小组合作学习或讨论，教师可以将不同语言水平的学生组合在一起，让他们在合作中相互学习和支持。较强的学生可以帮助较弱的学生理解语言难点，而较弱的学生则可以通过与高水平学生的互动，提升自己的语言应用能力。这种合作学习不仅能够促进学生之间的交流，还能够增强学习的动力和参与感。此外，教师还可以通过小组任务设计不同难度的任务和角色，让每个学生在自己的能力范围内参与任务，确保他们在合作中都能有所收获。为了确保不同水平学生在课堂上都能得到有效的反馈和指导，教师的个性化反馈也显得尤为重要。教师可以利用在线平台实时跟踪学生的学习进度，并根据学生的表现提供个性化的反馈和建议。例如，对于基础较弱的学生，教师可以给予更多鼓励和指导，帮助他们克服学习中的困难，而对于水平较高的学生，教师则可以提供更具挑战性的任务和深层次的反馈，帮助他们进一步提升语言能力。通过个性化的反馈，教师能够确保每个学生都能在适合自己的节奏下学习，并获得相应的支持和指导。

为了有效应对语言水平差异带来的挑战，教师还需要灵活运用多样化的教学方法。传统的讲授式教学往往难以同时满足不同层次学生的需求，因此，教师可以结合案例分析、角色扮演、情景模拟等互动性强的教学方法，让学生在实际语言运用中提升能力。通过让学生参与真实的语言任务，教师不仅可以帮助他们巩固所学知识，还能够通过任务的难度调整来适应不同语言水平的学生，确保每个学生都能在课堂上有所收获。

（二）学习风格和偏好不同

在高校外语教学中，学习者的学习风格和偏好的多样性给教学设计带来了挑战。每个学生都有独特的学习习惯和偏好，有些学生更倾向于视觉学习，他们习惯于通过图表、图片或视频等视觉材料进行学习；另一些学生则可能更依赖听觉，通过听讲座、音频或与他人交流来获取信息。此外，动觉学习者则需要通过动手实践、实验或互动活动来加深理解。这种学习风格的多样性使得教师在设计教学活动时，必须考虑如何满足不同风格学习者的需求，确保每个学生都能在适合自己的方式中有效学习。面对这种学习风格的差异，混合式教学模式提供了一些可能的解决方案。混合式教学将传统课堂教学与线上自主学习相结合，理论上可以为不同风格的学习者提供更广泛的学习资源。然而，实际操作中，学生在适应这种教学模式时往往会遇到各种问题。例如，习惯于视觉学习的学生可能更喜欢线上视频课程和图表资源，而听觉学习者则可能在面对静态的视觉材料时难以集中注意力。此外，动觉学习者在没有实践活动或互动任务的情况下，可能会感到学习的效果不佳。这些差异使得教师必须在教学设计中投入更多的精力，以确保多种风格的学生都能够获得合适的学习体验。

为应对这一挑战，教师首先需要明确不同学习风格的特点，并通过多样化的教学资源来满足这些需求。对于视觉学习者，教师可以提供丰富的视觉化材料，如图表、思维导图、PPT 展示、视频讲解等。通过这些视觉资源，学生能够更直观地理解语言结构和文化背景，特别是在学习复杂语法或词汇时，图表和视频能帮助他们理清逻辑和内在联系。与此同时，教师还可以通过在线平台提供相关的多媒体材料，让视觉学习者在自主学习时能够随时查阅这些资源。对于听觉学习者，教师则需要更关注听力和口语活动的设计。例如，教师可以增加音频资料的使用，如提供有声书、播客、语言练习的音频文件等，帮助听觉学习者通过听力强化对语言的理解。此外，课堂中的互动讨论也是提升听觉学习者学习效果的重要方式。通过小组讨论、课堂辩论或角色扮演，听觉学习者能够通过与同伴的对话加深对语言知识的理解，并在实际语言交流中提高听力和口语能力。

而针对动觉学习者，教师则需要设计更多的实践性任务与互动活动，帮助他们通过动手操作来掌握知识。混合式教学中的线上资源可以包括交互式练习、模拟任务、语言游戏等，鼓励学生通过操作和实验来学习语言。例如，教师可以设计虚拟角色扮演任务，要求学生在模拟情景中运用语言完成任务，这种任务不仅能够激发学生的兴趣，还能够让他们在实践中感受到语言的应用价值。在课堂中，教师可以通过动觉学习活动如小组项目、合作写作、角色扮演等形式，鼓励动觉学习者参与互动，从而通过实际应用加深对语言的掌握。尽管混合式教学模式为解决学习风格差异提供了一定的灵活性，但这也给教师带来了新的挑战。教师在设计多样化的学习活动时，既需要保证线下课堂的互动性，也需要考虑线上资源的个性化和多样性。这种设计难度不仅体现在资源的开发和选择上，还体现在如何合理安排教学节奏，确保每种学习风格的学生都有足够的机会通过他们偏好的方式进行学习。例如，教师需要在每堂课或每个学习模块中兼顾视觉、听觉和动觉学习者的需求，既要设计有视觉吸引力的 PPT 和视频展示，也要安排听觉学习者参与的听力练习和小组讨论，同时还需要确保动觉学习者通过操作任务来巩固所学内容。

教师还需要在教学反馈和评估中考虑不同学习风格的差异。教师可以通过图表或思维导图的形式给予反馈，帮助他们更清晰地理解自己的学习进展；教师则可以通过口头反馈或音频评论的方式进行指导。而动觉学习者则可以通过实际任务的完成情况得到评估，如角色扮演中的表现、合作项目的完成度等。多样化的评估方式不仅能更好地反映学生的实际学习情况，也能让不同风格的学生在适合自己的方式中展示学习成果。

（三）学习动机与目标不一致

学生的学习动机和目标往往千差万别，这种差异给课程设计带来了极大的挑战。学习动机和目标决定了学生对课程内容的关注点和参与度。有些学生希望通过外语学习提升日常交流能力，他们更关注语言的实际应用和口语表达；而另一些学生则希望通过外语掌握学术写作技能，用于学术研究和论文撰写。此外，还有部分学生将外语学习视为未来职业发展的必备技能，因此他们在学习中更加注重商务沟通和专业领域的语言应用。这种多样化的学习目标使得教师在设计课程时，需要在不同方向的需求之间找到平衡，确保所有学生都能够从课程中受益。对于动机以交流为主的学生，他们的目标主要集中在提升语言的实际使用能力，特别是在口语和听力方面的流利度和准确度。他们希望通过课程能够与他人进行无障碍的沟通，并在各种社交场合中自如地运用语言。因此，这类学生在课程中更期待互动性强的语言活动，如对话练习、角色扮演、情景模拟等。这些任务能够帮助他们将课堂上学到的词汇和语法结构应用到实际交流中，提升语言应用能力。然而，这样的互动活动可能并不适合那些学习目标侧重于学术用途的学生。对于学术需求较高的学生来说，他们更需要通过大量的阅读和写作训练，提升专业文献的理解能力和学术文章的撰写技巧。因此，如果课程内容偏重于口语交流，这类学生可能会觉得课程内容与自身需求脱节，学习效果也会因此大打折扣。

职场导向的学生则更关注语言在商务环境中的实际应用，如邮件写作、商务谈判、会议沟通等。他们希望通过课程掌握专业领域中的语言表达，并能够在职场中自信地运用外语。对于这些学生来说，课程内容如果过于基础或偏向日常交流，他们可能会感到课程没有实际价值。因此，教师在课程设计时需要特别考虑这些学生的需求，通过设计商务情景、模拟职场任务等方式，帮助他们提升职业环境下的语言运用能力。这种目标的差异增加了教学内容设计的复杂性，教师需要在各类需求之间进行取舍与平衡，确保课程内容能够兼顾不同学生的学习目标。为应对学习动机和目标不一致带来的挑战，教师首先可以采用模块化的课程设计。模块化课程设计允许学生根据自己的学习需求和目标选择合适的学习模块。例如，教师可以将课程分为几个模块，如"日常交流与口语表达""学术阅读与写作""职场沟通与商务语言"等。每个模块都针对特定的学习目标设置相应的学习任务和内容，学生可以根据自身的需求选择适合自己的模块。这种模块化设计不仅能够满足不同学生的需求，还能够避免因目标差异导致的学习效果下降。

教师还可以通过设计多样化的学习任务来同时满足不同学习目标的学生。例如，在一次课堂活动中，教师可以设置不同的任务：对于注重交流能力的学生，可以安排他们进行小组讨论或情景对话练习；而对于关注学术能力的学生，则可以要求他们在讨论结束后撰写一篇总结性报告，分析讨论内容并提出个人见解。这样，学生能够在同一个课堂活动中通过不同的任务达到各自的学习目标。教师通过这种灵活的任务设计，能够同时照顾到不同学生的需求，提升课堂的整体教学效果。通过混合式教学中的在线平台，教师可以为不同目标的学生提供不同类型的学习资源和任务。例如，对于那些以交流能力为主要目标的学生，可以推荐更多的口语练习视频和听力材料；对于以学术写作为主要目标的学生，则可以提供更多的学术写作范文和分析报告。而职场导向的学生则可以通过模拟商务场景的在线课程，练习商务邮件写作和会议表达等实际技能。学生能够根据自身目标自主选择合适的学习资源，从而在不同方向上得到更有针对性支持。

　　教师在进行课程设计时，还可以通过定期的需求调查来了解学生的学习动机和目标。这种调查可以帮助教师更好地把握学生的需求变化，从而在课程中进行相应的调整。例如，通过调查了解班级中大多数学生更偏向哪种学习目标，教师可以在课程内容中适当增加相关主题的讨论和任务设置。同时，教师可以鼓励学生在课程中分享自己的学习目标和需求，这样不仅能够促进学生之间的相互理解，还能够帮助教师在教学中更精准地进行个性化指导。

二、深度教学视域下高校外语混合式教学中学习者多样性发展的解决方案

（一）分层教学与个性化学习路径设计

　　语言水平的差异是教师面临的一个显著挑战。由于学生的语言基础参差不齐，教师需要设计灵活的教学策略，以确保每个学生都能够在适合自己的节奏下学习。分层教学与个性化学习路径设计便成为应对这一挑战的重要方法。通过将不同水平的学生进行分类，并为他们提供与其能力相匹配的学习资源和任务，教师可以更有效地满足每个学生的学习需求，最大限度地提升教学效果。针对学生的语言水平差异，分层教学能够帮助教师在一堂课中同时满足不同层次学生的需求。对于语言基础较强的学生，教师可以设计更具挑战性的任务和活动，以保证他们在学习中保持兴趣，并持续提高语言水平。而对于基础较为薄弱的学生，教师可以提供更多的基础知识和练习机会，帮助他们巩固基础。这种分层教学的策略，不仅能够避免强势学生感到学习进度过慢，失去学习兴趣，也能够防止基础较差的学生因为课程内容过于复杂而感到困惑或挫败。

　　教师可以充分利用学习管理系统（LMS），为不同水平的学生设计

个性化的学习路径。LMS 允许教师为每个学生量身定制学习资源、任务和评估方法。例如，教师可以根据学生的入学测试成绩，将学生分为初级、中级和高级三个层次，并为每个层次的学生提供相应的学习材料。初级学生可以重点学习基本的语法、词汇和简单的口语表达；中级学生可以进入更复杂的阅读、听力和写作训练；而高级学生则可以进行更具挑战性的内容，如学术写作、文化讨论和高级听说练习。通过这种分层化的资源分配，教师能够确保每个学生都能在适合自己的难度范围内学习，不会因为内容过难或过易而影响学习积极性。此外，个性化学习路径不仅体现在学习内容的难度上，还可以通过灵活的学习节奏进行调整。有些学生进步较快，他们希望通过加快学习进度来进一步提升语言能力；而另一些学生可能需要更多时间来消化和理解新知识。教师可以为学生设置灵活的学习节奏，允许学习能力较强的学生提前完成任务，并给予他们额外的挑战性任务；这种学习节奏的个性化调整，能够有效避免学生在学习中的焦虑或倦怠情绪，保持他们的学习动力和信心。

为了更好地实施分层教学和个性化学习路径设计，教师还需要定期进行学习评估和反馈。在传统课堂教学工作中，评估通常以期中或期末考试为主，教师可以利用 LMS 中的在线评估工具，进行更加频繁和灵活的评估。例如，教师可以设计每周的在线小测验或阶段性任务，通过评估学生的表现，及时调整他们的学习路径。对于表现出色的学生，教师可以为他们提供更高难度的学习内容，而对于进展缓慢的学生，教师可以给予更多的帮助和指导，甚至修改其学习计划。除了教师的设计和指导，个性化学习路径还需要学生的主动参与。混合式教学模式为学生提供了更多的自主学习机会，因此学生需要在个性化学习路径的设计中发挥积极作用。例如，学生可以通过 LMS 中的学习数据分析了解自己的学习进度，并根据自身的需要和兴趣调整学习内容。学生可以在教师的指导下，自主选择额外的学习资源，如观看相关的视频教程、参加在线讨论或阅读扩展材料。这种自主选择学习资源的过程，能够增强学生的学习主动性和责任感，让他们更加投入地参与到学习中。

虽然分层教学与个性化学习路径设计在理论上能够有效应对学生的语言水平差异，但在实际操作中，教师仍然面临许多挑战。例如，如何准确评估学生的语言水平、如何合理分配学习资源、如何在有限的教学时间内兼顾所有学生的需求，这些都是教师需要解决的问题。因此，教师在实施分层教学和个性化学习路径时，需要不断积累经验，灵活调整教学策略。同时，教师还可以借助同侪合作、教学辅助工具和教学资源的整合，来减轻个性化教学设计带来的负担，确保教学效果的最大化。

（二）多元化学习资源与活动设计

学习者的风格和偏好差异显著，这对教学设计提出了多样化的要求。为了更好地适应这种差异，教师必须提供丰富的、多样化的学习资源和活动，确保学生能够根据自身的学习习惯选择合适的内容。每个学生的学习偏好不同，部分学生倾向于视觉学习，喜欢通过图表、视频等材料进行知识获取；而另一些学生则更依赖听觉，通过听讲座或音频资源来提升语言技能。此外，动觉学习者更愿意通过实践活动和任务来巩固语言知识。针对这些不同的学习风格，教师需要设计和提供多样化的学习资源，以便每个学生都能找到最适合自己的学习方式。多元化的学习资源不仅包括文本材料，还可以延伸至视频、音频和交互式练习等多种形式。教师可以提供思维导图、图表、PPT 展示以及视频课程，这些视觉化材料有助于学生更直观地理解语言结构和文化背景。例如，在讲解复杂语法时，使用颜色区分或图解表达可以帮助视觉学习者快速抓住知识要点。同样，音频资源对听觉学习者来说极为重要。教师可以通过语言练习音频、有声书和播客等方式，帮助学生通过听觉途径提升语言能力。线上资源中的多媒体材料更是为学生提供了丰富的学习选择，学生可以根据个人偏好随时访问这些资源，提升学习体验。

教师可以通过小组讨论、角色扮演、案例分析等形式激发学生的学习积极性和主动性。学生能够通过与同伴的交流碰撞出新想法，提升语言表达能力和理解力。通过角色扮演，学生可以在模拟真实场景的过程中运用语言，这不仅增加了学习的趣味性，还让学生在互动中更好地掌握语言的应用技巧。例如，教师可以设计一个购物场景，让学生分别扮演顾客和店员，通过这种方式练习口语表达。对于更具实践需求的学生，案例分析和解决问题的任务型活动则有助于他们在真实语言情景中运用所学知识，培养分析和解决问题的能力。混合式教学模式的线上线下结合为教师设计多元化学习体验提供了极大的灵活性。在线上部分，教师可以上传各种形式的学习资源，如视频课程、互动式练习和阅读材料，学生可以根据自己的时间和学习节奏选择适合的内容进行自主学习。例如，教师可以将课堂上讲解的内容进行视频录制，供学生课后复习。对于喜欢通过视觉学习的学生，他们可以反复观看视频，理解复杂的语法和语言现象。而在线下部分，教师可以设计更多的互动活动，如小组讨论、角色扮演等，让学生通过面对面的交流和互动应用语言。这种线上线下结合的教学模式，不仅能够满足不同学生的学习需求，还可以最大化学习的灵活性和效率。

教师可以通过学习管理系统（LMS）或其他线上互动平台，组织在线讨论、互动测验或协作任务。例如，教师可以在在线平台上发布一个讨论话题，要求学生在指定时间内通过文字、语音或视频的方式参与讨论。对于那些习惯于书面表达的学生，他们可以选择文字讨论的方式，而对于喜欢口头交流的学生，音频或视频参与更符合他们的学习风格。这种灵活的参与方式，不仅增强了学生的参与感，还为他们提供了更多表达的机会和方式。多元化学习资源的设计还可以通过跨学科内容来激发学生的兴趣。例如，教师可以将语言学习与其他学科知识相结合，设计一些既提升语言能力又增加知识广度的学习内容。例如，教师可以引入历史、经济、文化等领域的阅读材料或视频，既让学生学习语言，又帮助他们了解与目标语言相关的文化背景。教师不仅能够让学生在学习过程中保持兴趣，还能帮助他们在跨学科的语言运用中拓展思维，提高综合能力。

多元化资源和活动设计不仅仅停留在教师的课堂设计中，学生的反馈也是极其重要的因素。通过定期收集学生对不同形式学习资源的反馈，教师能够更好地调整资源的类型和内容。例如，教师可以通过问卷调查、课堂讨论或个别访谈等方式了解学生的学习体验，并根据反馈进行资源优化。如果发现部分资源形式对学生效果不佳，教师可以及时调整，换用其他方式或增加新的学习工具。

（三）目标导向的任务型学习与多样化评估

在应对高校外语教学中学生学习动机和目标的多样性时，目标导向的任务型学习与多样化评估成为重要的教学策略。学生的学习需求和目标各不相同，有些学生希望通过课程提升口语交流能力，而另一些学生可能更关注学术写作或阅读能力的提高。针对这种差异，教师需要设计多样化的学习任务和评估方式，以满足不同学习者的需求，帮助他们在各自的语言技能上取得进步。任务型学习的设计可以围绕具体的学习目标展开，以确保学生通过完成任务来掌握特定的语言技能。例如，对于那些希望提升口语表达能力的学生，教师可以设计模拟真实生活场景的口语任务，如角色扮演、情景对话或小组讨论。通过这些互动性强的任务，学生能够在实践中应用所学语言，逐步提升口语表达的流利度和准确性。这种任务不仅满足了他们的交流需求，还能让他们在实际场景中体会语言的应用价值，增强学习动机和自信心。

对于那些更关注学术能力的学生，教师可以设计以阅读和写作为核心的任务。学术需求较强的学生通常需要大量阅读专业文献，并撰写分析性文章或研究报告。因此，教师可以安排他们阅读学术论文、进行批判性思维的训练，并完成书面作业或长篇论文的写作任务。这种任务不仅可以帮助学生提升阅读理解能力，还能够培养他们在写作中的逻辑思维和组织能力。通过这种目标导向的任务设计，学生能够逐步掌握学术交流中的语言技巧，并为未来的学术研究打下坚实基础。为更好地支持这些任务型学习，教师还需要采用多样化的评估方式，以确保评估能够全面反映学生的学习进度和能力。传统的笔试和测验往往无法全面衡量学生的综合语言能力，特别是在口语、听力和写作等技能上。因此，教师可以引入更多动态和实践导向的评估方式，如在线测验、项目汇报、语言实践等。在线测验不仅灵活便捷，还能即时反馈学生的表现，帮助他们及时发现问题并进行调整。教师可以随时掌握学生的学习进度，并根据需要调整教学内容，确保每个学生都能在合适的节奏下前进。

项目汇报是另一种有效的评估方式，特别适合那些以口语表达或实践能力为目标的学生。教师可以设计小组项目或个人汇报任务，让学生通过语言展示完成某个项目的过程或成果。这样的评估方式不仅能够评估学生的语言表达能力，还能考察他们的团队合作能力和逻辑思维。对于那些需要在职场或学术会议中进行汇报的学生，项目汇报是一次宝贵的实战演练机会，能够帮助他们提前适应真实场景中的语言运用，并提升语言表达的自信心。通过模拟真实的语言情景，如商务会议、学术讨论、日常交际等，教师能够评估学生在实际场景中的语言运用能力。这种评估方式可以通过线上或线下的形式进行，学生不仅能够在语言实践中巩固所学内容，还能通过与同学的互动进一步提升交流技巧。这种实践性评估能够更真实地反映学生的语言水平和进步情况，比传统的纸笔测验更具应用价值。

通过多样化的评估方式，教师还能够有效应对学生学习目标和动机的差异性。例如，对于那些注重口语交流的学生，口语评估和互动式任务将成为他们能力提升的核心衡量标准；而对于那些关注学术写作的学生，论文评估和阅读分析将更能体现他们的学习成果。通过这种差异化的评估设计，教师不仅能够更全面地了解每个学生的学习进展，还能够根据学生的实际表现提供个性化的反馈和建议，帮助他们在学习过程中不断改进和提升。传统的考试通常是一次性的，结果不可更改，而多样化的评估方式则能够为学生提供更多的练习机会和调整空间。通过阶段性的评估和反馈，学生能够更清晰地看到自己的进步和不足，进而更加有针对性地改进学习策略。例如，教师可以在完成某个任务后给予详细的反馈，指出学生在语言运用中的优点和不足，并为其后续学习提供方向性建议。这种持续性的评估和反馈，不仅有助于学生形成自我反思的习惯，还能增强他们的学习积极性和信心。

第三节 教师角色转变的适应与支持

深度教学视域下，高校外语混合式教学不仅改变了教学模式，也促使教师角色发生了显著转变。教师不再仅仅是知识的传授者，而逐渐成为学习的引导者、协调者和技术支持者。这一转变要求教师具备新的技能和适应能力，同时也需要相应的支持体系来帮助教师应对这些变化。

一、教师角色的适应

(一) 从知识传授者到学习引导者的转变

在传统教学模式中，教师主要是知识的传授者，课堂教学大多以讲解为主。而在深度教学和混合式教学中，教师更多地成为学习的引导者。教师不仅需要为学生提供语言知识，还要通过设计任务、提供资源以及引导学生的自我探索，帮助学生在学习过程中自主构建知识体系。例如，教师可以通过个性化学习路径设计，鼓励学生根据自身需求和兴趣进行深度学习。这种角色转变要求教师具备设计任务型学习活动的能力，能够激发学生的学习兴趣，并通过适当的引导帮助他们深入理解和应用语言知识。

(二) 教师成为技术支持者与协调者

混合式教学引入了大量数字化教学工具和在线平台，这使得教师的角色不仅仅局限于课堂管理者，还必须成为技术支持者。教师需要掌握各种线上工具，如学习管理系统（LMS）、视频会议软件、互动测评工具等，以便为学生提供技术支持并组织线上活动。例如，教师需要能够熟练使用LMS上传教学材料、布置作业、跟踪学习进度，甚至进行线上测试和反馈。这要求教师具备一定的技术能力，能够有效利用数字工具来提升教学效率和学生的参与感。同时，教师还需要协调线上线下教学的结合，确保学生的学习在不同模式下能够无缝衔接。

(三) 适应个性化教学与差异化指导的需求

学生的学习需求和风格日益多样化，教师需要在教学过程中提供更多个性化的支持。教师不仅要关注课堂整体教学效果，还要为每个学生提供差异化的指导。这包括为语言基础不同的学生设计不同难度的学习任务，为有特定兴趣的学生推荐个性化学习资源，甚至为学习进度较慢的学生提供额外的辅导。这种差异化指导要求教师对每个学生的学习状态保持敏锐的洞察力，并能够根据学生的需求灵活调整教学策略和资源分配。

二、教师角色转变的支持

（一）专业发展与技术培训的支持

随着教师角色的转变，持续的专业发展和技术培训显得尤为重要。高校应为教师提供系统的技术培训，帮助他们熟悉并掌握各种数字化教学工具和平台的使用。例如，组织专门的培训课程，帮助教师学习如何利用 LMS 进行课程设计、在线评估以及数据分析。此外，教师还需要接受与混合式教学相关的教学策略培训，如任务型教学、互动式活动设计等，以便他们能够更好地引导学生参与学习。高校可以通过定期的研讨会、工作坊或在线课程，帮助教师不断提升他们的技术水平和教学技能。

（二）教学资源与技术支持团队的保障

为了使教师能够顺利适应混合式教学，教学资源的支持也至关重要。高校应建立专门的技术支持团队，帮助教师解决在使用数字工具和平台时遇到的技术问题。教师在准备课程和设计教学活动时，往往会遇到技术挑战，如系统不兼容、资源上传失败或互动工具使用不当等问题。因此，技术支持团队的及时协助能够大大减轻教师的负担，帮助他们专注于教学内容的设计与实施。此外，高校应为教师提供充足的数字化教学资源，如在线图书馆、多媒体素材库等，确保教师在设计课程时能够随时获取所需的资源和工具。

（三）教学同侪支持与协作

在教师角色转变的过程中，同侪支持和协作也是非常重要的因素。

教师可以通过与同事分享教学经验、讨论教学策略，互相学习如何应对混合式教学中的挑战。例如，经验丰富的教师可以在教学团队中提供指导，帮助其他教师优化课程设计和任务设置。此外，教师还可以通过教学社区或工作组，分享教学资源、案例和成功经验，集体讨论如何通过创新的教学策略提升学生的学习效果。这种同侪之间的支持和协作不仅能够帮助教师适应新角色，还能推动整个教学团队的共同进步。

（四）时间与工作负担的合理分配

教师角色的转变通常会伴随着额外的工作负担，教师不仅要负责课堂教学，还需要投入大量时间进行线上课程设计、学生学习进度跟踪和反馈。因此，高校应合理分配教师的工作时间，减少非教学任务的负担，让教师有更多时间专注于教学创新和学生支持。例如，学校可以通过合理调整课程负担、提供助教支持等方式，帮助教师有效分配工作时间，使他们能够平衡线上线下教学的需求。

第四节　持续改进的文化与机制建设

一、持续改进的文化建设

（一）创新与合作的教学文化

创新与合作的教学文化成为高校外语教育改革的重要推动力。教师之间的合作不仅能够激发新的教学思路，还能通过集思广益的方式提升整体教学质量。高校应当主动倡导一种开放的、鼓励创新的教学文化，让教师有勇气去尝试新方法、新工具。这种文化的建立可以为教师提供一个安全的环境，使他们在教学实践中自由探索，鼓励大胆尝试，以寻找最适合学生的教学策略。为了促进教师之间的合作与创新，高校可以定期组织教学研讨会和经验分享活动。这些活动为教师提供了一个交流的平台，教师们可以在此分享各自的成功案例、教学资源和有效策略。教师能够获得新的灵感，借鉴他人的经验，进而提升自己的教学水平。例如，在研讨会上，某位教师分享了他在在线教学中使用的互动工具，其他教师可以根据该案例调整自己的教学方法，从而实现更有效的课堂互动。通过这种经验的积累和分享，教师团队的整体能力得以提升，最终受益的将是学生的学习体验。

不同学科之间的互动不仅能够丰富教学内容，还能帮助教师从不同角度看待问题，从而产生新的教学灵感。例如，外语教师可以与社会学、文化研究、心理学等领域的教师进行合作，设计跨学科的课程。这种合作可以使外语教学更具文化深度和实用性，帮助学生在语言学习中更好地理解文化背景和社会现象。同时，这种跨学科的合作还可以使学生的学习更加全面，激发他们对知识的兴趣和探究精神。在推动创新与合作的教学文化时，高校还应重视对教师创新行为的认可与激励。通过设立"创新教学奖"或"优秀合作案例奖"等激励机制，鼓励教师在教学中进行创新实践，推动他们不断探索新的教学方法和工具。同时，学校可以为教师提供一定的资金支持，帮助他们实施创新教学项目。这种奖励和支持不仅能够增强教师的积极性，还能激励更多教师加入创新与合作的行列中来，共同推动混合式教学的发展。

高校应为教师提供充足的职业发展机会，如参加教学研讨会、进修课程和在线学习等。这些机会不仅能够提升教师的专业能力，还能够拓宽他们的视野，激发创新思维。教师在接受新知识和技能的过程中，也更有可能将这些新的元素融入他们的教学实践中，从而推动课堂的创新。教师的职业发展和创新能力的提升离不开良好的文化氛围。高校应努力创造一个充满活力和支持的教学文化环境，让教师在这里感受到尊重与重视。通过定期的交流与反馈，学校可以及时了解教师在教学中遇到的困难，提供必要的支持与帮助。同时，学校应鼓励教师在教学实践中不断反思与改进，通过建立反思性实践的机制，促进教师对教学创新的持续探索。

（二）以学生为中心的学习文化

创建以学生为中心的学习文化已经成为高校外语教学的重要目标。与传统的以教师为中心的教学模式相比，以学生为中心的文化更加强调学生的学习体验和参与感。教师的角色转变为学习的引导者和支持者，不仅关注知识的传授，更重视如何激发学生的学习兴趣和动力。通过构建以学生为中心的学习环境，教师能够更有效地满足学生的学习需求，提升他们的学习效果。教师应鼓励学生表达他们对课程内容、教学方法以及学习资源的看法与感受。通过定期开展学生满意度调查和座谈会，学校可以收集到有关学生学习体验的宝贵信息。这些反馈不仅能帮助教师更好地理解学生的需求与期望，还能为教学改进提供依据。例如，若调查显示学生对某些在线学习资源的使用不够满意，教师可以及时调整或更换这些资源，以更好地服务学生的学习需求。这样的反馈机制能够增强学生对课程的参与感，让他们感受到自己的意见被重视，从而提升学习动机。

不同的学生有不同的学习风格和节奏，因此，教师应根据学生的个体差异设计相应的学习活动和任务。通过提供多样化的学习资源，如视频、音频、互动练习和文本材料，教师能够满足不同学习风格学生的需求。教师可以提供图表和视频内容；而对于听觉学习者，教师可以使用音频材料和讨论活动。这种个性化的资源配置让每位学生都能够在最适合自己的方式中进行学习，从而提高他们的参与度和学习效果。教师应鼓励学生在学习过程中主动探索和选择适合自己的学习路径。学生可以根据自己的时间和学习需求选择在线学习模块，进行自主学习。例如，学生可以选择观看特定主题的课程视频，或参加他们感兴趣的在线讨论。这种自主学习的方式不仅能够提升学生的学习动力，还能够使他们更深入地参与到学习过程中。

教师在教学中应注重营造积极的学习氛围，增强学生的归属感。在以学生为中心的学习文化中，教师需要关注每个学生的学习体验，确保他们在课堂上感到舒适和被支持。例如，教师可以通过建立一个友好和包容的课堂环境，鼓励学生自由表达自己的观点，积极参与讨论。通过积极的互动和反馈，学生能够感受到学习的乐趣与成就感，从而提高参与度和学习效果。在传统的评估模式中，学生的表现往往通过标准化考试来衡量，而在以学生为中心的文化中，评估的形式应更加多样化和个性化。教师可以采用项目汇报、小组讨论、在线测验等多种方式进行评估，并根据学生的表现提供具体的反馈。这种多样化的评估不仅能够全面反映学生的学习成果，还能帮助他们识别自身的优势与不足，指导他们在未来的学习中进行改进。以学生为中心的学习文化有助于增强学生的学习动机和参与感。在这种文化的引导下，学生不仅成为知识的接受者，更是学习的主动参与者。通过教师与学生之间的良好互动、积极的反馈机制以及灵活的学习资源配置，学生能够在自主学习中实现自我发展，提升语言能力和综合素质。

（三）终身学习与专业发展的文化

在当前快速变化的教育环境中，教师的知识和技能需要不断更新，以适应新的教学要求和技术发展。因此，倡导终身学习的文化对于高校外语教学的持续发展至关重要。终身学习不仅是教师专业成长的必要途径，也有助于提高教学质量和学生的学习体验。高校应积极推动这一文化，鼓励教师通过多种形式的学习来提升自身的教学能力。随着教育理念和技术的不断进步，教师需要不断适应新的教学工具和方法。通过继续教育、专业培训和在线学习等形式，教师能够及时更新教学知识，掌握新兴的教学策略。例如，教师可以参加各种在线课程，学习如何有效利用学习管理系统（LMS）、如何进行在线评估以及如何设计互动式课堂活动。这些学习机会不仅提升了教师的专业能力，也增强了他们在教学过程中的自信心，使他们能够更好地服务于学生。

高校应提供必要的资源与支持，以促进教师的终身学习。学校可以通过资助教师参加各类培训和研讨会，帮助他们获取更多的学习机会。同时，组织学习小组或专业发展社群也是一种有效的支持方式。教师可以在这些小组中分享各自的教学经验，讨论教学策略，共同探讨如何在混合式教学中应用新的技术与方法。这种协作学习的环境不仅能够激发教师的学习兴趣，还能通过互相支持和鼓励促进他们的专业发展。随着数字化教育资源的普及，教师可以通过在线平台访问大量的学习材料，包括课程视频、教学案例和专业文献等。这些资源的灵活性使教师能够根据自身的学习需求和时间安排进行自主学习。高校可以建立一个集中管理的在线资源库，供教师随时查阅和使用，帮助他们在教学实践中不断提升自己的专业水平。

教师在教学过程中应定期进行自我评估，反思自己的教学实践和学生反馈。这种反思不仅能够帮助教师发现自身的不足和改进方向，还能促进他们在专业发展中保持主动性和持续性。高校可以鼓励教师撰写反思日志或教学心得，并在教研活动中分享这些反思，以推动教师之间的学习和成长。终身学习文化的建设还应与学校的教学改革和发展目标相结合。在推动混合式教学的过程中，教师需要掌握与之相关的新知识和技能。因此，高校应将终身学习与教学改革紧密结合，为教师提供必要的支持和指导。通过定期组织与混合式教学相关的专业发展活动，教师可以不断更新其教学理念和方法，从而更好地适应新的教学环境和学生需求。学校应在内部倡导学习和发展的价值观，让教师意识到终身学习不仅是一种责任，也是一种机会。通过举办各种学习活动，如讲座、研讨会、学习成果展示等，学校可以激励教师积极参与终身学习，营造一个充满学习氛围的工作环境。这种文化氛围将促进教师在职业生涯中不断追求卓越，实现专业成长。

二、持续改进的机制建设

（一）反馈与评估机制的完善

一个完善的评估体系不仅能够衡量教学效果，还能够为教师和学生提供及时的反馈，促进教学过程的不断优化。高校应当从多角度设计评估机制，以确保在教学实践中能够全面收集数据和意见，从而准确识别教学中的问题与不足。评估机制需要结合定量与定性的方法，以便全面反映教学效果。量化的数据分析可以通过在线学习平台获取，例如学生的学习成绩、作业完成情况、在线测验分数等。这些数据为教师提供了直观的评估依据，使他们能够掌握每位学生的学习进度与表现。例如，教师可以定期分析学生在平台上的学习活动数据，观察他们在不同学习模块中的参与度和成效，从而判断教学内容的适宜性。如果发现某一模块的完成率较低或成绩不理想，教师可以及时进行调整，以提高学生的学习效果。

高校应定期收集学生和教师的意见与建议，了解他们在混合式教学中的真实感受。这可以通过问卷调查、座谈会或个别访谈等方式进行。例如，教师可以在课程结束后发放问卷，询问学生对课程内容、教学方法以及学习资源的满意度。同时，学校还可以组织教师之间的教学交流会议，分享各自在教学实践中的经验和困惑。这种定性的反馈不仅能够帮助教师发现自身教学中的不足之处，还能提供改进教学的具体建议。建立一个良好的反馈机制要求高校能够及时处理和分析收集到的数据与信息。学校可以设立专门的教学质量监控团队，负责收集、分析和反馈教学数据，以确保信息的准确性和及时性。此外，教学团队应定期召开会议，讨论收集到的反馈信息，制定相应的改进措施。这种持续性的反馈与改进机制能够形成良性循环，促使教学质量的不断提升。

教师的角色转变也对评估机制的完善提出了新要求。教师不仅是知识的传授者，更是学生学习的引导者。因此，教师应主动参与反馈与评估的过程，将学生的反馈作为改进教学的重要依据。例如，教师可以在课堂上引导学生进行即时反馈，通过投票或小组讨论的形式收集学生对课堂活动的看法。教师应及时根据学生的反馈调整教学策略，确保每位学生都能在适合自己的节奏下进行学习。同时，评估机制应当与教学目标紧密结合，确保其能够反映课程的实际效果。在设计评估体系时，高校应明确课程目标，并制定相应的评估标准。例如，对于口语能力的提升，教师可以设计针对性的口语测评任务，评估学生在实际交流中的表现。这样的评估不仅可以为学生提供针对性的反馈，还能帮助教师了解课程目标的达成情况，从而进行必要的调整。

在推动评估机制完善的过程中，信息技术的应用也显得至关重要。高校可以借助学习管理系统（LMS）进行数据的收集与分析，利用在线工具简化反馈流程，提高反馈的效率与准确性。例如，教师可以通过LMS设置自动化的在线测验，系统会自动收集学生的回答并生成数据报告，教师则可以快速掌握学生的学习情况。通过信息技术的支持，高校能够有效地优化反馈与评估机制，提高教学管理的科学性。

（二）资源支持与共享机制

在推动高校外语混合式教学的过程中，建立有效的资源支持与共享机制不仅能够为教师和学生提供必要的学习资源，还能够促进教学的创新和协作。高校应当从多个方面入手，确保资源的充足和有效利用，从而提升混合式教学的实施效果。高校应致力于提供充足的数字化学习资源，如在线课程、教学视频、电子书籍、学术期刊等。通过集中管理这些资源，学校可以确保教师和学生在需要时能够方便地获取所需的教学材料。例如，学校可以建立一个数字资源库，汇集所有相关的学习材料，供师生随时查阅。这样的资源库不仅能够满足课程的多样化需求，还能够为教师提供更多的教学选择，使他们能够根据不同学生的需求和学习风格灵活调整教学内容。

高校需要配备先进的教学技术设备和信息技术支持，确保教师在教学过程中能够顺利使用各类在线工具和平台。例如，学校可以提供技术培训和支持，帮助教师熟悉学习管理系统（LMS）、在线测评工具和互动教学软件等。这种技术支持不仅能够提升教师的使用效率，还能够提高学生的学习体验，使他们能够更轻松地参与到混合式教学中。高校应定期组织专业发展培训，帮助教师掌握新的教学策略和技术应用。通过参加这些培训，教师可以学习到如何有效地设计和实施混合式教学活动，如何利用数字资源和在线平台提升教学效果。这种持续的专业发展不仅能够提高教师的专业素养，也能促使他们更积极地探索和应用创新的教学方法，从而提升整体教学水平。

高校应鼓励教师之间分享教学资源、经验和最佳实践，通过建立线上资源共享平台，让教师可以互相借鉴与学习。在这样的平台上，教师可以上传和下载教学材料，如教案、课件、评估工具等，形成一个丰富的资源库。通过共享平台，教师能够获得同行的支持和建议，增强教学的协作性和创新性。同时，学校可以通过定期的分享会，鼓励教师展示自己的成功教学案例，让更多教师从中受益。不同学科之间的教师可以通过共享平台交流各自的教学资源和经验，探索跨学科的混合式教学模式。例如，外语教师可以与文化研究、社会学、心理学等领域的教师合作，设计跨学科课程。这种合作不仅丰富了教学内容，也为学生提供了更广泛的视野和学习体验。为了确保资源支持与共享机制的有效运作，高校还需定期评估和优化这些机制。学校可以通过调查和反馈的方式，了解教师和学生对资源的使用情况和满意度，并据此调整资源的分配和共享策略。这种持续的改进能够确保资源支持与共享机制始终适应教学的实际需求，推动混合式教学的不断发展。

（三）激励机制与教师发展支持

随着教育环境的不断变化和教学理念的更新，教师的角色和任务也在不断演变。因此，建立有效的激励机制是促进教师积极参与混合式教学、鼓励创新和实践的必要条件。高校应制定明确的奖励政策，以激励教师在混合式教学中表现出色。通过设立"优秀教学案例"评选和"创新教学奖"等，学校能够表彰那些在教学中表现突出的教师。这样的奖励不仅能够提高获奖教师的工作积极性，还能激励其他教师向他们学习，探索更多的教学创新和实践。此外，资金支持和学术交流机会也是有效的激励方式。通过提供科研资助、参加国际会议的机会，学校可以鼓励教师在教学实践中不断探索新的方法和工具，从而推动混合式教学的创新发展。高校应定期组织专业培训，帮助教师掌握与混合式教学相关的新技术、新理念和新方法。例如，可以邀请教育技术专家进行专题讲座，分享如何有效利用在线工具和平台提升教学效果。这种持续的专业发展不仅有助于提升教师的技能和素养，还能够使他们在教学实践中更加自信，进而提高学生的学习体验和效果。此外，学校还可以提供丰富的学习资源，包括在线课程、教学参考书籍和学习社区，鼓励教师进行自主学习和交流。

高校应鼓励教师之间的合作与分享，形成良好的教学合作氛围。教师可以在教研活动中分享自己的教学经验和资源，互相学习，彼此支持。这种合作不仅能够提高教师的教学能力，也能促进团队的凝聚力和协作精神。在这种文化环境中，教师能够感受到来自同事的支持与鼓励，进而激发他们的教学热情和创新意识。高校应积极关注教师的工作状态，倾听他们的意见和建议，及时解决他们在教学中遇到的问题。这种关注与认可不仅能够增强教师的归属感和满意度，还能激励他们在教学中不断追求卓越。当教师感受到自己的工作受到重视，他们更有可能投入更多精力和热情于混合式教学的创新与实践中。高校应建立完善的评估体系，定期对教师在混合式教学中的表现进行评估，并根据评估结果进行反馈和调整。通过定期的评估，学校可以及时发现教师在教学实践中遇到的困难，并提供必要的支持和帮助。这种评估机制不仅能够帮助教师了解自身的优势与不足，还能促进他们的专业发展和成长。

（四）跨部门协作与沟通机制

成功的混合式教学不仅依赖于优秀的教师和有效的教学方法，还需要教学、技术支持、学生事务等多个部门之间的紧密合作。为了确保各项工作的顺利进行，高校应建立有效的跨部门沟通机制，从而实现信息共享和资源优化配置。教师、技术支持团队和学生事务部门各自承担不同的职责，只有通过有效的沟通，才能够确保信息的畅通。例如，教师需要了解技术支持团队提供的在线学习平台的最新功能和使用技巧，而技术支持团队也需要了解教师在教学中遇到的具体问题，以便及时提供帮助。定期召开跨部门会议，可以为各部门提供一个面对面的交流平台，使得大家能够就混合式教学中的问题进行讨论，共同寻找解决方案。教学资源的有效利用至关重要，各部门之间的紧密合作可以帮助识别资源的冗余和短缺。通过会议，部门负责人可以分享各自的需求和挑战，从而共同制定资源配置方案。例如，学生事务部门可能会反馈学生对某些在线资源的需求，而技术支持团队可以根据这些反馈优化相关的技术支持。学校能够确保在实施混合式教学过程中，各项资源得以合理配置和利用，避免资源浪费。

高校应鼓励各部门之间共同制定实施计划，明确每个部门在混合式教学中的角色和责任。例如，在新学期开始前，教学部门可以与技术支持部门联合制定一份详细的实施计划，包括课程设计、教学平台的使用以及学生支持服务等。这种合作不仅能够确保各部门在推进混合式教学的过程中协调一致，还能增强团队之间的合作精神，形成合力，提高教学效果。高校可以利用数字化工具和平台，如项目管理软件和在线协作工具，来促进各部门之间的沟通与合作。各部门可以随时更新和共享相关信息，确保信息的实时性和准确性。同时，这些工具还可以帮助部门之间进行任务分配和进度跟踪，提升工作效率。

为了确保跨部门协作的有效性，高校还应建立评估机制，定期评估各部门在混合式教学实施中的表现与协作效果。通过收集各部门的反馈意见，学校可以及时发现合作中的问题，并进行必要的调整。例如，若某部门在协作中遇到困难，学校应及时提供支持和帮助，以确保整体工作的顺利推进。定期的评估不仅能够促进各部门之间的持续改进，也能提高混合式教学的实施质量。所有的工作最终都是为了提升学生的学习体验与效果。因此，各部门在协作时应时刻关注学生的需求与反馈，确保他们在教学过程中获得必要的支持。通过建立以学生为中心的协作机制，学校能够更好地服务于学生，为他们创造一个积极、高效的学习环境。

第七章 深度教学视域下高校外语混合式教学的评价机制与标准构建

第一节 评估标准的制定与评价工具的选择

一、深度教学视域下高校外语混合式教学评估标准的制定

(一)明确教学目标与能力导向

明确教学目标与能力导向是评估高校外语混合式教学效果的关键一步。深度教学不仅强调学生的知识积累,还特别关注学生在学习过程中综合能力的培养,包括跨文化交际能力、批判性思维和语言的实际运用能力。因此,评估标准的制定必须牢牢把握这些核心目标,以确保学生不仅仅是对知识点的机械记忆,而是能够灵活运用所学知识,并且具备解决实际问题的能力。外语教学不仅仅是教会学生掌握语法和词汇,更重要的是通过语言学习让学生具备跨文化交际的能力。这意味着学生不仅要能够理解和运用外语,还要理解该语言背后的文化背景、价值观念和思维方式,从而在跨文化情景中得体地交流。这一能力的培养是深度教学的重要体现,因此,评估标准在制定时,必须将学生的跨文化交际能力作为重点关注的内容之一。评估不仅要考查学生的语言表达是否准确,还要评估他们是否能够在不同文化背景下恰当地表达思想。

在传统的语言教学中，学生往往被动地接受知识，缺乏对学习内容的批判性思考。而深度教学则鼓励学生在学习过程中积极思考，提出问题，并通过分析和推理来解决问题。外语教学中的批判性思维不仅包括对语言结构的分析能力，还包括对文化背景、社会现象的批判性理解。因此，评估标准需要涵盖学生的批判性思维能力，考查学生是否能够在语言学习过程中进行深度思考，能否对学习材料中的信息进行评估和判断，从而提升他们在复杂情景中的语言运用能力。学生既有在线学习的自主性，也有课堂互动的实践机会。因此，评估标准必须能够反映学生在不同学习环境中的语言运用能力。语言的实际运用不应仅局限于课堂或考试中，而是要涵盖学生在真实情景中的语言表现能力。评估标准应包括对学生听、说、读、写四项基本技能的全面考察，尤其要重视口语表达能力的评估，因为它直接反映了学生在实际生活和工作中运用语言的能力。

深度教学要求学生不仅仅停留在语言表层，而是能够深入理解语言背后的文化内涵。因此，评估标准应当把学生对目标语言国家的历史、社会、文化等方面的理解作为一项重要的考量指标。学生是否能够通过学习语言更好地理解和适应不同的文化环境，是检验外语教学效果的重要方面。随着国际交流的增多，学生不仅需要掌握书面语的运用能力，还需要具备在不同媒介、不同场景下自如交流的能力。这就要求评估标准更加灵活，能够针对不同的教学内容和学习情景进行适应性调整。例如，口语评估应侧重于学生在不同情景下的表达是否得体，而书面评估则应考查学生的语言逻辑性和结构完整性。通过这样的多维度评估，可以更全面地反映出学生的外语综合能力。

（二）注重学生的主动性与反思性

主动参与学习的过程不仅是学生获取知识的方式，更是他们培养自主学习能力和批判性思维的重要途径。因此，评估标准应当更加关注学生在学习中的主动性表现，尤其是在混合式教学环境下，这一方面显得尤为关键。混合式教学模式结合了线上和线下的教学方式，为学生提供了更大的自主空间，学生的学习积极性、参与度和自我管理能力直接影响到学习效果。学生不再是被动接受知识的对象，而是学习的主体。评估标准应当关注学生在课堂内外的参与情况，例如课堂上的互动、线上讨论的积极性，以及学生在学习平台上完成任务的情况。通过对学生学习活动的跟踪记录，可以有效地评估他们在学习过程中的主动性。具体来说，教师可以通过学习管理系统（LMS）收集学生的参与数据，如登录次数、参与讨论的频率、作业完成情况等，从而评估他们在不同阶段的学习参与情况。

学生的学习时间和节奏更加灵活，因此自主学习能力的评估显得尤为重要。评估标准应当包含对学生自主学习行为的考察，例如学生是否能够合理规划自己的学习时间，是否具备独立查找和整合学习资源的能力，以及是否能够自我驱动完成学习任务。这不仅要求学生具备较强的自律性和时间管理能力，还要求他们能够根据教学目标制定学习计划，并在学习过程中不断调整和优化自己的学习策略。通过对这些能力的评估，教师可以帮助学生更好地发展自主学习的能力，提升他们在未来学习中的表现。与此同时，深度教学强调学生的自我反思能力，评估标准也应涵盖这一重要内容。自我反思是学生深入理解学习内容和提升自身学习能力的关键途径。它不仅包括对自己学习效果的反思，还包括对学习过程中遇到的问题、困难以及解决方案的深刻思考。评估标准应考查学生是否能够通过反思发现自己的学习不足，并通过调整学习方法来改进学习效果。学生的反思可以通过学习日志、反思性写作或在线反馈系统来实现，教师可以通过这些方式了解学生在学习过程中的思考深度和反思能力，进而对他们的学习过程进行更为精准的评估。

批判性反思是深度教学中的另一个关键因素。这一过程要求学生具备从多个角度看待问题的能力，并能够通过反思来质疑已有的知识和观点。评估标准应当重点考查学生在学习中是否能够提出有价值的问题，并通过分析和讨论得出合理的结论。例如，在阅读和写作任务中，学生是否能够对文本内容进行深入分析，是否能够识别文本中的隐含意义，并对作者的观点进行评判和回应。通过对这些方面的评估，可以帮助教师了解学生是否在学习过程中发展了批判性反思的能力。外语学习不仅仅是语言技能的掌握，更是对文化、社会现象的深度理解。评估标准可以通过开放性问题、跨学科任务或项目式学习的方式，鼓励学生在语言学习的过程中进行多角度的分析。例如，学生在完成某个项目时，是否能够通过多方面的资料收集和分析得出深刻的见解，是否能够在跨文化背景下对某个主题进行批判性讨论，这些都是评估学生深度探究能力的有效途径。通过这样的评估标准，可以帮助学生在语言学习中获得更多的认知深度和广度。

（三）多维度评价体系的建立

传统的外语教学评估往往仅仅关注语言知识的掌握情况，然而，深度教学强调的是学生的综合能力发展，因此评估体系必须超越单一的知识评估，转向对学生多方面表现的考察。通过建立多维度的评价体系，教师能够更加全面地了解学生在外语学习中的各项能力发展，从而更好地促进他们的深度学习。评估标准应当涵盖听、说、读、写四项基本技能的掌握情况，以及学生在实际情景中的语言运用能力。语言知识的掌握不仅包括词汇量、语法规则的理解和应用，还包括学生对语言的灵活运用和在不同场景中的应变能力。在多维度评价体系中，语言知识的评估可以通过书面测试、口语测试、日常课堂表现等多种形式来进行，以确保对学生语言能力的全面考察。

深度教学不仅要求学生能够使用外语进行交流，更要求他们具备分析和解决复杂问题的能力。评估体系需要包含对学生思辨能力的评估，考察他们是否能够对学习内容进行批判性思考，是否能够从多个角度分析问题并提出合理的解决方案。外语教学中的思辨能力不仅体现在对语言现象的分析上，还包括对语言背后的文化、社会现象的反思和评判。通过设定开放性的问题或讨论环节，教师可以评估学生是否能够有效运用外语进行批判性思考和逻辑表达。语言学习的最终目的是促进跨文化交流，因此，评估学生的跨文化理解力也是多维度评价体系中的重要部分。学生不仅需要理解目标语言的语法和词汇，还需要深刻理解该语言背后的文化内涵、价值观和思维方式。评估标准应当考查学生在跨文化情景中的表现，例如他们是否能够在不同文化背景下得体地表达自己的观点，是否能够理解并尊重其他文化的差异。通过案例分析、跨文化情景模拟等方式，教师可以有效评估学生的跨文化理解力，并帮助他们在语言学习中提高这一关键能力。

合作学习能力是深度教学强调的另一个重要方面，尤其是在混合式教学模式下，学生需要具备良好的团队合作能力。外语学习中的合作不仅仅是语言练习的伙伴交流，更是通过团队合作来解决复杂任务、进行项目式学习的过程。因此，评估体系应当包含对学生合作学习能力的评估，考察他们是否能够在团队中有效沟通、分工合作，并通过团队协作实现学习目标。混合式教学提供了更多的线上合作机会，如在线讨论、团队作业等，这些形式为评估学生的合作学习能力提供了新的数据来源。通过观察学生的合作表现、线上参与度以及团队成果，教师可以更加全面地评估学生在合作学习中的表现。

学生对混合式教学模式的适应能力也是多维度评价体系中的一项重

要内容。混合式教学结合了线上和线下的学习方式，学生需要具备较强的自我管理能力和适应能力，才能在不同的学习环境中取得良好的效果。评估标准应当考查学生在混合式教学中的适应情况，例如他们是否能够合理安排自己的学习时间，是否能够高效使用在线学习资源，是否能够适应不同的教学模式。教师可以通过学习平台的数据分析、学生的在线学习记录以及问卷调查等方式评估他们的适应能力，并根据评估结果对教学模式进行优化调整。通过学生的反馈，教师可以了解他们在混合式教学中的体验和感受，从而进一步优化教学设计。学生的反馈不仅能够反映教学过程中存在的问题，还能够为教师提供改进教学方法的依据。通过定期的问卷调查、匿名反馈平台等方式，教师可以收集到学生对教学内容、教学方式以及学习效果的意见和建议，这对于完善评估体系和提高教学质量具有重要意义。

二、深度教学视域下高校外语混合式教学评价工具的选择

（一）基于学习分析的在线评估工具

基于学习分析的在线评估工具为教师提供了更加全面、精确的方式来评估学生的学习表现。与传统评估方式相比，学习分析技术通过对学生在学习管理系统（LMS）中的各类数据进行深度分析，能够为教师提供详细的数据支持，帮助其更好地理解学生的学习过程以及潜在的困难。这种技术不仅可以实时跟踪学生的学习进度，还能根据其在线参与度、作业提交情况等指标，全面评估学生的学习表现和进展。学习管理系统中的学习分析功能可以对学生的学习进度进行实时跟踪。通过系统数据，教师能够看到每个学生在不同学习模块中的进展情况，并根据其在线学习的频率和时间，判断学生的学习状态。例如，学生是否按时完成课程任务，是否在学习过程中遇到瓶颈，是否需要额外的指导与帮

助，这些信息都可以通过学习分析技术获得。相比传统的纸质作业或考试评估方式，这种在线评估方式能够让教师更快地发现学生的问题，并及时提供针对性的反馈，从而提升教学的个性化水平。

学习分析技术通过对学生在线参与度的分析，能够更加深入地了解学生在混合式教学中的学习投入情况。外语混合式教学不仅要求学生参与线上学习，还要求他们积极参与在线讨论、提交作业、参与小组活动等多项互动任务。学习管理系统可以记录每位学生的参与情况，例如学生在线登录的频率、参与讨论的次数以及互动质量等。教师可以清楚地看到哪些学生参与度高，哪些学生的参与较少或处于被动状态。这一功能有助于教师发现那些可能在学习过程中失去兴趣或动机的学生，并及时采取相应的干预措施，如鼓励学生更多地参与讨论、提供额外的学习资源或一对一的辅导。基于学习分析的评估工具还能够通过作业提交情况的分析，帮助教师了解学生对知识点的掌握程度。外语学习通常需要学生通过各种形式的作业来练习和巩固语言技能，如口语录音、写作任务、在线测试等。学习管理系统能够自动记录每位学生的作业提交时间、完成质量以及教师的评分与反馈。这些数据不仅可以反映出学生的学习态度，还能够展示他们在某一阶段的学习效果。教师可以通过对比学生在不同作业中的表现，判断其是否在某些语言技能上存在薄弱环节，从而为后续教学内容的调整提供数据支持。此外，学习分析工具还可以自动生成学生的学习轨迹，帮助教师更直观地看到学生在整个学习过程中的进步与问题，为教师提供更加精准的教学决策依据。

学习分析工具不仅为教师提供了学生表现的数据，还能够通过数据预测功能，预判学生未来的学习表现。这一功能通过分析学生在课程中的各种行为模式，如作业完成情况、在线参与频率等，生成学习风险预测模型，帮助教师提前发现那些可能在未来学习中表现不佳或存在风险的学生。通过这种提前干预，教师可以有针对性地为这些学生提供额外的学习资源或个性化指导，防止他们在后续课程中掉队。通过对整个班级或某个群体的学习数据进行汇总和分析，教师可以评估教学设计的有效性。例如，某个教学单元是否达到了预期的教学目标，哪些教学活动效果最好，学生在哪些部分出现了较多的错误或困难。这种基于数据的评估可以为教师改进教学策略提供参考，确保教学活动更加符合学生的学习需求和发展水平。与传统的教学反思不同，学习分析技术为教师提供了更为客观和细致的评估依据，从而更有效地提升教学质量。

教师的反馈往往是基于纸质作业或考试结果，反馈的即时性和针对性相对较弱。而在基于学习分析的评估系统中，教师可以通过平台即时查看学生的学习进展，并提供个性化的反馈。学生也能够通过系统即时查看教师的建议，并根据反馈及时调整学习策略。这样的一种双向互动反馈机制能够显著提升学生的学习效果和教师的教学效率。

（二）多模态评估工具的应用

多模态评估工具的应用为全面评估学生的语言运用能力提供了丰富的手段。相比于传统的纸笔测试，多模态评估工具能够通过语音、视频等多种媒介记录和分析学生的表现，尤其是在口语、听力和表达能力的评估方面，这类工具具有独特的优势。通过这些多样化的评估方式，教师可以更准确地掌握学生在实际交际场景中的语言应用水平，并根据评估结果为学生提供个性化的反馈和指导。多模态评估工具能够通过语音评测的方式，全面评估学生的口语能力。传统的口语考试往往通过面对面的形式进行，这种方式受时间和空间限制较大，评估范围也有限。而借助语音评测软件，教师可以随时随地记录学生的口语表达，并通过智能分析技术评估学生的发音准确性、语调、流利度等多维度表现。这类评估不仅能够更精确地捕捉学生的发音问题，还能够为他们提供即时的反馈，帮助学生在短时间内发现并纠正自己的错误。例如，像人工智能驱动的口语评测软件，可以通过自动化的评分系统为学生的发音、语法使用等方面打分，同时提供详细的错误分析和改进建议。学生可以逐步提高自己的口语能力，直到达到预期的水平。

多模态评估工具可以通过视频录制等形式，帮助教师更好地评估学生在实际交际场景中的语言运用能力。语言的实际运用不仅仅体现在单一的口语表达上，还涉及学生在不同语境中如何得体地使用语言进行交流。通过在线会议平台或视频录制工具，教师可以为学生设计一系列模拟场景，让他们在虚拟环境中练习语言交际能力。比如，在视频会议中模拟跨文化交流的场景，学生需要与同伴或教师进行面对面的语言互动，这样的评估方式能够考查学生在真实交际情景下的语言使用能力，包括他们的语言流利度、反应速度、表达清晰度以及语用得体性等。这种评估方式能够更加全面地反映学生在实际情景中的语言水平，而不仅仅局限于课堂测试或书面表达。外语学习中的听力能力是学生与他人进行有效交流的基础。借助在线听力测试平台，教师可以设计包含多种语速、口音以及复杂度的听力材料，通过这些多样化的输入，评估学生对不同类型语言信息的理解程度。与传统的听力测试不同，基于多模态的听力评估工具能够结合视频、图像等多媒体内容，提供更为真实的语言环境。例如，在观看一段视频的过程中，学生不仅需要听懂对话，还要结合视觉信息理解情景和背景，从而进行更加全面的理解。这样的评估方式能够有效地提高学生的听力水平，并帮助他们适应现实生活中复杂多变的语言环境。

外语学习不仅仅是为了掌握语法和词汇，更是为了能够在多种场景下进行流利、准确表达。借助视频演讲、辩论比赛等形式，学生可以在更具挑战性的语言环境中展示自己的表达能力。通过多模态评估工具，教师可以记录学生在这些活动中的表现，从而评估他们的语言组织能力、逻辑思维能力以及表达的清晰度。例如，学生可以通过录制自己的演讲视频，上传到学习管理系统（LMS）中，由教师进行详细的评估和反馈。这种方式不仅可以培养学生的口头表达能力，还可以提高他们在公开场合使用外语的自信心和表现力。学生经常通过小组讨论、团队项目等形式进行合作学习，而多模态工具能够记录他们在这些活动中的互动表现。例如，在线会议平台可以记录小组讨论的整个过程，教师可以通过回放视频，分析学生在团队中的语言表现和合作能力，包括他们是否能够有效地表达自己的观点、是否能够倾听他人的意见并进行合理的回应等。教师能够更好地了解学生在团队合作中的表现，并为他们提供有针对性反馈与指导。

多模态评估工具不仅能够提高评估的全面性和准确性，还能够促进学生的自主学习。学生可以通过这些工具随时随地进行自我评估，并根据反馈不断调整和改进自己的学习策略。例如，语音评测软件中的自动反馈功能可以帮助学生快速发现自己在发音或语法使用上的问题，而在线平台中的互动讨论和反馈机制则能够激发学生对学习的反思和改进。这种自主学习的能力是外语学习中的关键，学生可以更加主动地参与到自己的学习过程当中，并不断提升自己的语言运用能力。

（三）自评与互评工具的选择

自评与互评工具的选择对于提升学生的自主学习能力和促进同伴之间的有效反馈至关重要。自我反思和同伴反馈是帮助学生深入理解学习过程、改进学习策略的重要手段。因此，教师应慎重选择合适的自评与互评工具，以确保学生能够通过这些工具有效反思自己的学习过程，并从多角度获得同伴的反馈，从而进一步促进深度学习。自评不仅能够促使学生对自身的学习状态进行深度思考，还能引导他们发现自己在学习中的优势和不足。在线问卷是常用的自评工具之一，通过设计针对性的问题，教师可以引导学生对特定的学习内容、学习方法以及学习效果进行自我评估。学生可以通过回答一系列开放性或封闭性问题，反思自己的学习进展，例如是否掌握了学习目标中的核心内容，是否在学习过程中遇到了困难，以及在未来学习中需要改进的地方。自评表也是一种非常有效的工具，它通常提供结构化的反思框架，帮助学生从多个维度思考自己的学习过程，如知识掌握情况、时间管理能力、自主学习的效果等。学生能够对自己的学习进行系统的反思，并制定出改进计划，从而提高学习效率。

　　学生不仅需要从教师那里获得反馈，也需要从同伴的角度获得多维度的评价。互评工具为学生提供了一个平台，使他们能够通过评估同伴的学习成果来提高自己的学习能力。同伴互评系统可以通过在线平台实现。例如，学生可以通过提交自己的写作、口语录音或其他任务，然后由小组成员进行匿名评价。这样，学生可以从不同的角度得到反馈，了解自己在语言表达、内容组织以及任务完成中的表现。同伴的反馈不仅可以帮助学生发现自己在学习过程中可能忽略的问题，还能通过不同的视角促使他们对学习内容进行更为深入的思考。此外，通过为同伴提供评价，学生也能够增强自身的批判性思维和反思能力，因为他们需要在评价他人时运用相同的标准审视自己的工作。一个好的互评系统应当具备匿名性、多角度反馈和便捷性等特点。匿名性能够确保学生在评估同伴时更加客观和坦率，从而提供建设性的反馈。而多角度反馈功能则能够让学生从多个维度对同伴的表现进行评价，例如内容的准确性、语言的流利度、逻辑的清晰度等，帮助学生更全面地理解自己的学习成果。同时，便捷性也是选择互评系统时的重要考量因素，使用简便的在线平台能够减少学生在操作上的负担，使其更加专注于内容的反馈和反思。

如今，许多学习管理系统（LMS）都内置了互评功能，学生可以在完成任务后直接通过平台进行互评，从而有效简化了流程，提升了反馈的效率。

自评与互评工具不仅能够促进学生的自我反思和同伴学习，还能在团队合作和协作学习中发挥重要作用。在深度教学的过程中，学生常常需要参与团队项目或小组讨论，而通过自评与互评工具，学生可以在项目完成后对自己的贡献和团队合作进行反思与评估。例如，通过在线协作平台中的任务分配和进度追踪工具，学生可以清晰地看到每个成员的贡献情况，并根据实际表现进行互评。这样不仅能够帮助学生提升团队合作能力，还能够提高责任感和自我管理能力。此外，自评工具还可以帮助学生在团队合作中反思自己的沟通技巧和协作能力，从而在未来的合作中更加有效地参与和贡献。在自评过程中，学生需要对自己的学习结果负责，并且通过反思来明确自己在学习中的角色与贡献。互评则通过让学生评估同伴的表现，增强了他们在学习中的参与感和责任感。通过参与互评，学生不仅仅是学习的接受者，他们也成为学习评价的贡献者，这种双重身份能够进一步提高他们对学习的投入与动力。自评与互评的结合，能够使学生在深度学习的过程中不断优化学习策略，逐步形成自主学习的能力。

（四）项目式学习评估工具

项目式学习（PBL）作为一种以任务驱动为核心的教学形式，越来越受到重视。项目式学习不仅有助于学生掌握知识，更能培养他们的综合能力，如问题解决能力、团队协作能力以及时间管理能力。为了有效评估学生在项目式学习中的表现，选择适当的评估工具至关重要。这些工具应能够跟踪学生在项目各阶段的表现，评估他们的合作参与情况以及项目最终成果的质量。因此，教师应慎重选择如在线项目管理平台和项目评估表等工具，以确保对学生综合能力的全面评估。在线项目管理平台如 Trello、Asana 等为项目式学习提供了强大的支持。这类平台可以有效地帮助教师和学生管理项目任务的分配和进度跟踪。教师能够实时了解每位学生在项目中的贡献情况，跟踪任务的完成进度以及团队协作的整体效果。例如，学生可以在平台上分配具体任务，每个成员的任务进度和完成情况都会被记录，教师可以清楚地看到每个成员的参与度。同时，平台上的任务列表和时间线能够帮助学生更好地组织和管理时间，确保项目在规定的时间内完成。相比于传统的线下项目评估方式，在线平台提供了更加透明和高效的评估手段，教师能够通过这些平台进行定期的监控和反馈。

项目评估表是一种常用的项目式学习评估工具，它能够帮助教师从多个维度对学生的表现进行综合评估。一个有效的项目评估表通常会包括几个关键的评估指标，如任务完成情况、团队合作能力、创新性、问题解决能力以及最终成果的质量。通过评估表，教师可以对学生在项目中的表现进行量化打分，这不仅有助于评估学生的个人表现，还能够为团队合作提供一个客观的评价标准。例如，项目评估表可以要求学生自评和互评各自的任务完成情况，这种方式不仅能了解学生的实际贡献，也能帮助他们进行自我反思和同伴反馈，从而进一步促进学习的深入。此外，项目式学习评估工具还需要关注学生在项目过程中的参与度和合作情况。项目式学习不仅是对个人能力的考察，更是对学生团队协作能力的一次检验。通过在线项目管理平台，教师能够看到学生之间的互动记录、讨论次数以及任务完成的分配是否合理。这些数据能够为教师提供丰富的信息，帮助他们了解学生在团队中的表现。例如，如果某个学生在项目管理平台上的参与度较低，教师可以及时干预，了解原因并提供帮助，以确保每个学生都能够积极参与到项目中来。同时，学生还可以上传他们的项目中期报告和进展情况，教师能够根据这些中期反馈及时调整项目的方向，确保学生朝着正确的目标前进。

项目式学习评估工具的选择还应当能够支持教师对项目最终成果的多维度评估。项目式学习的成果通常以展示、报告或作品的形式呈现，而这些成果不仅反映了学生对学习内容的理解，还展示了他们的创造力、表达能力以及批判性思维。因此，评估工具应当能够全面覆盖这些能力。例如，教师可以通过设计详细的评分标准，对学生的项目报告进行打分，包括内容的深度、逻辑的清晰性、语言的准确性以及对问题的分析深度。同时，通过口头展示或演示，教师还可以评估学生的表达能力和团队合作精神，确保学生不仅能够完成项目任务，还能够清晰地表达项目的核心思想和成果。教师可以通过在线平台或评估表为学生提供及时的反馈，帮助他们在项目的不同阶段调整自己的工作方向和学习策略。这种持续性反馈能够确保学生在整个项目过程中不断进步，而不是仅仅在项目结束时才获得评估结果。例如，教师可以在项目的中期检查中使用评估表对学生进行初步的评估，并通过在线平台发布反馈意见，指导学生改进他们的项目设计和任务执行。通过这种动态的评估方式，教师可以在项目完成前帮助学生解决问题，避免项目偏离预期的学习目标。

项目完成后，学生需要进行自评和互评，反思自己在整个项目中的学习过程和贡献。自评不仅可以帮助学生认识到自己的优点和不足，还能激发他们对未来学习的积极思考。同样，互评则可以促使学生从同伴的角度看待自己的表现，进一步提升他们的团队合作意识和批判性思维。例如，教师可以通过设计开放性的问题，引导学生反思他们在项目中的角色、团队协作的有效性以及他们在项目中学到的技能和知识。这些反思不仅有助于学生的个人成长，也能够为他们未来的项目式学习提供宝贵的经验。

（五）灵活的综合性评估工具

灵活性不仅意味着评估工具能够适应多样化的教学内容，还要能够全面反映学生的学习过程和成果。因此，教师在选择评估工具时，必须确保这些工具能够涵盖多种表现形式，以便对学生的全面学习能力进行综合评估。ePortfolio（电子学习档案袋）就是一种具有高度灵活性和综合性的评估工具，它允许学生通过多种形式展示其学习成果，为教师提供了全方位的评估视角。ePortfolio 工具之所以具有灵活性，主要在于它支持多种表现形式的整合。学生不仅可以通过文本记录他们的学习心得和作业，还可以上传图片、音频、视频等多媒体内容，全面展示他们在学习中的表现。例如，学生可以上传自己录制的口语练习视频、提交书面作文，或者展示他们在跨文化交流中的实际对话视频。通过这些多样化的学习成果展示，教师可以更加全面地评估学生的语言运用能力、表达能力以及跨文化理解能力，而不仅仅局限于传统的书面考试或单一的作业形式。这种灵活性使得 ePortfolio 能够适应不同类型的学习任务，从而更加符合混合式教学中的多元化学习需求。

ePortfolio 工具还具有综合评估的功能，能够帮助教师从多个角度了解学生的学习进展和成果。混合式教学通常结合了线上学习与线下课堂活动，学生在这两种环境中的表现可能有所不同。通过 ePortfolio，教师可以收集并整合学生在各种学习场景下的表现，包括在线讨论、课堂参与、作业完成情况以及项目合作等多方面的内容。这样一来，教师不仅可以评估学生在单一任务中的表现，还能通过多次、多维度的学习成果展示，了解学生在整个学习过程中是否有所进步，是否掌握了各个阶段的学习目标。例如，学生可以在 ePortfolio 中上传自己的期初作业和期末作业，教师通过对比可以清晰地看到学生的进步轨迹，并根据其学习发展提供有针对性的反馈。反思性学习是促进学生自主学习能力发展的关键一环。学生不仅可以上传学习成果，还可以撰写反思日志，记录自己在学习中的思考、遇到的挑战以及采取的解决策略。这种自我反思的过程有助于学生更清楚地认识到自己的学习优势与不足，从而不断改进学习方法。教师通过阅读这些反思日志，能够更好地理解学生的学习过程，并为其提供更具个性化的指导。这种综合评估方式不仅关注学生的学习结果，还注重过程性评估，帮助学生在学习中建立自我意识和反思能力。

ePortfolio 的灵活性还体现在它能够适应不同的课程目标和评估标准。不同课程的学习目标各有不同，教师可以根据具体的教学内容和评估要求，灵活设置 ePortfolio 的使用方式。例如，在外语课程中，教师可以要求学生上传包括听、说、读、写四个方面的学习成果，以此全面评估学生的语言综合运用能力；而在文化课程中，学生则可以通过上传跨文化交流的案例分析、项目展示等内容，展示他们对不同文化背景下的理解和应用能力。ePortfolio 的灵活性使得教师能够根据不同的教学目标量身定制评估内容，从而更加有效地评估学生的学习效果。ePortfolio 不仅仅是教师评估学生的工具，也是学生展示个人学习历程和成就的重要平台。学生可以将 ePortfolio 作为个人学习档案，不仅记录学术成就，还可以展示他们在不同课程和项目中的实践成果。这种个性化的展示方式不仅有助于学生在未来的学习和职业生涯中展现自己的能力，也能够激发他们对学习的责任感和成就感。通过这种自主性的展示，学生能够更好地梳理自己的学习历程，并从中获得成就感和自信心，进一步激发他们的学习动机。

ePortfolio 工具还具有社交化的特点，可以促进学生之间的学习交流和反馈。许多 ePortfolio 平台支持公开展示和同伴互评功能，学生可以查看其他同学的学习成果，并互相提供反馈意见。这种社交化的互动不仅能够帮助学生学习他人的优秀做法，还能通过互评激发学生的批判性思维和反思能力。教师通过观察学生之间的互动和反馈，也能够进一步了解学生的合作能力和团队精神，从而为其提供更加全面的评估。

第二节　形成性与终结性评估的结合与应用

一、深度教学视域下高校外语混合式教学形成性与终结性评估的结合

（一）形成性评估与终结性评估的互补性

形成性评估和终结性评估发挥着不同但相互补充的作用。形成性评估通常贯穿于整个学习过程，注重对学生学习进程的监控和反馈，帮助学生不断改进学习方法。而终结性评估则是对学习成果的总结性评价，通常以期末考试或项目成果的形式出现。二者的结合能够确保评估既关注学习过程，又重视学习成果，为学生的全面发展提供支持。

（二）动态评估与静态评估的融合

形成性评估是动态的、过程性评估，它注重学生在学习过程中每个阶段的表现，能够帮助教师及时了解学生的学习进展并提供反馈。终结性评估则是相对静态的，它在学习结束时通过总结性评估衡量学生的学习成果。这两种评估方式相结合，既能够保证对学习过程的持续关注，也能够通过静态的终结性评估衡量学习目标的达成情况。

（三）形成性评估为终结性评估奠定基础

形成性评估通过定期的反馈和修正，使学生在整个学习过程中不断调整和改进自己的学习策略。这为终结性评估奠定了基础，因为学生在

多次的过程性评估中逐步提高了学习水平，最终在终结性评估中能够更好地展示学习成果。形成性评估有效帮助学生积累知识和技能，确保他们在终结性评估中达到更高的学习目标。

（四）评估目的的一致性

虽然形成性评估和终结性评估的实施时间不同，但在深度教学中，这两者的评估目的应该是一致的，都是为了促进学生的深度学习和能力提升。教师在设计评估时，应该确保形成性评估的内容与终结性评估的学习目标相一致，形成性评估的反馈也应为终结性评估的准备服务。学生在学习过程中能够逐步积累知识和能力，并在终结性评估中得到全面展现。

（五）数据驱动的评估结合

教师可以通过在线学习平台收集大量学习数据。这些数据既可以用于形成性评估，跟踪学生的学习参与度和任务完成情况，也可以为终结性评估提供客观依据。通过数据驱动的评估，教师能够精准掌握学生的学习进度和问题，从而在形成性评估阶段进行干预与调整，最终为终结性评估提供更具针对性的评价。

二、深度教学视域下高校外语混合式教学形成性与终结性评估的应用

（一）形成性评估的多样化应用

形成性评估可以通过多种方式进行，例如在线测验、课堂讨论、学习日志、项目任务等。教师可以借助在线平台的互动工具，通过讨论区、小测验、作业递交等方式，随时评估学生的学习状态，并为学生提供及时的反馈。这种多样化的形成性评估形式能够确保学生在学习过程中不断调整自己的学习策略，提升外语应用能力。

（二）终结性评估的多维度应用

终结性评估不仅限于传统的期末考试，还可以通过多维度的方式进行。例如，外语课程的终结性评估可以包括口语展示、写作报告、项目成果展示等形式，确保评估能够全面反映学生的语言运用能力和综合素质。学生可以通过线上提交多种类型的终结性任务，教师则可以通过观看视频演示、审阅书面报告等方式，评估学生在不同维度上的表现。

（三）项目式任务中的评估结合

在项目式学习中，形成性评估与终结性评估可以有机结合。教师可以在项目的各个阶段实施形成性评估，如要求学生提交阶段性报告、进行小组讨论等，从而对学生在项目中的学习表现进行实时反馈。而在项目结束时，终结性评估则可以通过最终的项目展示、书面总结等形式，对学生在项目中的整体表现进行综合评价。通过这样的结合，学生在整个项目过程中不仅能够接受持续性的指导，还能够在最终评估中展示他们的综合能力。

（四）以反馈为导向的评估应用

形成性评估的一个重要作用是为学生提供反馈，以便他们能够及时修正学习路径。教师可以借助在线学习平台，为学生提供个性化的反馈，帮助他们在形成性评估中不断进步。而终结性评估的反馈也同样重要，虽然它在学期结束时进行，但教师仍然可以通过详细的评估报告，帮助学生反思他们的学习表现，并为未来的学习奠定基础。

（五）评估工具的结合应用

教师可以结合多种评估工具进行形成性和终结性评估。例如，形成性评估可以通过学习管理系统中的在线测试、讨论区参与度等数据进行，终结性评估则可以通过期末报告、演讲视频等方式完成。通过这些工具的有机结合，教师能够从不同角度全面评估学生的学习过程和最终成果，从而确保评估的全面性与有效性。

（六）学生自主评估与教师评估相结合

深度教学鼓励学生进行自我反思和自主评估。教师可以结合自评和互评工具，让学生在形成性评估中参与到评估过程中来。学生通过自评与同伴互评，能够更好地反思自己的学习过程，并从同伴的反馈中获得新的视角。而在终结性评估中，教师的专业评估能够与学生的自评互评结果相结合，形成更加全面、客观的评估体系。

（七）评估数据的持续性使用

形成性评估与终结性评估的数据可以为未来的教学改进提供依据。教师通过分析学生在形成性评估中的表现，能够更好地调整教学策略，并为学生的个性化学习提供指导。同时，终结性评估的数据也可以帮助教师反思整个教学过程中的有效性，从而在未来的课程设计中进行相应的优化。

第三节　学习者自评与互评机制的设计

一、深度教学视域下高校外语混合式教学学习者自评机制的设计

（一）明确自评目标与标准

学习者自评机制的设计必须清晰地界定其评估目标与标准。自评的主要目的是引导学生对自身学习过程和成果进行深度反思，以便他们能够更好地理解自己的学习进展，并从中发现改进空间。因此，教师在制定自评机制时，应当为学生设定明确的标准，确保他们能够基于这些标准进行有效的自我评估。这些标准不仅需要覆盖语言知识的掌握情况，

还应涉及学习策略的有效性、学习态度的积极性等多方面内容，从而为学生提供全方位的反思框架。设计学习者自评机制时，教师需要确保评估目标与教学目标相一致。自评的目的不仅仅是让学生评估自己的学习成果，更是通过深刻的自我反思来促进深度学习。因此，教师应明确自评的主要目标是帮助学生检查其语言能力是否达到了课程预定的目标。例如，学生可以评估他们在外语听、说、读、写四个方面的进步情况，反思自己是否掌握了课程所要求的语言知识和技能。这种目标的明确性能够帮助学生集中注意力在评估过程中深入挖掘自己的学习表现，并在必要时调整学习策略。

深度教学不仅强调知识的获取，更注重学习者在学习过程中所采用的策略是否有效。因此，教师在制定自评标准时，应当引导学生反思他们在学习中所采取的具体方法。例如，学生可以评估自己是否使用了有效的记忆方法、是否通过实践加深了对语言的理解、是否利用了课堂外的学习资源等。学生能够意识到自己在学习中的选择是否正确，并根据自评的结果及时做出调整。这样的反思过程将有助于学生逐步优化他们的学习方法，提高学习效率和效果。学生的自主性和积极性对学习成果起着至关重要的作用。自评机制应当引导学生反思他们在学习中的态度，尤其是在自主学习方面的表现。例如，学生可以评估自己是否在课前进行了预习、是否积极参与了课堂讨论、是否能够合理安排学习时间并按时完成作业等。通过对学习态度的评估，学生能够更清晰地看到自己在学习中的主动性和责任感是否足够，并进一步思考如何在未来的学习中保持积极的心态。

为了确保学生能够进行有效的自我评估，教师需要提供明确的、自我解释性强的评估标准。这些标准不仅应覆盖学习成果，还应涵盖学习过程中的各个关键环节。一个结构合理的自评表可以包含以下几个维度：首先是语言知识的掌握情况，例如学生对语法、词汇的理解和应用能力；其次是语言技能的运用情况，学生在听、说、读、写等方面的表现如何；再次是学习策略的使用，学生是否有效运用了记忆、复习、实践等策略来巩固知识；最后是学习态度，学生是否在学习中表现出足够的积极性和自主性。这些维度可以为学生提供清晰的评估框架，确保他们在自评过程中全面考虑自己的学习表现。同时，自评机制应当具备一定的灵活性，以适应学生的个体差异和不同的学习需求。教师在设计自评标准时，可以允许学生根据自己的学习进度和个性化目标对评估内容进行适当调整。例如，自评可以更多地聚焦于知识的掌握与理解，而对于语言水平较高的学生，评估重点可以放在语言的实际运用和创新性表达上。这种灵活性能够让学生更有针对性地反思自己的学习情况，增强他们在学习过程中的主动性和自我调节能力。

自评机制的设计还应当鼓励学生定期进行自我评估，以跟踪和记录他们的学习进展。深度教学强调过程性评估，自评机制应当贯穿于整个学习过程中，而不是仅仅在学习结束时才进行。教师可以通过在线平台设置定期的自评任务，例如每周或每个学习单元结束时，要求学生根据既定标准进行自我评估。通过定期自评，学生能够及时发现自己在学习中的问题。这种持续性的评估过程不仅有助于学生建立良好的学习习惯，还能够帮助他们更好地掌控自己的学习进程，逐步实现深度学习的目标。自评不仅是学生反思自己学习表现的工具，教师也应根据学生的自评结果为其提供有针对性的反馈和指导。教师可以审阅学生的自评内容，并为每位学生提供个性化的建议，帮助他们更好地理解自己的学习状态。通过这种互动性的评估过程，学生不仅能够从自我反思中受益，还能够借助教师的反馈进一步明确学习中的改进方向，从而不断提升自己的学习能力。

（二）引导深度反思的自评工具

自评工具的设计至关重要，其目的不仅是让学生评估自己的学习结果，更是要引导他们进行深层次的反思。通过这种反思，学生能够更好地理解自己的学习过程，发现学习中的问题并找到解决办法。为了实现这一目标，在线学习平台提供了多种支持深度反思的工具，如自我反思问卷和学习日志。这些工具能够帮助学生记录他们的学习经历、学习中的挑战，以及对知识的掌握情况，从而促使学生在学习过程中不断思考和调整。自我反思问卷是一种有效的自评工具，它能够通过一系列设计精巧的问题引导学生进行深刻的反思。问卷中的问题可以覆盖多个方面，例如，学生是否达到了本阶段的学习目标？是否在学习过程中遇到困难？他们是如何解决这些问题的？这些问题促使学生不仅仅停留在表面的知识掌握上，还要深挖自己的学习方法和思维方式。学生能够逐步培养起自我监控的意识，学会在学习过程中主动发现问题，并尝试寻找解决方法。这种自我反思的过程不仅提高了学生的自主学习能力，也为他们的深度学习奠定了基础。

学习日志是另一种非常有效的自评工具，它能够帮助学生系统地记录他们的学习进展。学生可以在每个学习阶段后撰写学习日志，记录他们在这一阶段中所学到的知识、遇到的挑战以及解决问题的策略。学习日志的作用不仅是让学生回顾过去的学习内容，更是通过书写的过程促使他们对自己学习过程进行结构化的思考。通过定期记录，学生可以更清楚地看到自己在学习中的进步，理解哪些学习方法是有效的，哪些方面还需要改进。长期坚持撰写学习日志，能够帮助学生建立起持续反思的习惯，使他们在每个学习阶段都能进行深入的自我评估。在线学习平台的优势在于它为学生提供了便捷的反思记录工具，学生可以随时随地使用这些工具进行自评。例如，学生可以轻松访问自我反思问卷并即时提交结果，教师也可以快速查看学生的反思内容并给予反馈。这种实时性和便捷性有助于学生保持自我评估的习惯，从而在学习的不同阶段进行及时的反思和调整。同时，平台还能够存储学生的反思记录，方便学生在学期末或项目结束时回顾整个学习过程，进一步提高自我反思的深度。

引导深度反思的自评工具不仅帮助学生跟踪自己的学习进展，还能够培养他们的批判性思维能力。学生需要学会批判性地看待自己的学习过程，认识到学习中的优势和劣势，并据此制定改进策略。自评工具通过设计开放性的问题，鼓励学生从多个角度分析他们的学习情况。比如，学生不仅需要反思自己是否掌握了知识点，还需要思考学习过程中是否有效利用了各种学习资源、是否在团队合作中发挥了作用、是否在面对困难时采取了合适的解决办法。这种多角度的反思能够促使学生更加全面地认识自己的学习状态，从而更有针对性地进行改进。通过定期使用这些工具，学生能够在学习过程中及时发现问题，并主动调整自己的学习策略。例如，如果学生通过自我反思发现自己在某个知识点上存在理解偏差，他们可以及时调整学习计划，寻求更多的资源来解决这个问题。而如果学生发现自己在某些学习任务中没有投入足够的时间，他们也可以根据自评结果合理规划时间安排。这种自我调节的过程能够帮助学生在学习过程中保持高效，避免积累问题到最后一刻才去解决。

自评工具的设计还应具备一定的个性化特征，以适应不同学生的学习需求。每个学生的学习方式和节奏都不尽相同，因此，自评工具的内容和形式应当具有灵活性。教师可以根据不同的课程内容和学习目标，设计针对性的自评问卷或学习日志模板，帮助学生更好地反思自己在特定领域的学习表现。例如，自评工具可以重点关注学生的语言应用能力，如听力、口语、阅读和写作的进展情况；而在跨文化课程中，自评则可以更多地涉及学生对文化差异的理解和实际交际能力的反思。通过这种个性化的设计，学生能够根据自己的学习需求进行更有针对性的自我反思。深度反思的自评工具还可以与教师的反馈机制相结合，形成一个互动的评估体系。在学生进行自我评估后，教师可以通过在线平台查看学生的反思内容，并给予个性化的反馈。这种反馈不仅能够帮助学生更好地理解自己在学习中的表现，还能为他们提供改进的建议。例如，教师可以针对学生在反思中提到的学习困难，提供额外的学习资源或指导，帮助学生克服障碍。通过这种互动的反馈机制，学生能够在反思过程中不断获得外部的支持与建议，进一步提升自我反思的效果。

（三）长期跟踪与记录学习成长

在深度教学的视角下，自评机制的设计应注重对学生学习成长的长期跟踪和记录。长期跟踪不仅能够为学生提供清晰的学习进展图景，还能够帮助教师更好了解学生的学习曲线，以便为其提供持续的支持。在线学习平台为这种长期跟踪提供了技术支持，能够记录学生多次自评的结果，从而形成完整的学习数据档案。这种数据的积累有助于学生明确自己在学习中的优势与劣势，进而制定更加有效的学习策略。通过多次的自我评估，学生可以清楚地看到自己在哪些方面取得了进步，哪些领域还需要进一步提升。在线平台可以自动记录每次自评的结果，让学生在不同的学习阶段比较自己的表现。例如，学生可以查看自己在某个语言技能方面的进步情况，如口语表达是否逐步流利，写作能力是否有所提升。通过这些可视化的进展数据，学生能够对自己的学习成果形成更为直观的认识，并根据评估结果进一步改进自己的学习策略。这种长期跟踪不仅能够增强学生的学习成就感，还能为他们在后续学习中设定更明确的目标。

教师可以通过平台查看学生的自评历史，了解他们的学习成长轨迹，并结合这些数据为学生提供个性化的指导。例如，某个学生在语言学习过程中可能在听力理解上进展缓慢，但在口语表达上取得了显著进步。教师通过分析这些自评数据，可以有针对性地为该学生提供更多的听力训练资源，并鼓励他继续保持口语方面的进步。这种基于数据的教学支持能够有效提升教学效果，确保教师对学生的学习需求作出及时、准确的响应。此外，长期记录学生的学习表现能够让自评机制具有更强的连续性。通常，单次的自评只能反映学生在特定时刻的学习状态，而通过长期跟踪和记录，学生可以看到一个更全面、更动态的学习曲线。这种连续性能够促使学生更好地理解自己在不同阶段的学习表现，尤其是能够通过反思找出学习中的波动原因。例如，学生可能在某一段时间内因为外部因素导致学习状态下滑，通过查看自评数据，他们可以清楚地看到学习效率下降的具体时间点，从而及时调整自己的学习计划，避免长期低效学习的情况发生。这种对自我学习状态的掌握使得学生能够更加主动地进行自我调节，进而提高学习效率和效果。

长期跟踪和记录功能还能够帮助教师在课程结束时对学生的整体表现做出更为全面的评价。在传统的评估方式中，教师往往只能通过期末考试或期末作业来判断学生的学习效果，而长期的自评数据能够为教师提供一个贯穿整个学习过程的评估依据。例如，教师可以根据学生的多次自评结果，判断他们是否在学习过程中持续进步，或者在某些特定的学习阶段表现出更多的学习困难。这样一来，教师不仅能够依据学生的最终学习成果进行评估，还可以将过程性评估纳入考量，形成更为全面、客观的评价体系。这种基于数据的评估方式能够更好地反映学生的学习状态，避免单一终结性评估带来的片面性。随着学生在学习过程中不断积累自评数据，他们能够形成一套属于自己的学习档案。这些档案不仅仅是当前学习成果的记录，还能够为学生未来的学习提供参考。例如，学生可以通过查看过去的自评记录，了解自己在类似的学习任务中曾经采取了哪些有效的策略，并借鉴这些经验应用到新的学习任务中。这种自我反思与调整的能力是深度学习的重要体现，能够帮助学生在未来的学习中更加高效地应对新的挑战。

在长期跟踪的基础上，教师还可以通过设定定期的自评任务，进一步强化学生的自我评估习惯。定期的自评能够帮助学生形成持续反思的意识，使他们在每个学习阶段都能够主动回顾和总结自己的学习成果。教师可以根据课程的进展，设置每周或每单元的自评任务，让学生在学习任务结束后及时进行反思，并将自评结果记录在在线平台上。通过这种机制，学生能够不断积累自我评估的经验，并在反复的评估与调整中逐步实现深度学习的目标。这种定期自评不仅是对学习过程的总结，也是学生自我反思与调节的有力工具，能够促使他们在每个阶段都保持高效的学习状态。学生可以直观地看到自己在学习过程中的进步，这种成就感能够激励他们在未来的学习中继续保持积极的态度。例如，学生在平台上看到自己在听力、口语、阅读、写作等方面的逐步进步，能够激发他们的自信心和继续提升的欲望。这种正向激励作用是长期跟踪的重要价值之一，通过持续的记录和反馈，学生能够更加明确地感受到自己的学习成效，从而进一步提升学习动机。

二、深度教学视域下高校外语混合式教学学习者互评机制的设计

（一）明确互评的目的与流程

设计有效的互评机制首先需要明确其目的与操作流程。互评的核心目标不仅是让学生对同伴的学习表现作出评价，更是通过借助同伴的视角，帮助学生反思和加深对自身学习过程的理解。通过互评，学生可以获得来自多方的反馈，而这些反馈有助于他们发现自己在学习中可能忽

略的问题。因此，教师在设计互评机制时，必须清楚地向学生传达互评的价值所在，并引导他们理解互评如何促进个人和集体的学习与发展。互评机制的设计应确保学生能够清晰地了解评估流程以及每个步骤的具体操作。互评不仅仅是简单的评分过程，它涉及多层次的反馈与反思。因此，教师有必要制定详细的互评流程，使学生在评估同伴时有据可依。例如，在一个小组项目完成后，教师可以设定一套互评标准，要求学生从同伴的参与度、合作能力、任务完成质量等多个维度进行评价。这样，学生不仅可以对任务的最终结果作出评价，还可以从团队合作的角度反思自己和同伴在项目中的表现。通过这种结构化的评估流程，学生可以对同伴的贡献有更全面的认识，同时也能更好地理解团队合作的复杂性。

在互评的设计过程中，教师还应解释互评的重要性，并通过实例说明互评如何促进学生的深度学习。互评的目的是帮助学生从不同的角度审视自己的学习，而不仅仅是评判同伴的表现。通过评价他人的工作，学生可以学会如何有效分析学习任务、如何评估他人的贡献，同时反思自己在类似情景下的表现。这种过程不仅提升了学生的批判性思维能力，也增强了他们的反思意识。因此，教师应通过实例或演示，向学生展示如何在互评中给出有价值的反馈，如何通过他人的评价来改进自己的学习。为了避免学生在互评过程中产生主观偏差，教师可以设定明确的评估标准，并尽量采用客观的评分方式。例如，在一个项目的互评过程中，教师可以设置标准化的评分表，要求学生对不同的评价项目进行打分，并在每个评分项下提供具体的理由和解释。这样做不仅能提高互评的客观性，还能帮助学生在评估过程中进行更深层次的思考和反思。同时，教师应确保互评流程透明，让学生理解每个评分维度的意义，从而使他们能够准确地对同伴作出评价。

在明确互评的流程时，教师还需确保互评环节不只是课后的一项附加任务，而是学习过程中的一部分。学生在完成学习任务的过程中，不仅需要通过教师的反馈来调整学习方向，也需要通过同伴的评价来反思自身的学习策略。因此，教师可以在课程的不同阶段设置多个互评环节，使互评成为一个持续性的学习工具。例如，在项目进行的中期，教师可以要求学生进行一次阶段性的互评，以便团队成员能够通过同伴的反馈及时调整工作策略。到项目完成时，再进行一次终结性互评，以全面评估团队成员的表现。这种阶段性互评可以帮助学生更好地理解合作过程中的动态变化，并及时做出改进。同时，互评机制应当鼓励学生提供建设性的反馈，而不仅仅是简单的评分。教师可以向学生展示如何提供有效的反馈，如何通过具体的事例或实例来支撑自己的评估。例如，学生在评估同伴的合作能力时，不应仅仅给出一个模糊的评价，而应具体指出该同伴在哪些合作环节表现突出，在哪些方面需要改进。通过这种详细的反馈，互评不仅能够帮助被评价的学生更清楚地了解自己的优缺点，还能为评估者本身提供反思的机会，使其在今后的学习中有意识地改进类似的问题。

互评机制的设计应当注重多样化，以适应不同的学习情景。不同的课程或项目类型可能需要不同的互评模式，教师应根据具体的教学内容灵活调整互评流程。例如，在小组讨论型的课程中，教师可以鼓励学生进行定性互评，更多地依靠文字评价和反馈；而在项目导向型的课程中，则可以采用定量评分和具体任务的量化评估。通过多样化的互评设计，学生能够在不同的学习情景下积累不同的评价经验，并逐步掌握如何进行有效的互评。互评不仅仅是同伴之间的一种评价方式，教师也可以通过对互评结果的分析，了解学生在团队合作中的表现，以及学生对互评的理解和运用情况。例如，教师可以定期审查学生的互评结果，了解学生是否给予了公正且有价值的反馈，是否真正从互评中受益，并在必要时进行指导或调整。通过这种反馈回路，教师能够确保互评机制的有效性，并在整个学习过程中为学生提供持续的指导。

（二）匿名性与客观性保障

在设计互评机制时，学生在互评过程中，可能会由于人际关系、个人感情等因素而产生主观偏差，进而影响评估的公正性。因此，匿名互评功能显得尤为重要，它能够为学生提供一个更加中立的环境，减轻他们在评价同伴时的压力。通过匿名的互评系统，学生可以更加坦率、客观地表达对同伴学习表现的看法，而不必担心因评价而引发的人际矛盾或尴尬。在课堂上，学生之间可能存在不同程度的交往和关系，有些学生可能因为关系亲密而倾向于给出更高的评价，或因竞争心理而故意给出低分。通过匿名互评机制，学生在不知晓评估者身份的情况下作出评价，能够避免因关系亲疏或其他情感因素影响评分的客观性。这种匿名环境可以鼓励学生根据实际情况作出真实、客观的评价，进而提高评估结果的真实性和公正性。

匿名互评不仅能减少评价中的情感干扰，还能促使学生提供更加有建设性的反馈。由于匿名机制保护了学生的隐私，他们在互评过程中可以更加坦诚地表达对同伴表现的意见。这种坦诚的反馈有助于学生更准确地了解自己在学习或团队合作中的优缺点，从而做出相应的改进。没有了身份暴露的顾虑，学生在提出意见时更加自由，能够就具体的问题进行深入探讨，帮助同伴发现其学习中的问题与不足。这种匿名反馈不仅对被评估者有益，也有助于评估者自身思考评价的标准和依据，进一步提升其批判性思维能力。通过平台的匿名互评功能，学生在提交评估时，系统能够自动隐藏其身份，并为每个评估者分配一个临时的标识符。这种技术上的匿名保障消除了人为干预的可能性，确保互评过程完全公平、透明。系统可以根据设定的评估标准对学生的反馈进行分类和汇总，教师也能从中看到每个学生在互评中的表现和反馈质量。这样的自动化流程不仅节省了教师的管理时间，还提高了评估的客观性和效率。

为了避免学生在互评过程中仅凭主观感受打分，教师应提供明确的评估标准，帮助学生从多个维度进行客观评价。例如，在小组项目的互评中，评估标准可以包括任务完成质量、团队合作的贡献度、问题解决能力、沟通与协调能力等方面。这些具体的标准能够引导学生将注意力集中在同伴的实际表现上，而不是在个人情感或主观感受上。通过这种规范化的评估标准，互评可以更加客观、准确地反映学生的学习表现。在保证客观性方面，教师还可以通过设置评估模型和评分范例，帮助学生更好地理解如何进行客观评价。例如，教师可以提供一个模拟互评分数表，向学生展示如何根据同伴的实际表现打分，并解释评分依据背后的逻辑和评价维度。这种示范性指导能够有效避免学生因评分标准不明确而产生偏差，从而提高互评结果的可信度和一致性。通过清晰的评分指导，学生不仅能够更加客观地对同伴进行评价，还能在评价过程中提升自身的评估能力。

匿名性还可以帮助教师获取更为真实、有效的反馈信息。学生在进行互评时，往往会因为担心评价结果会影响同伴关系或引发不必要的冲突而有所保留。而匿名机制的引入，使得教师能够更加准确地掌握学生在学习过程中的实际情况，尤其是在团队合作项目中，不同成员之间的工作量分配、任务完成质量等问题能够通过匿名反馈得到真实反映。教师通过这些匿名反馈，能够及时发现团队合作中的潜在问题，并给予相应的指导与支持。匿名性与客观性的保障不仅在互评过程中具有重要作用，还能够增强学生的参与积极性和责任感。学生在匿名互评环境中，能够感受到评估过程的公平性，进而更加认真对待自己的反馈和评分。

同时，学生也会更加重视来自同伴的评价，避免互评形式化或草率完成的问题。通过匿名机制，学生意识到他们的反馈意见将直接影响同伴的学习体验和成长，这种责任感促使他们更加客观、严谨地进行互评，最终提高整体学习效果。教师在匿名互评机制中也应承担监督和指导角色，确保学生能够正确理解匿名互评的目的和意义。教师可以在课程初期明确匿名互评的流程和重要性，向学生解释这种机制如何帮助他们进行更深度的学习反思。同时，教师应定期审查学生的匿名反馈，确保其内容具有建设性和具体性，避免无意义的打分或评论。通过这种监督与指导，教师能够确保匿名互评机制在实践中发挥出最大效用，为学生的学习提供真实、客观的反馈。

（三）多维度互评标准的制定

在设计有效的互评机制时，教师需要制定明确且多维度的互评标准，以确保学生能够从多个角度对同伴的表现进行全面评价。单一维度的评估往往容易流于表面，无法真实反映学生在学习中的综合表现。因此，多维度的互评标准不仅能提供更加全面的反馈，还能够帮助学生更加深入地反思和改进自己的学习方法。通过设置涵盖不同能力和表现的标准，学生可以从多个视角进行评价，确保互评的客观性和有效性。互评标准应包括对学习任务完成情况的考察。这一维度主要关注学生是否按时完成了分配的任务，并确保工作质量达到了预期的要求。通过评估任务的完成情况，学生可以了解到自己和同伴在任务执行过程中是否尽职尽责，同时也能够反映出他们对学习任务的理解和掌握程度。这一维度的标准能够帮助学生从执行力的角度来分析自身和他人的表现，确保每个成员都对小组任务或个人任务做出了应有的贡献。

在小组项目或团队合作中，学生不仅需要具备独立完成任务的能力，还必须能够与同伴有效合作。评估学生的团队协作能力有助于了解他们在与他人沟通、分工、协调等方面的表现。良好的协作能力体现在积极参与团队讨论、乐于听取他人意见以及在任务分配上公平合理的合作精神。这一维度的互评标准可以鼓励学生重视团队合作中的责任与贡献，同时也能够识别出那些在团队中表现突出的成员或需要进一步改进合作技能的学生。在深度学习的过程中，学生不仅需要掌握现有的知识，还应具备一定的创新能力。通过设置创新性思维的互评标准，教师可以引导学生评估同伴在任务执行中的独特见解、问题解决的创新方法或是提出新颖观点的能力。这一标准有助于学生意识到创新思维的重要性，激励他们在学习过程中积极探索新的想法和方法，从而提升整体学习质量。互评不仅仅是对任务完成情况的简单反馈，还能够促使学生在项目或任务中勇于尝试新的解决方案。

在语言学习的过程中，学生的听、说、读、写能力均应纳入评估范围。教师可以在互评标准中包括对语言流利度、准确性以及语言表达的多样性的考察。例如，学生在小组讨论中的语言表达是否清晰流畅，书面作业中的语法和词汇运用是否准确，以及他们是否能够灵活运用学到的语言知识。这一标准可以帮助学生认识到语言运用的重要性，并促使他们在未来的学习中更加注重语言表达的准确性与技巧，从而不断提高语言能力。多维度互评标准不仅帮助学生进行全面的评价，还能够有效避免互评过程中的主观性和片面性。当学生仅基于单一的标准进行互评时，往往容易忽视其他重要的能力和表现。而通过多维度标准，学生必须从不同角度对同伴进行综合评价，这不仅能够确保互评的公平性，还能够让学生对自己的能力有更清晰的认识。例如，某个学生在团队协作中表现出色，但在创新性思维上可能有待提高，多维度的互评标准能够揭示出这些差异，帮助学生明确自己需要在哪些方面进行改进。

这些互评标准还必须与课程的学习目标紧密结合，以确保学生的评价内容能够真实反映出他们的学习表现。教师在设定互评标准时，应当依据课程的具体目标和要求，确保每个评价维度都与课程内容高度契合。例如，在一个以培养语言表达能力为主的课程中，互评标准应更加侧重于学生的口语表达和写作能力，而在一个注重团队合作的项目式学习课程中，协作能力和任务完成度则应占据更大的比重。通过将互评标准与课程目标相结合，教师能够引导学生将注意力集中在课程的关键能力上，确保互评结果对学生未来的学习具有实际指导意义。不同类型的任务和项目可能需要不同的评价侧重点，教师可以根据具体的学习任务或课程要求，灵活调整互评标准。例如，在一个跨文化交流的项目中，评估学生的文化理解能力和跨文化沟通技巧可能比任务完成情况更为重要，而在其他技术性项目中，创新性思维和问题解决能力则可能占据更大的比重。这种灵活的互评标准不仅能够更好地适应不同学习情景，还能够确保学生的表现得到更加准确的评估。

教师在设计互评标准时，应确保学生能够充分理解每个维度的评估内容。互评标准的清晰性和易理解性对于评估过程的顺利进行至关重要。教师可以通过课堂讨论或提供详细的评分指导，帮助学生掌握每个维度的具体评估要求，并提供评分示例，以便他们更好地进行评价。这种前期的指导能够有效提升互评的质量，确保学生能够基于明确的标准进行公平、公正的评估。

（四）互评反馈的规范化与有效性

很多学生在进行互评时，常常不知道该如何给出具体且有意义的反馈，这可能导致互评流于形式，无法真正发挥其促进学习的作用。因此，教师有责任为学生提供清晰的指导，教会他们如何通过具体的例子、事实和建议来提供建设性的反馈。这种规范化的反馈引导能够帮助学生提高评估质量，同时也能使他们在收到反馈时更好地理解他人的意见，并从中进行改进。为了让学生明白如何提供规范化的反馈，教师可以提供反馈模版或示范。通过展示标准化的反馈示例，学生能够学会如何将自己的意见具象化，而不是给出模糊、空洞的评价。例如，教师可以向学生展示一个反馈模版，其中明确列出每个评价维度的具体要求和合适的反馈方式。反馈模版可以包括类似"请详细说明同伴在团队协作中的具体贡献，并提出如何改进"的指示，帮助学生从具体的事实和表现出发，提供富有针对性的建议。这种结构化的模版不仅帮助学生组织思路，也能确保他们的反馈符合评估标准，提升互评的整体质量。

　　教师还可以通过课堂上的演示或讨论，帮助学生理解什么是有效反馈。通过实际示例来说明，有效的反馈应具有清晰性、具体性和可操作性。例如，教师可以演示一个优秀的反馈与一个不够具体的反馈之间的差别。一个模糊的反馈可能是"你做得很好"，而一个具体的反馈则是"你的口语表达非常流畅，但在阐述观点时可以增加更多的细节。"通过这种对比，学生能够直观地理解有效反馈的要素，并在自己的互评中进行应用。在提供互评时，学生应避免过于消极或单方面的批评，而应尝试平衡积极反馈与改进建议。例如，教师可以建议学生在评价中先指出对方的优点，再提出建设性的改进建议。这样的反馈方式能够帮助被评估者更好地接受评价，并愿意做出改进。同时，平衡的反馈能够增强互评的鼓励作用，使学生在学习过程中保持积极的态度。

　　教师应鼓励学生使用具体的例子来支持他们的评价，而不是给出笼统的意见。例如，如果学生要评价同伴的团队协作能力，理想的反馈应包括对具体行为的描述，如"在任务讨论中，你能够主动提出新的想法，并且与其他组员协调得很好"。这种引用具体表现的反馈有助于被评估者准确理解评估内容，从而知道自己哪些地方做得好。为了提升反馈的有效性，教师可以提供一系列可操作的反馈建议，引导学生不仅指出问题，还能提出如何改进的方案。例如，针对语言表达问题的反馈，不仅可以指出表达中的不足，还可以建议被评估者尝试使用更多的连接词或论证技巧。这种有针对性的反馈能够帮助被评估者更好地理解改进的方向，而不仅仅是认识到问题的存在。

教师还可以设计反馈循环，以强化学生对互评反馈的理解和应用。在收到反馈后，学生应被鼓励对收到的反馈进行反思，并制定具体的行动计划来改进学习表现。这种反馈循环不仅促进了学生对反馈的深度理解，也促使他们将反馈内容转化为实际行动，从而推动学习的持续改进。通过这种双向互动的评估模式，互评不仅仅是一个单向的过程，还能够成为学生相互学习、相互提高的重要工具。进一步规范反馈的另一种方式是通过评分规则的设定来引导学生给出更为结构化的评价。教师可以设定一定的评价标准，要求学生在评价每个维度时给予清晰的评分，并在此基础上给出文字说明。这种结合评分与文字反馈的方式能够促使学生在评估过程中更加严谨、客观，避免简单打分而忽略详细反馈的现象。通过评分与文字反馈的结合，教师能够确保互评既有数据支持，又有内容支撑，从而提高评估的全面性与深度。为了进一步提升互评反馈的有效性，教师还可以定期对学生的反馈进行检查，并提供指导和改进建议。教师可以从学生提供的反馈中发现哪些地方需要改进，哪些学生的反馈内容过于简略或缺乏实质性内容。通过这种持续性的反馈监控和指导，教师可以确保互评过程始终保持高质量，并帮助学生逐步提升其评价和反馈能力。

（五）阶段性互评与多次反馈机会

在互评机制的设计中，阶段性互评与多次反馈机会的设置能够有效提升评估的质量与学习效果。通过在不同的学习阶段安排互评，学生可以在任务的中期或项目的不同节点收到来自同伴的反馈。这种阶段性互评不仅帮助学生在完成任务的过程中不断调整工作方法，还能提高团队合作的效率与质量，确保每个成员在学习任务中都有机会做出持续改进。这种多次反馈的设计比单一的终结性互评更具优势，因为它强调了评估过程的动态性与持续性。阶段性互评的一个重要优势是能够为学生提供持续的反馈，而不是等到任务完成后才给出评价。在项目或任务的中期进行互评，可以让学生在任务进行的过程中及时发现问题并做出调整。这种及时反馈使得学生能够根据同伴的意见和建议，优化他们的工作方法，修正可能存在的错误或不足。相比之下，单一的终结性互评通常只能评估最终结果，而无法帮助学生在学习过程中进行改进。通过阶段性互评，学生能够在项目的各个阶段保持高效的工作状态，并不断提升他们的表现。

不同阶段的任务要求可能有所不同，学生在项目初期的表现与中期或末期的表现可能会发生显著变化。通过设置多次互评，教师可以帮助学生从不同的角度、不同的时间点了解自己在学习过程中的进步与不足。这种反馈机制能够让学生意识到他们在某一阶段可能做得很好，但在其他阶段还需要改进。同时，多次反馈也能促使学生在整个项目的过程中保持积极性和责任感，确保他们在每个阶段都付出足够的努力。在团队合作任务中，学生的角色分工和合作效率会随着项目的推进而变化。学生可以在团队合作的中期评估彼此的沟通与协作情况，及时发现合作中的问题。例如，某个团队成员可能在项目初期非常活跃，但在中期因为时间管理不当而无法按时完成任务。其他成员可以及时向其提供反馈，并提出具体的改进建议，帮助团队保持良好的合作氛围。这样，团队成员能够在项目的不同阶段相互支持，确保整个团队在项目的各个环节都能顺利推进。

多阶段的互评还能够促使学生更加认真地对待每个阶段的任务，并提高他们对任务的责任感。由于知道将在中期和末期接受同伴的评估，学生往往会更加注重自己的工作表现，并努力避免拖延或推卸责任。多次反馈机会意味着学生有更多的时间与机会来调整自己的行为和工作方式，进而为团队贡献更高质量的合作成果。这种责任感的增强能够促进学生的个人发展，并有助于培养他们在未来工作中的团队合作意识。通过在项目的不同阶段收集互评结果，教师能够更好地掌握每个学生的学习进展，并及时提供支持和建议。例如，如果教师通过中期互评发现某个团队合作效率较低，或某些学生的表现不佳，他们可以及时介入，提供额外的辅导或资源，帮助学生克服困难。这种动态的干预机制能够避免问题累积到任务结束时才被发现，从而确保学习任务的顺利进行。

在每次互评之后，学生不仅能够收到同伴的反馈，还可以通过对比不同阶段的互评结果，看到自己在学习过程中的进步与变化。例如，学生可以比较自己在项目初期和中期的表现，分析自己在哪些方面做得更好，哪些方面还有待提高。这种自我反思能够帮助学生在未来的学习中更加有针对性地改进，提升他们的自我调节能力。为确保多次反馈机会的有效性，教师可以在每次互评后引导学生进行反思。通过提供反馈模版或反思问题，教师可以帮助学生系统地分析同伴的反馈，并根据这些反馈制定具体的行动措施。这种反馈后的反思与调整过程能够确保学生在每个学习阶段都能有所收获，而不仅仅是被动地接受同伴的评价。

阶段性互评与多次反馈机会不仅能提高学生的学习效果，还能增强他们的互助合作意识。在长期任务中，学生通过反复的互评互动，能够更加深入地理解彼此的优缺点，并学会如何与不同类型的同伴合作。多次反馈机会也为学生提供了更多的机会去练习和完善自己的评价与反馈能力，从而在团队合作中扮演更加积极的角色。通过这些互动，学生能够学会如何在团队中有效沟通、解决问题，并共同完成复杂的任务。

第八章 深度教学视域下高校外语混合式教学的教学效果与反馈机制分析

第一节 教学效果评估的理论与实践

一、深度教学视域下高校外语混合式教学效果评估理论

（一）评估标准的多维度性

评估标准的多维度性是教学效果评价的重要原则。外语教学的核心不再仅仅停留在语言能力的掌握上，而是着眼于学生的综合能力培养。因此，评估标准必须具备多维度性，全面覆盖学生的各项技能与能力。这不仅要求教师对学生的语言知识进行评估，还必须考察他们在跨文化理解、团队协作、批判性思维等方面的表现。通过多维度的评估标准，才能真正反映出学生在外语学习中的全面进展，确保他们在实际应用中具备所需的综合素质。无论是听、说、读、写，还是语法、词汇的掌握，学生的语言知识与技能构成了外语学习效果的核心维度。评估标准应涵盖这些基本的语言能力，并通过口语测试、写作任务、阅读理解等多种形式加以考察。然而，语言能力的评估不应局限于对单纯语言规则的测试，更应关注学生在实际交流中的语言运用能力。学生是否能够在真实语境中准确使用语言，是否能够进行流利的表达与沟通，成为评估中关键的一环。这种语言的实际运用评估确保了学生不仅具备语言知识，还能灵活地运用语言进行有效交流。

随着全球化的深入，外语学习的目的已经超越了单纯的语言掌握，更加注重培养学生在不同文化背景下的沟通能力与文化适应力。因此，评估标准应关注学生是否具备理解、尊重和适应不同文化的能力。在跨文化情景中，学生是否能够理解目标语言文化的社会习俗、历史背景以及文化差异，成为评估中不可或缺的一部分。例如，评估可以通过案例分析或跨文化交流模拟等方式，考查学生是否能够灵活应对不同文化中的沟通挑战。这种评估不仅提升了学生的文化意识，还帮助他们在未来的国际交流中具备更强的适应能力。在现代外语教学中，学生常常通过小组合作、项目式学习等方式完成任务。因此，学生的团队协作能力也应成为评估的一部分。评估应当涵盖学生在团队中的角色分工、合作效率以及沟通能力等方面的表现。例如，教师可以通过观察学生在小组讨论中的表现，评估他们是否能够积极参与讨论、与他人协作完成任务，是否在团队中具备领导力或良好的沟通技巧。合作能力的评估有助于培养学生的团队精神，使他们能够在未来的工作和生活中有效参与团队合作。

批判性思维能力是深度教学中尤为强调的能力，因此也应纳入评估标准。批判性思维能力指的是学生能够通过分析、判断、推理等方式对信息进行深入思考，并得出合理的结论。批判性思维的评估可以通过思辨性阅读、写作分析等方式实现。例如，学生在阅读一篇文章时，是否能够识别出其中的隐含信息，是否能够对作者的观点进行批判性分析并提出自己的见解，成为评估的重要标准之一。批判性思维能力的培养不仅提升了学生对语言的深度理解，也帮助他们在复杂的社会情景中具备更强的独立思考和问题解决能力。学生的学习不再仅仅依赖于课堂上的知识传授，更多的学习活动是在课外通过自主学习完成的。因此，评估标准应当关注学生的学习自主性，包括他们是否能够合理安排学习时间，是否具备自主解决学习问题的能力，以及是否能够有效利用课外资源。这种自主学习能力的评估可以通过学习日志、学习计划等工具实现，帮助教师了解学生在非课堂环境中的学习表现，并为学生提供个性化的学习指导。

深度教学中的多维度评估标准不仅关注学生的当前表现，还注重对学生学习过程的跟踪与反馈。评估不应只是对最终结果的总结，还应包括对学习过程的考察。例如，教师可以通过阶段性任务、形成性评估等方式，了解学生在学习中的进步与变化。这种评估过程既可以帮助学生及时发现学习中的问题，并通过反馈进行调整，也可以让教师更好地了解学生的学习需求，从而针对性地调整教学策略。这种过程性评估确保了学生的学习效果能够得到持续的监控与优化。在实际操作中，多维度的评估标准需要通过多种评估工具相结合来实现。例如，教师可以采用在线测试、项目报告、案例分析、跨文化情景模拟等多种形式进行评估，确保每个维度的能力都能够得到全面的考察。同时，评估的结果也应具备可操作性，通过提供详细的反馈与指导，帮助学生了解自己的优势与不足，并为未来的学习提供改进建议。这种反馈与评估相结合的方式不仅提升了学生的学习效果，还促进了他们的持续进步。

（二）数据驱动的评估理论

数据驱动的评估理论为教学效果的评估带来了全新的视角。随着在线学习平台的广泛应用，教师和学生之间的互动产生了大量的数据，包括学习参与度、任务完成情况、在线讨论频率等。这些数据为评估教学效果提供了丰富的依据，尤其是在深度教学的框架下，通过分析学生的学习轨迹，教师可以更好地了解他们的学习表现，并为个性化教学提供精准的支持。数据驱动的评估理论正是通过量化分析这些数据，帮助教师进行科学的教学决策，从而提升教学效果。在线学习平台生成的数据能够详细记录学生在整个学习过程中的参与情况。教师可以了解到每个学生的学习习惯、参与频率以及学习行为的变化。例如，教师可以看到学生是否按时登录学习平台、参与在线讨论的活跃度如何、是否按时提交作业等。这种基于行为的数据不仅帮助教师识别出学习表现较为突出的学生，还能发现那些可能在学习过程中遇到困难的学生。通过数据驱动的分析，教师能够及时对这些学生提供支持，帮助他们克服学习中的障碍，防止掉队。

每个学生在学习过程中都会表现出独特的学习轨迹，包括他们在不同阶段的学习进度、任务完成情况等。通过对这些学习轨迹进行分析，教师能够识别出学生在哪些学习阶段表现较好，在哪些阶段表现出困难。例如，教师可以通过数据分析发现某些学生在某个知识点上反复出现错误，或是在特定任务中投入的时间远低于其他学生。基于这些发现，教师可以有针对性地进行教学干预，为学生提供个性化的辅导或额外的学习资源，帮助他们在学习中取得更好的进步。在线学习平台通常允许学生通过讨论区、互动答疑等方式进行交流，这些互动数据能够反映出学生的思考深度和参与度。例如，教师可以通过分析学生的发帖数量、回复质量以及互动频率，评估他们的批判性思维能力和团队协作能力。积极参与讨论的学生往往表现出更强的学习动机和更好的学习效果，而较少参与互动的学生可能需要更多的激励与支持。通过这些数据的分析，教师可以优化互动机制，确保每个学生都能积极参与到学习活动中来，从而提升整体的教学效果。

数据驱动的评估不仅关注个体学习表现，还可以通过集体数据分析来优化教学设计。通过对整个班级或小组的学习数据进行汇总，教师可以识别出哪些教学环节最为有效，哪些环节需要改进。例如，某些学习模块的在线测试数据可能显示出多数学生在特定问题上出现了普遍性错误，教师可以据此判断该部分教学内容是否存在理解上的困难，并在后续教学中进行调整。集体数据的分析能够为教师提供宏观层面的反馈，帮助他们改进教学策略，优化课程设计。通过对每个学生的数据进行个体化分析，教师可以根据学生的学习轨迹和行为模式为其制定个性化的学习计划。例如，某些学生可能在完成任务时表现出较高的自主学习能力，而其他学生则可能需要更多的指导与结构化支持。数据分析能够帮助教师了解这些个体差异，从而在教学中针对不同类型的学生提供定制化的支持措施。这种个性化教学不仅提升了学生的学习效果，还能够更好地满足他们的个体学习需求。

传统的评估方式往往依赖于教师的经验和直觉，而数据驱动的评估则通过客观的量化数据，使教学决策更加精准和有效。例如，教师可以通过对比学生在不同学习模块中的表现，了解哪些教学方法更为有效，哪些内容可能需要重新设计或改进。通过数据分析，教师能够依据客观数据做出更科学的教学决策，从而确保教学资源的合理分配，并提升整体的教学效果。此外，数据驱动的评估不仅仅是对过去学习行为的反映，还能够通过预测模型帮助教师预判学生未来的学习表现。例如，通过学习行为数据的积累，教师可以利用数据模型预测哪些学生可能在接下来的学习任务中表现不佳，或者在即将到来的考试中遇到困难。基于这些预测，教师可以提前为这些学生提供额外的支持，帮助他们在未来的学习中取得更好的成绩。数据驱动的预测分析为教师提供了更大的干预空间，能够在问题发生之前就采取措施，防止学习效果的下降。学生通过在线学习平台可以实时查看自己的学习数据。通过对学习数据的自我分析，学生能够更清晰地认识到自己在学习中的优点与不足，从而调整自己的学习策略。这种数据反馈机制增强了学生的自主性和学习动机，使他们能够更加主动地参与到学习过程中来，并逐步提升自己的学习效果。

（三）动态适应性评估理论

动态适应性评估理论提出，评估应随着教学进程的变化灵活调整。这种评估方式强调评估的灵活性与动态性，主张根据学生的实际学习情况和课堂反馈，灵活地调整评估方法和标准。深度教学不再是一个线性的教学过程，而是一个多阶段、递进式的学习路径，因此评估必须具备动态适应性，能够实时捕捉学生在各个阶段的学习状态和发展情况。动态适应性评估的核心在于对学生学习状态的持续关注，并通过反馈促进他们不断优化学习策略，提升整体学习效果。动态适应性评估理论强调，评估应伴随整个学习过程，而不是仅在某个固定阶段进行。不同的学习阶段，学生的学习目标和任务可能发生变化，评估的重点也应随之调整。例如，在课程的初期，评估的重点可能在于学生对基本语言知识的掌握，而到了中期或后期，评估可能更关注学生在语言应用、思辨能力和跨文化交流能力等方面的进展。这种动态适应性使得评估能够紧密贴合教学内容和学生的实际学习需求，确保评估的有效性和针对性。

学生在学习过程中会表现出不同的进步轨迹，有时学习顺利，有时可能遇到困难或瓶颈。教师需要通过对学生学习表现的持续观察，识别出这些变化，并灵活调整评估方式。例如，如果教师发现大多数学生在某个知识点上出现了普遍的困难，评估内容可能需要更具针对性，关注这一部分的知识掌握情况。同时，教师可以通过增加相关的练习和反馈，帮助学生克服学习中的难点。通过这种动态调整，评估不仅成为检测学习效果的工具，更成为促进学生学习进步的重要推动力。不同于传统的终结性评估，动态评估更注重过程中的反馈循环，教师能够通过频繁的评估和反馈，为学生提供持续的指导和建议。这种实时反馈帮助学生及时了解自己的学习状态。例如，学生在完成阶段性任务或在线测验后，教师可以根据结果提供个性化的反馈，指出学生的优点和不足，帮助他们在下一阶段的学习中做出改进。动态适应性的评估不仅是教师对学生学习的跟踪，也鼓励学生在学习过程中进行自我评估和反思，从而更好地掌握自己的学习进展。

动态适应性评估理论认为，评估应能反映出学生学习的多样性和个体差异。在实际教学中，学生的学习速度、学习方式和表现各不相同，固定评估标准往往无法准确反映所有学生的真实学习情况。动态适应性评估允许教师根据不同学生的学习特点，灵活调整评估标准与方法。例如，教师可以采用更多的过程性评估手段，如学习日志或逐步递进的任务，以帮助他们逐步提升；对于学习进度较快的学生，教师则可以设置更具挑战性的评估任务，鼓励他们进行更高层次的思考和语言运用。这种个性化的评估方式确保了每个学生都能在适合自己的节奏下得到充分的发展。教师通过对学生当前学习情况的分析，预测他们在未来学习中的表现，并提前制定相应的评估策略。例如，如果教师发现学生在某个阶段的语言应用能力较弱，他们可以在后续课程中增加更多的口语练习和互动任务，并将评估重点转向实际语言应用能力的考察。这种前瞻性的评估设计不仅能够预见学生未来可能遇到的学习挑战，还能够为学生提供更具针对性的支持和引导，确保他们能够顺利完成学习目标。

在不同的学习阶段，学生的学习需求不同，因此教师应灵活使用多种评估工具，以准确评估学生的学习成果。初期阶段可以使用在线测试、基础任务考核等工具，评估学生对语言知识的掌握情况；中期阶段可以通过项目式学习、讨论参与等手段，评估学生的语言应用能力和思辨能力；而在课程的后期，教师可以采用跨文化交流模拟、项目展示等方式，评估学生的综合能力和跨文化理解能力。这种评估工具的多样化能够有效应对不同学习阶段的需求，确保评估结果能够全面反映学生的学习效果。评估不仅是外部评估的一部分，也包括学生对自己学习状态的持续监控与反思。教师通过动态评估可以鼓励学生在每个学习阶段对自己的学习成果进行自我评估，并根据反馈进行调整。通过这种反思过程，学生能够不断调整学习方法。动态适应性评估不仅帮助学生在外部评估中了解自己的学习进展，还促进了他们对自己学习过程的深度理解。

动态适应性评估要求教师在教学过程中保持高度的灵活性和敏感性。教师不仅要关注学生的学习结果，还要密切关注学习过程中的各种细微变化。通过观察学生的课堂表现、互动情况、作业提交等多方面数据，教师可以随时调整评估计划，确保评估能够及时反映学生的真实学习情况。这种灵活性使得教学与评估之间的关系更加紧密，评估不再是教学的附加部分，而是融入整个教学过程中的有机组成部分。

二、深度教学视域下高校外语混合式教学效果评估实践

（一）项目式学习中的效果评估实践

项目式学习（PBL）是混合式教学中的常用教学方式，教师可以通过项目任务的阶段性反馈与终结性评估结合，全面评估学生的学习效果。在项目进行的过程中，学生不仅需要完成语言应用的具体任务，还要展示他们的团队合作、创新思维、跨文化交流等能力。通过项目的各个阶段，教师可以进行阶段性的形成性评估，确保学生在项目中不断进步，而最终的成果展示则可以作为终结性评估的主要依据。

（二）多模态评估工具的实践运用

混合式教学中的评估实践往往依赖多模态工具，如视频、语音录制、在线作业系统等。教师可以通过语音录制评估学生的口语表达能力，通过视频演示评估他们的文化理解力与跨文化交际能力。多模态评估工具能够帮助教师从多个维度观察学生的表现，确保评估不仅限于书

面作业或考试，还涵盖口语、听力、文化理解等多方面能力。

（三）基于数据分析的个性化评估实践

教师可以借助在线平台的数据分析功能，进行个性化的教学效果评估。平台上可以记录学生的学习参与度、任务完成时间、在线讨论发言情况等，这些数据为教师提供了深入分析学生学习状态的依据。例如，教师可以通过数据分析发现某个学生在学习中参与度低，进而通过一对一辅导或个性化学习建议帮助学生改善学习效果。这种数据驱动的评估实践确保了评估的针对性和有效性。

（四）学生自评与互评的实践应用

学生自评与互评是评估实践的重要环节。通过自评，学生能够反思自己的学习过程，发现学习中的不足，并根据自评结果调整学习方法；通过互评，学生可以从同伴的角度获得反馈，帮助他们更好地理解自己的学习表现。教师可以设计在线自评问卷或互评表，鼓励学生对自己的学习效果进行定期评估，并通过对比互评结果与实际表现，进一步完善教学设计。

第二节　学习者反馈的收集与分析方法

一、深度教学视域下高校外语混合式教学中学习者反馈的收集

（一）多渠道的反馈收集方式

外语混合式教学中学习者的反馈应通过多种渠道收集，以确保反馈的全面性和准确性。教师可以采用在线问卷调查、讨论区互动、作业提交后的反思日志等形式来获取学生的反馈。每种方式都能捕捉学生在学习过程中的不同感受与反应。例如，在线问卷调查可以直接获取学生对

课程结构、教学内容和教学方法的意见，而讨论区互动能够反映学生在实时交流中的参与情况及其对课堂内容的理解程度。通过这些多样化的反馈收集方式，教师可以获取更加丰富的信息，为后续教学调整提供有力支持。

（二）实时反馈与阶段性反馈相结合

为了更好地掌握学生的学习进展，学习者反馈应包括实时反馈与阶段性反馈。实时反馈可以通过课堂提问、在线小测验等形式在课程进行过程中即时收集，帮助教师随时了解学生对当前学习内容的掌握情况。如果学生在某一部分内容表现出较多困惑，教师可以立即作出调整或补充解释。而阶段性反馈则是在课程的特定时间点（如单元结束、项目完成时）收集的系统性意见，这类反馈能够帮助教师总结某一阶段教学的整体效果，并为接下来的课程内容设计提供依据。实时与阶段性反馈的结合，使得教学反馈能够覆盖整个教学过程，确保教师对学生的学习状态有全面的掌握。

（三）自评与互评作为反馈的重要来源

学生的自评与互评也是反馈的重要来源。自评能够促使学生对自己的学习进行反思，从而提供基于个人体验的反馈信息。学生可以通过自评反思自己在语言能力、跨文化理解等方面的进步或不足，教师能够借助这些自评信息了解学生的自我认知与需求。互评则是同伴间的评价，学生通过对同伴表现的评价，提出建设性的意见。这类反馈不仅能让教师更好地掌握学生的合作与交流能力，也能够帮助学生发现自己在团队工作中的表现，从而为进一步的学习提供参考。

（四）利用在线学习平台的数据收集工具

现代在线学习平台（如 Moodle、Blackboard 等）具备强大的数据收集功能，教师可以利用这些平台自动化地收集学生的学习数据，形成反馈的基础。例如，平台可以记录学生的在线学习时长、讨论区发言次数、任务提交情况等。通过这些客观数据的收集，教师能够实时掌握学生的学习参与度，并根据学生的在线行为来判断其学习积极性。此外，平台还可以通过学习进度跟踪工具，帮助教师了解学生在不同学习模块中的表现。这些数据为收集全面、客观的学习反馈提供了技术支持。

（五）开放式反馈与结构化反馈的结合

在反馈收集中，教师可以结合开放式反馈与结构化反馈。开放式反馈允许学生自由表达对课程的意见，能够捕捉到他们对教学的个性化体验与深层次感受。这类反馈有助于教师发现学生在学习过程中遇到的具体问题或困惑。而结构化反馈则通过设计好的问题或评分标准，收集学生对特定教学环节的评价。这种反馈形式能够帮助教师量化评估学生的满意度或掌握情况。开放式与结构化反馈相结合，既确保了反馈的广度与深度，又提高了反馈的分析效率。

二、深度教学视域下高校外语混合式教学中学习者反馈的分析方法

（一）定量与定性分析相结合

在分析学生反馈时，定量与定性分析方法应结合使用。定量分析主要针对学生通过评分或量表形式提供的结构化反馈，例如课程满意度评分、作业难度评估等。这些数据可以通过统计学方法进行分析，如计算平均值、标准差等，以便得出整体的反馈趋势。定性分析则适用于开放式反馈和自评、互评内容，教师可以通过主题归纳、文本分析等方法，提炼出学生反馈中的共性问题和个性化建议。定量与定性分析相结合，能够提供数据支持和具体情景的解释，从而更全面地理解学生的学习体验与需求。

（二）数据可视化的应用

数据可视化是分析反馈的有效工具。通过将学生的反馈数据图表化，教师能够更直观地了解学生的学习表现和反馈结果。例如，通过条形图、折线图等方式展示学生对不同教学环节的评分情况，教师可以一目了然地发现哪些教学内容或方法最受学生欢迎，哪些环节可能存在改进空间。数据可视化还可以用于动态呈现学生的学习进展，使教师能够清楚地看到学生在不同阶段的表现变化，为后续的教学调整提供直观依据。

（三）学习行为分析与学习进展跟踪

在分析学习者反馈时，学习行为数据的分析是一个重要维度。教师可以通过学习平台上的学习行为数据，跟踪学生的学习进展。例如，学生在线时长、作业提交频率、讨论区发言活跃度等指标，能够帮助教师评估学生的学习参与情况。如果某些学生表现出较低的参与度，教师可以根据这些反馈数据提供个性化的指导或支持，帮助学生重回学习轨道。此外，学习进展跟踪可以通过对学生阶段性表现比较分析，帮助教师了解哪些学习模块对学生来说最具挑战，并据此调整教学节奏。

（四）情感分析与学生满意度评估

学生的情感状态对学习效果有着重要影响。因此，教师在分析反馈时，可以借助情感分析技术，通过分析学生的文字反馈，了解他们对课程的态度和情绪。例如，教师可以通过对自评或开放式反馈的情感词汇分析，判断学生对某一学习环节的满意度或挫败感。这类分析有助于教师发现学生的潜在情绪变化，并及时调整教学策略，改善学生的学习体验。

（五）持续改进的反馈闭环

学习者反馈的分析不应只是静态的总结，而应形成一个反馈闭环，促进教学的持续改进。在分析反馈后，教师应根据数据和反馈结果对教学内容、方法等进行优化，并在后续教学中再次收集学生反馈，验证改进措施的有效性。通过这种反馈闭环的方式，教师能够不断优化教学设计，使教学更具针对性和适应性。这种动态调整和持续改进的过程，确保了外语混合式教学的效果能够不断提升，学生的学习需求也能够得到更好满足。

第三节 教学效果改进的策略与路径

一、深度教学视域下高校外语混合式教学效果改进的策略

（一）个性化学习路径的设计与优化

个性化学习路径的设计是提升外语混合式教学效果的重要策略。由于学生的语言基础、学习风格和进度不同，教师应为每个学生提供个性化的学习方案，以满足他们的独特需求。这可以通过在线学习平台为学生设定个性化的学习任务和进度，并结合学习数据分析，动态调整每个学生的学习内容。例如，对于语言基础薄弱的学生，教师可以提供更多的语法练习和词汇学习资源，而对于进度较快的学生，则可以增加跨文化交流项目或更具挑战性的语言任务。

（二）多样化评估工具的应用与调整

评估不仅是衡量学生学习成果的手段，更是促进学生学习的重要工具。因此，采用多样化的评估工具有助于改进教学效果。教师可以结合形成性评估与终结性评估，使用在线测试、项目展示、口语演示等多种方式，对学生的语言掌握情况进行全方位评估。同时，评估方法应随着教学进程不断调整，确保评估内容能够真实反映学生在不同阶段的学习进展。例如，前期的评估可以侧重于语言基础知识的掌握，而中后期评

估则可以注重实际应用能力的考察。这种灵活多样的评估策略能够帮助教师更好地跟踪学生的学习进度，并为后续教学调整提供数据支持。

（三）线上线下教学资源的优化整合

高校外语混合式教学效果的提升依赖于线上线下教学资源的有机整合。在设计教学策略时，教师应注重将线上资源与线下课堂活动相结合，以最大化发挥两者的优势。线上平台可以提供丰富的自主学习资源，如视频课程、在线测试、词汇练习等，而线下课堂则可以侧重于互动性强的活动，如小组讨论、角色扮演、跨文化交流模拟等。通过整合这些资源，学生不仅能够在课外自主学习，还能在课堂中通过互动巩固知识。教师可以根据学生的反馈和学习进展，灵活调整线上与线下教学资源的使用比例和内容，确保两者能够相互补充、协同作用。

（四）持续反馈机制的建立与实施

教师应建立并实施一个持续的反馈机制。学生在学习过程中会遇到各种挑战，及时的反馈能够帮助他们更快找到问题并加以解决。教师可以通过定期的学习反馈会、在线平台的即时反馈功能等手段，了解学生在学习中的困惑，并提供个性化的建议。同时，学生也可以通过自评、互评的方式进行反思，帮助他们认识到自身的优点与不足。反馈机制的实施应贯穿整个教学过程，形成一个动态循环，确保学生能够持续改进自己的学习方法与策略。

（五）跨文化能力的强化与实践机会的增设

外语教学的一个重要目标是培养学生的跨文化交际能力。为此，教学策略应侧重于通过增加跨文化交流实践机会来强化这一能力。例如，教师可以设计跨文化情景模拟、与国际学生的交流活动或虚拟语言交换项目，帮助学生在实际情景中应用语言，提升其跨文化理解力。这种实践活动能够让学生在真实的交际环境中运用语言，同时感受到不同文化间的差异与共通之处，从而更好地掌握语言的实际应用。

二、深度教学视域下高校外语混合式教学效果改进的路径

（一）基于数据驱动的教学反馈与调整

外语混合式教学效果的改进离不开数据的支持。教师可以实时获取学生的学习数据，如在线学习时长、测试成绩、讨论参与度等。这些数据为教师提供了学生学习进展的详细依据，帮助教师识别出学习中的薄弱环节。例如，教师可以通过数据分析发现学生在某个模块的学习表现较差，进而调整相关教学内容，提供更详细的讲解或额外的学习资源。数据驱动的教学反馈能够确保教学的精准性和针对性，使教师在教学过程中能够灵活调整策略，以更好地适应学生的学习需求。

（二）分阶段的学习目标设定与监控

学习目标的设定应具备阶段性和层次性，教师可以根据不同学习阶段的任务与目标进行细化。例如，目标可以设定为基本语言技能的掌握，如听、说、读、写；而到了课程的中后期，目标应逐渐向实际语言应用、跨文化理解等方面转移。通过设定分阶段的学习目标，教师能够帮助学生清晰地了解每个阶段的重点，并根据目标不断调整学习策略。同时，教师可以通过在线平台和阶段性测试，对每个学生的目标达成情况进行监控，并根据监控结果进行个性化的辅导与支持。

（三）以问题为导向的学习任务设计

问题导向学习法（PBL）是一种有效的教学路径，通过设计实际问题或任务，促使学生在解决问题的过程中学习语言知识与应用技巧。例如，教师可以设置一个基于现实生活中的问题，如跨文化交流中的语言障碍、国际项目中的沟通问题，要求学生以小组为单位进行讨论、分析并提出解决方案。这种教学路径能够让学生在具体的情景中运用所学知

识，提升他们的语言综合运用能力。同时，问题导向学习还能够激发学生的学习兴趣和主动性，帮助他们在语言学习中实现深度思考与应用。

（四）师生互动与同伴互助的强化

教师应注重通过在线讨论、课堂互动、个别辅导等形式，加强与学生的互动交流，帮助他们解决学习中的疑问。同时，教师可以通过小组任务或互评活动，促进同伴间的合作与互助。通过与同伴的互动，学生能够在分享与交流中加深对知识的理解，并提升语言的实际应用能力。通过师生和同伴之间的双向互动，学生的学习体验将更加丰富，学习效果也将进一步提升。

（五）线上线下教学环境的优化与联动

深度教学视域下的外语混合式教学效果改进路径之一是优化线上与线下教学环境的联动。教师可以通过灵活安排教学计划，将线上平台的自学资源与线下课堂的互动学习有机结合起来。例如，学生可以在线上进行自主的预习与练习，而线下课堂则可以集中解决学生的疑难问题，进行更深层次的讨论与互动。通过这种线上线下联动的教学模式，学生不仅能够获得更多的学习资源，还能够在课堂上通过实际练习与互动巩固知识，实现更加深入的学习。

第四节　教学反馈在课程调整中的作用

一、提升教学目标达成度

（一）评估学生的知识掌握情况

教学反馈可以帮助教师实时了解学生的学习进展和对知识的掌握情况。教师不仅需要了解学生对知识点的记忆情况，更需要评估学生是否能够将所学知识灵活运用到实际语言环境中。通过学生的反馈表现，教师可以判断学生是否仅停留在表层理解，还是已经达到了对知识的深入理解。

（二）发现学习中的认知障碍

学生在学习外语过程中可能会遇到各种认知障碍，特别是在理解复杂的语法规则或语言表达方式时。通过教学反馈，教师可以及时发现学生在学习过程中遇到的难点或错误认知，并根据反馈调整教学策略，进一步强化或细化某些知识点，以帮助学生克服这些障碍，进而提升教学目标的达成度。

（三）动态调整教学内容和方法

教学反馈为教师提供了动态调整教学内容和方法的依据。当教师通过反馈发现部分学生对某些知识点理解不到位时，可以有针对性地调整教学内容，增加额外的解释或练习；或采用不同的教学方法，例如引入更多的互动讨论或实践活动，帮助学生深化对知识的理解，从而更好地达成教学目标。

（四）促进反思性学习

深度教学鼓励学生进行反思性学习，而教学反馈能够引导学生反思自己的学习过程和学习效果。通过反馈，学生可以明确自己在哪些方面表现较好，哪些方面仍需改进。这样的自我反思过程有助于学生提高自我监控能力，主动调整学习策略，从而在未来的学习中更有效地达成外语课程的教学目标。

二、促进个性化教学

（一）识别学生的个体差异

学生的学习进度、学习方式和对知识的接受速度可能存在显著差异。教师能够识别每个学生的学习需求与偏好，了解哪些学生在某些知识点上掌握较好，哪些学生可能需要更多的指导或支持。这样的反馈机制有助于教师精准地了解学生的个体差异，为个性化教学提供依据。

（二）调整教学内容以满足个性化需求

教学反馈为教师提供了及时调整教学内容的机会。当教师通过反馈了解到部分学生在某些方面有较强的掌握能力时，可以为这些学生提供更具挑战性的学习任务或深入的学习材料。教师则可以调整课程内容的难度或节奏，提供更适合他们的辅助材料和额外练习，以确保他们能够跟上学习进度。

（三）设计个性化学习路径

混合式教学提供了丰富的线上资源和灵活的学习方式，教师可以为不同学习需求的学生设计个性化的学习路径。例如，教师可以根据反馈为有特殊需求的学生推荐特定的在线课程、额外的阅读材料或有针对性的语言练习，以帮助他们更好地理解和掌握知识。这种个性化的学习路径设计可以提升学生的学习效率和效果。

（四）提供个性化辅导与支持

教学反馈不仅帮助教师识别学生的需求，还为教师提供了个性化辅导和支持的机会。例如，当某些学生在特定语言技能（如听力或口语）方面遇到困难时，教师可以根据反馈为他们提供一对一的指导，或推荐适合他们的学习资源和练习。个性化的辅导能够有效地解决学生的学习障碍，提高他们的学习成果，从而实现更好的教学效果。

三、增强学生学习动机与参与度

（一）明确改进方向，增强学习自觉性

针对学生学习中的不足之处，反馈可以帮助他们明确改进的方向。当学生清楚自己在哪些方面表现欠佳、哪些知识点还需要加强时，他们能够有针对性地调整学习策略。这样的反馈过程有助于培养学生的反思性学习，激发他们更加主动地参与到学习活动中，从而提高学习的自觉性和参与度。

（二）促进学习目标的内化

反馈可以帮助学生清晰地了解他们的学习进度与教学目标之间的差距。这种差距感会引发学生对自身学习表现的反思和调整，同时也促使学生内化学习目标，将外在的课程要求转化为内在的学习动力。当学生的学习目标变得明确且内化时，他们的学习动机将更加稳定，参与度也会提升。

（三）强化师生互动，提升学习参与感

反馈不仅是对学生学习进展的评价，也是师生之间沟通的重要桥梁。通过反馈，教师可以与学生保持持续的互动，让学生感受到他们的学习是被关注的。这种互动可以增加学生的学习参与感，使他们觉得自己是课堂的一部分，而不是被动的知识接受者，从而增强学习动机与参与度，进一步提高教学效果。

四、提供数据支持课程设计与调整

（一）发现教学设计中的薄弱环节

通过对学生反馈的系统分析，教师能够发现课程设计中的不足或薄弱环节。学生的反馈可能揭示出某些课程内容过于复杂、解释不够清晰，或是教学资源不够丰富。这些问题往往在教师的预设中难以察觉，而反馈能够真实反映出学生的感受和困难，从而帮助教师发现需要改进的地方，为优化课程设计提供依据。

（二）调整课程内容的难度和节奏

教学反馈可以为教师提供关于课程内容难度和进度的具体数据。例如，教师可以通过反馈了解到学生对某些知识点掌握不牢或感到困难，从而调整课程的难度，适当简化复杂的内容，或延长某些难点的讲解时间。同时，如果反馈显示学生对某些内容掌握较快，教师也可以加快节奏，增加新的学习任务，以提高学习效率。

（三）增加互动和参与机会

学生反馈能够反映出课堂中的互动效果，如学生是否对教学活动、讨论和练习感到积极参与或产生兴趣不高。如果反馈显示课堂互动不足或学生参与度低，教师可以通过调整课程设计，增加更多的互动环节，如小组讨论、角色扮演或问题解决活动。这种调整不仅能够提升课堂的活跃度，还能够促进学生对知识的深入理解和应用。

（四）数据驱动的教学资源优化

反馈数据还可以帮助教师优化课程中的教学资源配置。例如，学生可能反映某些线上资源不够易于理解或难以操作，教师可以根据这些反馈进行资源的调整与优化，提供更多有针对性的辅助材料，如更多的视频讲解、可操作性强的在线练习等。这种基于反馈数据的资源优化能够更好地满足学生的学习需求。

五、促进师生互动

（一）建立持续的沟通渠道

教学反馈为师生之间建立了一个持续沟通的桥梁。通过线上平台或课堂互动，学生可以随时反馈他们的学习体验和遇到的困难，教师则可以及时回应学生的疑问和建议。这种双向沟通机制能够有效加强师生之间的联系，使学生感受到教师对其学习进程的关注，从而增加他们的学习投入与参与度。

（二）提高反馈的个性化和针对性

教师能够更好地了解每位学生的学习进展和个体需求，从而提供更有针对性的指导和帮助。例如，教师可以通过反馈识别出哪些学生在某些知识点上有疑问，哪些学生需要更多的挑战。这样的个性化反馈与回应不仅促进了师生之间的互动，还让学生感受到教师对其个体需求的重视，提升了课堂的互动质量。

（三）促进课堂内外的互动

学生可以通过线上平台提出问题或发表意见，而教师可以在线上答疑或提供额外的学习资源，这种形式打破了课堂时间和空间的限制，延伸了师生互动的时间和范围。通过这种线上与线下相结合的互动形式，师生之间可以保持更密切的联系，增强学习的连贯性和有效性。

（四）创建更积极的学习氛围

教学反馈不仅能帮助教师调整教学策略，还能使师生之间形成一种积极的互动氛围。当学生通过反馈获得教师的关注与指导，他们会感受到学习过程中的支持与鼓励，这有助于提升学生的学习信心。同时，教师也能从反馈中感受到学生的参与进步，进一步激发教学的积极性，形成良性循环。这种正向的互动氛围能够提升学生的课堂参与感与主动性，创造出更有活力和开放的学习环境。

六、支持形成性评估

（一）提供及时的学习进展评估

反馈在形成性评估中起着关键作用，通过持续的反馈，教师可以实时掌握学生的学习进展，了解他们对知识点的掌握情况和理解深度。这种及时的评估方式可以让教师尽早发现学生的学习问题，避免这些问题在期末时才暴露出来，从而为学生提供更加及时的帮助和支持，避免学习上的积压和困惑。

（二）动态调整教学内容和策略

形成性评估强调教学过程中的灵活调整。通过反馈，教师可以及时识别学生在学习过程中的问题和挑战，并根据这些信息动态调整教学内容和策略。例如，如果反馈显示大多数学生对某个知识点存在困难，教师可以加以详细讲解或提供更多的练习机会。通过这种实时的调整，教师能够更好地帮助学生克服学习中的障碍，从而提高整体教学效果。

（三）提高学生自我反思能力

反馈不仅有助于教师的评估，也能引导学生进行自我反思。学生可以不断了解自己的学习进展和不足，进而调整自己的学习策略。这种反思性学习是形成性评估的核心之一，能够帮助学生在整个学习过程中不断修正和改进，而不是等到期末考试时才发现问题，这有助于培养学生的自主学习能力。

（四）形成连续的评估和改进循环

在形成性评估过程中，反馈不仅是评估的工具，还能形成一个连续的评估和改进循环。通过每次的反馈，教师可以了解学生的进步情况，调整教学策略，学生则可以根据反馈调整学习方法。每一轮反馈和调整都使得教学过程更加优化，学生的学习能力逐步提升。这种持续的评估和改进机制，可以避免学生在期末突击复习的现象，使学习更加深入和有效。

七、促进技术与教学内容的有效结合

（一）评估技术工具的有效性

教师可以了解学生对线上学习平台、资源和工具的使用体验。学生的反馈可以揭示技术工具在实际应用中的效果，例如某些线上平台是否易于操作、互动性是否强或是否能够真正辅助学生理解教学内容。教师可以根据这些反馈评估技术工具的有效性，确保其能够与教学内容紧密结合，从而提升学生的学习体验和参与度。

（二）调整技术工具的应用方式

教学反馈可以帮助教师发现技术应用中的问题，如学生在使用某些平台或工具时遇到技术障碍、操作复杂或学习资源不够丰富等。根据这些反馈，教师可以调整技术工具的使用方式，如提供更多的技术指导、简化操作流程或引入更加直观的资源。这些调整可以确保技术工具更加适合学生的学习需求，并有效支持教学内容的传递。

（三）优化教学内容的数字化呈现

混合式教学中的教学内容往往通过多种数字化形式呈现，如视频讲解、在线测验、互动游戏等。通过反馈，教师可以了解到学生对这些不同形式的资源的偏好和学习效果。例如，学生可能更倾向于视频内容或互动式测验，而对长篇的文字材料不感兴趣。教师可以根据这些反馈优化教学内容的呈现方式，使其更加符合学生的学习习惯和需求。

（四）增强技术与教学内容的深度融合

教学反馈可以为技术与教学内容的深度融合提供方向和依据。例如，教师可以根据学生反馈发现哪些技术工具能够真正促进学生的深度学习，如虚拟现实（VR）工具可能帮助学生模拟真实语言场景，提升口语和听力能力。通过分析反馈，教师能够选择和调整最能促进深度学习的技术工具，使技术与教学内容更加紧密结合，最终提高学生的学习体验与效果。

参考文献

［1］齐媛媛．基于智慧教室的高校外语混合式教学模式的构建［J］．对外经贸，2021，(9)：115－117.

［2］古红燕．教育生态学视角下的高校混合式外语课堂的构建［J］．海外英语，2023，(10)：197－199.

［3］许佳．高校艺术专业大学外语混合式教学模式应用策略研究［J］．海外英语，2024，(1)：107－109.

［4］王明远．OBE教育理念与高校外语专业混合式教学模式初探［J］．科技资讯，2021，19(27)：137－140.

［5］袁园．基于网络教学平台的混合式教学模式在高校外语教学中应用［J］．湖北开放职业学院学报，2020，(17)：162－163.

［6］吕双，谢慧．混合式教学视域下增强高校外语学习者中华文化认同探析［J］．教育教学论坛，2019，(45)：113－114.

［7］索格飞，迟若冰．基于慕课的混合式跨文化外语教学研究［J］．外语界，2018，(3)：89－96.

［8］徐志文，谢方．高校混合式双语教学的实践探索［J］．新余学院学报，2023，28(4)：119－124.

［9］胥春兰．高校外语课程实施混合式教学的困难及其解决策略分析［J］．黑龙江教师发展学院学报，2021，40(11)：136－138.

［10］李利红，郁敏．网络时代高校外语教师混合式专业学习共同体建设的必要性研究［J］．科教文汇，2023，(24)：78－81.

［11］张兆敏．基于智慧学习平台的外语混合式教学模式研究［J］．产业与科技论坛，2022，21（17）：163－165．

［12］段金菊．E－Learning 环境下促进深度学习的策略研究［J］．中国电化教育，2012，（5）：38－43．

［13］郭元祥．论深度教学：源起、基础与理念［J］．教育研究与实验，2017，（3）：1－11．

［14］何克抗．从 Blending Learning 看教育技术理论的新发展（上）［J］．中国电化教育，2004，（3）：5－10．

［15］何克抗，付亦宁．开创有中国特色的教育技术理论与实践之路——何克抗教授专访［J］．苏州大学学报（教育科学版），2018，1（04）：98－105．

［16］谭霞，张正厚．英语学习策略、自主学习能力及学习成绩关系的分析［J］．外语教学理论与实践，2015（01）：59－65＋88＋96－97．

［17］张浩，吴秀娟．深度学习的内涵及认知理论基础探析［J］．中国电化教育，2012，（10）：7－11．

［18］张静，陈佑清．学习科学视域中面向深度学习的信息化教学方式变革［J］．中国电化教育，2013，（4）：20－24．

［19］韩宝成．动态评价理论、模式及其在外语教育中的应用［J］．外语教学与研究，2009，41（06）：452－458．

［20］任玲玲．动态评估在外语教学中的应用研究综述［J］．黑龙江教育学院学报，2015，34（02）：145－147．

［21］贾莉，杨连瑞，张文忠．动态评价对中国英语学习者自我效能感的影响［J］．外语教学，2022，43（01）：50－56．